EVA MADELUNG

Kurztherapien

Neue Wege zur Lebensgestaltung

KÖSEL

ISBN 3-466-30402-4

© 1996 by Kösel-Verlag GmbH & Co., München
Printed in Germany. Alle Rechte vorbehalten
Druck und Bindung: Kösel, Kempten
Umschlag: Kaselow Design, München
Umschlagmotiv: Pictor International

1 2 3 4 5 · 00 99 98 97 96

*Gedruckt auf umweltfreundlich hergestelltem Werkdruckpapier
(säurefrei und chlorfrei gebleicht)*

*Dem Ort El Velerin und dem Haus am Strand,
ohne die dieses Buch nie geschrieben worden wären.*

*Gero, durch den ich dorthin kam,
und der Katze Tschicki, die uns dort gefunden hat.*

Inhalt

Dank 11

Einleitung 13

Geschichte 17
Von Freud zu Erickson 17
Vorläufer 25

Systemisches Denken 29
Konstruktivismus als Neurophilosophie 29
Systemtheorie 36
Philosophie als Erkenntnistheorie oder als Handlungsanweisung? 39
Fragen an die Kognitionswissenschaft: Drei Forscher 43
Die systemische Therapie und die paradoxe Struktur von Wirklichkeit 49
Systemische Grundprinzipien in der therapeutischen Praxis 54
Systemische Erfahrung 59

Glossar der Grundannahmen und Werkzeuge .. 61
Grundannahmen 61
   Autopoesie und Ökopoesie 62
   Entropie und Negentropie 62

Flexibilität statt Widerstand	63
Gefühle	64
Kontext	64
Kooperation statt Übertragung	65
Rolle des Therapeuten	65
Selbst	65
Selbstregulation	66
Symptome	66
System	67
Teile	67
Unterschied	67
Zeit	68
Zirkularität	68

Werkzeuge 69

Anker	69
Hausaufgaben	70
Indirekte Suggestion	70
Metaposition und andere Positionen	70
Ökologische Überprüfung	71
Pole	71
Paradoxe Verschreibung	72
Positive Absicht	72
Rapport	72
Reframe	73
Ressourcen	73
Rituale	74
Strategie und Kooperation	74
Teile	75
Visualisieren oder Sagen (Denken) von Sätzen	75
Zirkuläres Fragen	75

Exkurse 76

Wirklichkeit	76
Lösungsorientierung	77
Ursachen und Konsequenzen	82

Kurzzeittherapie 89
Das Unbewußte 91
Trance 96
Körper 98
Systemische Körperarbeit 98
Synästhesie 102
Bilder 104
Sprache 108
Kooperation, Strategie und Manipulation 111
Das Paradox 113
Double-bind 116

Schulen 118

Bateson und Watzlawick 118
Darstellung der Schulen 125
Hypnotherapie nach Milton H. Erickson 127
Neurolinguistisches Programmieren (NLP) 135
Kurztherapie nach Steve DeShazer 149
Die Heidelberger Schule 157
Familienrekonstruktion nach Virginia Satir 165
Die systemische Psychotherapie Bert Hellingers 171
Gegensätze und Gemeinsamkeiten 192

Neuro-imaginatives Gestalten (NIG) 196

Kurzbeschreibung 196
Zwei Beispiele 197

Fälle 205

Schluß 220

Anmerkungen 235

Ausbildungsinstitute 243

Literatur 244

Dank

Dieses Buch verdankt seine Entstehung vielen Anregungen, die ich in Fortbildungen therapeutischer Lehrerinnen und Lehrer erhielt, zum Beispiel: Gerda Boyesen, Malcolm Brown, Steve DeShazer, Robert Dilts, Bert Hellinger, Peter Nemetschek, Ernest L. Rossi, Gunther Schmidt, Jim Simkin und Jeffrey K. Zeig; außerdem den Erfahrungen, die ich mit meinen Klientinnen und Klienten machen durfte und Albert Görres, der mir den Weg in eine psychotherapeutische Tätigkeit eröffnete.

Besonderen Dank schulde ich den Klientinnen und Klienten, die das Buch mit ihren Erfahrungsberichten bereichert haben, Peter Nemetschek, der bereit war, mit mir gemeinsam das Kapitel über Virginia Satir zu verfassen, und Matthias Varga von Kibéd, dessen Vorträge und Seminare über systemisches Denken und über Ludwig Wittgenstein mir halfen, den philosophischen Hintergrund systemischer Kurztherapie zu erfassen.

Gertraud Schottenloher und Kathrin Stengel gaben wichtige redaktionelle Hinweise.

Einleitung

Psychotherapie als Teil der geistesgeschichtlichen Entwicklung

Therapien entstehen im allgemeinen nicht aufgrund theoretischer Überlegung, sondern entwickeln sich aus Erfahrungen, die in der Praxis gemacht und zu Methoden weiterentwickelt werden. Sigmund Freud zum Beispiel hat die bei Charcot erlernte Arbeit mit Hypnose durch eigene Erfahrungen verändert. Ebenso ist der amerikanische Psychiater und Psychotherapeut Milton H. Erickson – von dem in diesem Buch noch öfter die Rede sein wird – mit der Freudschen Analyse vorgegangen.

Was für Menschen in einer Kultur psychisch heilend wirkt, spiegelt ihre Situation in dieser Kultur wider. Beispielsweise wird die Abreaktion von Gefühlen, wie sie in humanistischen Methoden im Mittelpunkt steht, von den analytischen Schulen mehr oder weniger stark abgelehnt. Auch in buddhistisch-hinduistischen Kulturen wird sie nicht als nützliches Therapeutikum, sondern eher als schädlich wirkend gesehen. Bei uns ist sie jedoch eine wichtige Komponente der »neueren« Therapien der 70er und 80er Jahre, und bei vielen Klienten wirkt diese Methode offenbar heilsam oder ist zumindest ein wichtiges Durchgangsstadium.

Aus dem – personellen und zeitlichen – Beziehungszusammenhang herausgenommen können Therapien oder therapeutische Elemente sehr viel weniger wirksam, unwirksam oder gar schädlich sein. Was als Therapie erfahren wird, ist also zu verschiedenen Zeiten und in verschiedenen Kulturen unterschiedlich. Daneben gibt es jedoch – vor allem auf der somatischen Ebene – auch gewisse bleibende und allgemein menschlich wirksame Elemente. In diesem Sinne besteht Psychotherapie zu einem erhebliche Teil im Schaffen von Ausgleich: Eine psychische Komponente, die in einer bestimmten kulturellen Situation in den Hintergrund gedrängt wurde, wird wieder in den Vordergrund geholt, was fehlt, wird ermutigt, und was zu stark betont wird, wird zurückgenommen.

Was bedeutet Kurztherapie?

Seit einiger Zeit ist in psychotherapeutischen Angeboten und Methodenbeschreibungen vermehrt der Begriff »Kurztherapie« zu lesen. Dahinter steht die Erfahrung, daß schon fünf bis zehn Sitzungen in vielen Fällen einen sinnvollen Rahmen einer psychotherapeutischen Behandlung oder Begleitung darstellen. In den Augen vieler, die mit der klassischen Analyse oder auch mit den regressions- und ausdrucksorientierten Methoden der humanistischen Richtung vertraut sind, ist dies zwar ein Unding. Trotzdem scheint sich das kurztherapeutische Konzept sowohl bei Therapeuten wie auch bei Hilfesuchenden immer mehr durchzusetzen. Beruht dieses Konzept auf einem Wunschdenken, wie die analytische Lehrmeinung uns glauben machen will, ist es reiner Bluff, oder verbergen sich dahinter ernst zu nehmende Erfahrungen und Überlegungen?

Die Grundlage dazu hat der schon genannte Milton H. Erickson gelegt, der nach Freud, Adler und Jung der bedeutendste Pionier der heutigen Psychotherapie gewesen ist. Sein ausschließlich pragmatischer Ansatz war, Menschen möglichst rasch und effektiv zu helfen. Dabei kam es ihm nicht auf einen erklärenden wissenschaftlichen oder philosophischen Überbau an. Auf dem Hintergrund einer großen Beobachtungs- und Kombinationsgabe hat er das in seiner psychiatrischen Ausbildung Erlernte – klassische Analyse und klinische Hypnose – zu einem höchst unkonventionellen Vorgehen benutzt, bei dem sich der Erfolg häufig schon in erstaunlich kurzer Zeit einstellte.

Erickson ist also den von Freud eingeschlagenen Weg weitergegangen. Er hat den Umgang mit dem Unbewußten und dem Zustand, in dem dieser Umgang stattfindet, um eine wesentliche Facette bereichert: Er ist dazu übergegangen, die Botschaften des Unbewußten nicht nur zu empfangen, sondern in einen Dialog mit ihm einzutreten. Seine unmittelbaren Schüler (wie zum Beispiel Rossi, Gilligan, Lankton, Zeig) und andere von ihm inspirierte Persönlichkeiten wie Bandler, Grinder und Dilts, die das Neurolinguistische Programmieren entwickelt haben, und auch DeShazer haben diesen Ansatz auf ihre Weise weiterentwickelt.

Über dieses Buch

Dieses Buch ist weitgehend »zirkulär« geschrieben. So sind einige bewußte Wiederholungen entstanden, die für »Quereinsteiger« wichtig sein können. Um Ihnen das Lesen zu erleichtern, wurde auch ein Glossar der Grundannahmen und Werkzeuge beigefügt. Zu Beginn meiner schriftlichen Arbeit – und immer wieder dazwischen – habe ich einige Mind-Maps erstellt, bei denen ich das zentrale Wort in der Mitte plazierte und alle dazugehörigen Begriffe und Bilder ringsherum anordneten. Sie können Ihre eigene Mind-Map aus den Sätzen und Begriffen erstellen, die Sie im Inhaltsverzeichnis lesen. Beginnen sie bei der Überschrift zu lesen, die Sie am meisten anspricht. Ihr Unbewußtes weiß genau, was für Sie im Moment das Wichtigste ist.

Die Ausdrucksweise »LeserInnen« oder »KlientInnen« benutze ich bewußt nur selten. Damit vermeide ich in den meisten Fällen die Kompliziertheit dieser Schreibweise, wenn sie aus dem Sinn heraus nicht besonders naheliegt. Denn es entstehen Sätze, die zu einer absurden Länge und Unübersichtlichkeit anschwellen, wenn die Auseinandersetzung über die Rolle oder den Rang der Geschlechter allzu konsequent auf die grammatikalische und stilistische Ebene übertragen wird.

Mein persönlicher Weg

Dieses Buch stellt einen Überblick der systemischen Therapiemethoden dar, die in Deutschland eingeführt sind. Die Art, wie ich diesen Überblick vermittle, hat natürlich mit meinem persönlichen Weg zu tun. Dieser Weg begann mit C.G. Jung, dessen Gedankengut und Methode mir über eine schwere Krise hinweghalfen. – Am Anfang meiner therapeutischen Laufbahn stand die Primärtherapie (Arthur Janov), daran anschließend nahm ich an Aus- und Fortbildungen teil in Biodynamik (Gerda Boyesen), Hypnotherapie (Ernest L. Rossi), NLP (Robert Dilts), Familientherapie der Heidelberger Schule (Gunther Schmidt) und systemischer Psychotherapie (Bert Hellinger).

Die Verantwortung in der Therapie

Die Frage, ob man das, was man tut, vor sich und anderen verantworten kann, sollten sich sicherlich nicht nur Therapeutinnen und Therapeuten von Zeit zu Zeit stellen, selbst auf die Gefahr hin, daß die Tatsachen hinter den Ansprüchen, die man an sich stellt, zurückbleiben.

Als ich dieses Buch abgeschlossen hatte, bemerkte ich, daß für mich ein ganz persönlicher Zweck des Schreibens darin bestand, mir Rechenschaft über meine therapeutische Tätigkeit abzulegen. Und so hoffe ich, mit diesem Buch auch anderen brauchbare Klarstellungen und Anregungen zu liefern, die die individuelle Lebenspraxis bereichern und erweitern und/oder die therapeutische Kreativität erhöhen können – ähnlich, wie ich es selbst durch das Vertrautwerden mit der systemischen Theorie und Praxis erfahren habe.

Überblick

Das Anliegen dieses Buches ist es,
— systemische Kurztherapie in Theorie und Praxis allgemein darzustellen,
— die einzelnen, in Deutschland eingeführten Schulen in ihren Hintergründen und Vorgehensweisen zu umreißen,
— darzustellen, wie systemische Kurztherapie philosophisch, kognitionswissenschaftlich und neurophysiologisch fundiert werden kann.

Die Thesen, die ich dabei verfolge, sind:
— Psychotherapie ist ein Teil der geistesgeschichtlichen Entwicklung.
— In verschiedenen Kulturen wirkt Verschiedenes therapeutisch, obwohl es einen gemeinsamen Nenner gibt.
— Systemische Kurztherapie ist unserer heutigen gesellschaftlichen Situation in besonderem Maße angemessen.
— Sie kann als Lebenshilfe für die Alltagspraxis gesehen werden.
— Sie ist eine ökologische Sicht.

Ein Bauer brachte sein lahmendes Pferd zum Tierarzt. Dieser war ein erfahrener alter Mann, der das Tier eingehend untersuchte. Dann sagte er: »Es tut mir leid, ich kann die Ursache nicht finden, ich weiß nicht, woran es liegt ... es kann das Schultergelenk sein oder das Fesselgelenk oder die Sehne ... es ist einfach nicht eindeutig.« »Aber kann ich ihn nicht behandeln, mit irgendeiner Salbe; kann ich ihn nicht einreiben und massieren?« fragte der Bauer, der auf die Gesundheit seines Tieres angewiesen war. »Einreiben kannst du ihn schon«, gab der Tierarzt zur Antwort, »aber ich kann dir leider nicht sagen, wo.«

Geschichte

Von Freud zu Erickson

Medizin und Therapie als historische Wissenschaften

»Medizin ist eine historische Wissenschaft. Aus einer medizinischen Zeitschrift des Jahres 1900 können Sie heute praktisch nichts mehr anwenden«, sagte ein erfahrener Klinikchef und Wissenschaftler einmal in einem Gespräch. Das heißt: Therapien müssen auf ihrem geschichtlichen Hintergrund gesehen werden.

So ist es zu verstehen, wenn ich diese Darstellung der systemischen Kurztherapie als einer neuentstandenen Form der Psychotherapie mit einer Schilderung des Lebens der beiden Pioniere Sigmund Freud und Milton H. Erickson einleite und einige Episoden aus dem Leben des Philosophen Friedrich Nietzsche dazwischenblende.

Drei Zeitgenossen

Im Jahr 1900 veröffentlichte Sigmund Freud seine *Traumdeutung*, die zu einer der Grundlagen seines Werkes wurde. Im gleichen Jahr starb Friedrich Nietzsche – bis zuletzt von der verhaßten

Schwester gepflegt – geistig umnachtet in seinem Elternhaus in Naumburg. Und ein Jahr später erblickte im amerikanischen Westen ein Junge namens Milton H. Erickson das Licht der Welt.

Freud mit dem nur zwölf Jahre älteren Nietzsche in Beziehung zu bringen, liegt nahe: Denn Nietzsche, der mit 28 Jahren sein erstes größeres Werk veröffentlichte, hat psychologische Erkenntnisse formuliert, die später in Freuds Gedankengebäude als wichtige Bausteine auftauchten. Wobei unklar bleibt, ob Freud, der 44 Jahre alt war, als die *Traumdeutung* erschien, von ihnen Kenntnis hatte.[1] Andererseits könnte man spekulieren, wie Nietzsches Krankheit verlaufen wäre, wenn die »psychoanalytische Kur« ihm zur Verfügung gestanden hätte. Und es muß offenbleiben, ob sein Schaffen unter diesen Umständen ebenso großen – oder womöglich noch größeren – Einfluß auf die Geistesgeschichte dieses Jahrhunderts hätte haben können.

Was aber hat der in Amerika im Jahr 1901 geborene Milton H. Erickson mit diesen beiden Europäern zu tun? Mit dem Psychiater Freud verbindet diesen Sohn aus Schweden stammender amerikanischer Siedlerpioniere zum Beispiel der Beruf und die Tatsache, daß er zu Beginn seiner Laufbahn klinische Hypnose erlernte. Darüber hinaus kann man ihn zu den unzähligen Schülern des Wiener Arztes rechnen, da er sich in der psychoanalytischen Methode ausbilden ließ. Außerdem kämpften beide Männer über Jahrzehnte hinweg mit schweren Krankheiten: Freud litt schon in seiner Wiener Zeit an einem langsam fortschreitenden Carzinom, während Erickson im Alter von 18 Jahren lebensgefährlich an Polo Erkrankte, von der er sich zwar weitgehend erholte, die ihn jedoch in seinen späteren Jahren wiederum heimsuchte. Daraus ergibt sich auch eine Gemeinsamkeit mit Friedrich Nietzsche, dessen Leben von früher Jugend an durch intensive psychosomatische Leidenszustände gezeichnet war.

Dieser gemeinsame Nenner körperlichen Leidens ist natürlich nicht der Grund, diese drei Männer hier in einem Atemzug zu nennen. Man kann sich zudem kaum einen größeren Gegensatz zwischen dem materiellen, seelischen und geistigen Umfeld vorstellen, in dem ein amerikanischer Farmerssohn zu Beginn des

20. Jahrhunderts und der Sohn einer Wiener Bürgersfamilie und der eines protestantischen Pfarrers in der Mitte des 19. Jahrhunderts aufwuchsen. Gemeinsam ist jedoch allen dreien das außerordentliche Maß an Kreativität, mit der sie sich mit den Gegebenheiten ihres Lebens auseinandergesetzt und sie gestaltet haben. Erickson hat in seinem Feld – ähnlich wie Nietzsche und Freud in dem ihren – in einer Zeit geistigen Umbruchs Pionierarbeit geleistet.

Allerdings hat Erickson im Gegensatz zu Freud und auch zu Nietzsche nichts dazu getan, um dies über seinen unmittelbaren Klienten- und Kollegenkreis hinaus bekanntzumachen. Er hat zwar viele Fachartikel geschrieben, aber die gesammelte Veröffentlichung seinen prominenten Schülern Ernest L. Rossi und Jay Haley überlassen. Ein Standardwerk über Ericksonsche Hypnose besteht aus Aufzeichnungen, Zusammenfassungen und Erklärungen, die Ernest Rossi während seiner Ausbildung von Ericksons mündlichen Mitteilungen gemacht hat, und es wäre – wie Erickson selbst schreibt – »wohl nie zustande gekommen, wenn Rossi nicht gewesen wäre«[2]. Ericksons Genie war offensichtlich nur an der Weiterentwicklung der therapeutischen Praxis interessiert, das heißt: an der Vermehrung seines Wissens und Könnens über psychische Wirksamkeit und Wirklichkeiten. Und ich vermute, daß einer der Gründe, weshalb er die persönliche Mitteilung der schriftlichen vorzog, die Erfahrung war, daß nur ein kleiner Teil der zur Weitergabe notwendigen Informationen über das geschriebene Wort erfolgen kann.

Erickson hat darüber hinaus keiner Theorie der Persönlichkeitsstruktur angehangen. Er war der Meinung, daß eine solche Theorie »den Psychotherapeuten einschränken würde und starr werden ließe.«[3]

Systemische Grundsätze

Erickson arbeitete schon seit den 30er Jahren nach systemischen Grundsätzen, lange bevor die Systemtheorie für den psychologischen Bereich ausformuliert wurde. In den 70er Jahren war es dann unter anderen der Anthropologe Gregory Bateson, der die Aufgabe übernahm, den sich anbahnenden Paradigmenwechsel darzustellen und philosophisch zu untermauern. Mit seinem Buch *Ökologie des Geistes* eröffnete er einen Einblick in eine veränderte Praxis des Denkens, die sich damals als »Systemtheorie« oder »Systemische Sicht« an verschiedenen Stellen herauszubilden begann. Eines der Zentren, an denen dies geschah, war die »Gruppe von Palo Alto«, der unter anderem Bateson selbst, Jay Haley, John Weakland, aber auch Paul Watzlawick[4] angehörten. Bateson war mit der bekannten Anthropologin Margaret Mead verheiratet und befaßte sich im Rahmen seines Forschungsauftrages mit der Kommunikation schizophrener Patienten. So kam es, daß er seine Mitarbeiter zu dem schon betagten und in Therapeutenkreisen weithin bekannten Erickson schickte, um seine therapeutische Vorgehensweisen zu studieren.

Für den mit Ericksonscher Hypnotherapie Vertrauten liegt es auf der Hand, daß Bateson unter anderem wesentliche Anregungen zu seinem Konzept des »Double-bind« von Erickson erhielt. Deshalb müßten, wenn in der Psychotherapie von »systemischer Sicht« oder »systemischem Denken« die Rede ist, diese beiden Namen gleichzeitig genannt werden. Seltsamerweise wird in der Fachliteratur Ericksons Name dabei aber relativ häufig unterschlagen. Und dies, obwohl man mit großer Berechtigung der Meinung sein kann, daß »die Geschichte zeigen wird, daß der Beitrag, den Freud zur Theorie der Psychotherapie geleistet hat, dem Beitrag Ericksons zur Praxis der Psychotherapie gleichkommt«.[5]

Verschiedene Bedingungen

Vergleicht man noch einmal die materielle und geistige Umwelt Freuds mit der von Erickson, so leuchtet ein, daß unter örtlich wie zeitlich so unterschiedlichen Bedingungen eine kreative Antwort sehr verschieden ausfallen mußte. Für Freud stand die Verkrüppelung und Lähmung des Individuums durch starr gewordene Konventionen und Institutionen im Vordergrund. Und mit seinem Konzept des »Es, Ich und Über-Ich« ist es ihm gelungen, Fesseln abzuwerfen und Tabus aufzuheben sowie das »Trieb-Wesen Mensch« zu legitimieren. Kein Wunder, daß er damals schon vielfach angefeindet wurde. Die Selbstverständlichkeit jedoch, mit der man sich heutzutage bis in den Alltag hinein der »analytischen Sicht« bedient, beweist, daß er vieles zu formulieren und in der Praxis zu verankern vermochte, was zeitlich »dran« war.

Erickson dagegen hatte schon früh mit Situationen zu kämpfen, in denen es ums nackte Überleben ging. Die Auseinandersetzung mit Lähmung und Verkrüppelung, die Freud auf der psychischen Ebene führte, fand bei Erickson physisch statt. So gibt es die bekannte Geschichte aus der Zeit seiner ersten Polio-Erkrankung:

Der Arzt kam zu dem im Koma liegenden Jungen, untersuchte ihn und verließ die Eltern mit der Bemerkung: »Er wird die Sonne wohl nicht mehr aufgehen sehen.« Kurz darauf kam Milton zu Bewußtsein und bedeutete seiner Mutter, den Schrank auf eine bestimmte Weise zu verrücken. Die Mutter tat dies, obwohl sie den Sinn dieses Wunsches nicht verstand. Am nächsten Morgen war der Schwerkranke noch am Leben und erholte sich, zum Erstaunen aller. Er hatte – so erzählte er später – den Schrank verrücken lassen, weil er wußte, daß der Spiegel, der auf seiner Vorderseite angebracht war, ihn die Sonne würde sehen lassen, sobald sie aufginge.

Die nächste Lektion, die der Neunzehnjährige lernen mußte, wenn er sein Leben nicht als Gelähmter verbringen wollte, war: Wie lernt man, aus eigener Kraft wieder auf die Beine zu kommen? Nach seinen eigenen Angaben hat er Kleinkinder beim Laufenlernen beobachtet, sie nachgeahmt und so sein geschädigtes Nervensystem dazu gebracht, sich zu regenerieren.

Kommunikation mit dem Unbewußten

Freud hat mit seiner »Es-Psychologie« – wie er sie selbst bezeichnete – auf die Bedeutung von Sexualität und Aggressivität für die psychische Gesundheit des Menschen hingewiesen. Gleichzeitig hat er herausgearbeitet, wie das Vorstellungs- oder Bilder-Denken mit diesem verdrängten – und daher meist unbewußten – »Es« in enger Beziehung steht, und wie sich dieses Unbewußte in Bildern unserem Bewußtsein mitteilt.[6]

Erickson hat herausgefunden, daß der »unconscious mind«[7] häufig weiser als das Bewußtsein ist und daß es Mittel und Wege gibt, nicht nur die Botschaften des Unbewußten zu verstehen, sondern auch über Bilder zu ihm zu sprechen und ihm Anweisungen zu geben. Das ist wohl ein entscheidender Teil dessen gewesen, was in jener Nacht in dem jungen Milton vor sich ging, in der er mit dem Tode rang: Das Bild der aufgehenden Sonne, das der Arzt benutzt hatte, um die Eltern auf seinen möglichen Tod vorzubereiten, hat offenbar dazu beigetragen, daß er überleben konnte.

Für Freud war es klar, daß es die Aufgabe des Ich sei, das Es zu erobern und zu beherrschen, er betonte aber gleichzeitig, wie sehr das Ich dem Es ausgeliefert sei.[8] Für Erickson stand schon früh fest, daß unser bewußter Teil häufig gut daran tut, die Bewegungen des Unbewußten einfach nur zu begleiten, um die Lösung zu finden, wie die Geschichte vom herrenlosen Pferd zeigt:

Das Pferd

Milton Erickson war noch ein halbwüchsiger Junge, als auf der Farm seiner Eltern eines Tages ein herrenloses Pferd auftauchte. Niemand wußte, wem es gehörte, und man war einigermaßen ratlos, was mit ihm geschehen sollte. Da behauptete Milton, er könne, wenn man ihn nur gewähren ließe, den Heimathof des Tieres herausfinden. Niemand hatte etwas dagegen, und so setzte er sich auf seinen Rücken und trieb es zum Gehen an. Das Pferd trabte aus dem Hof, wurde aber dann langsamer und begann zu fressen. Nun tat Milton über lange Zeit nichts anderes, als das Pferd davon abzuhalten, zuviel Zeit mit Fressen zu verlieren, und Roß und Reiter entfernten sich auf diese Weise immer mehr von der Ericksonschen Farm. Schließlich tauchte in der Ferne ein anderes Gehöft auf, und das Pferd näherte sich ihm, indem es von Milton immer wieder am Fressen gehindert und leicht angetrieben wurde. Als sie den Häusern schon recht nahe waren, hob das Pferd plötzlich den Kopf, wieherte sanft und begann von selbst zügiger zu gehen. Wenige Minuten später trabten sie in den Hof ein und wurden von den glückliche Farmersleuten begeistert empfangen. Sie hatten das Pferd schon mehrere Tage vermißt.

Erickson benutzte diese Geschichte immer wieder als therapeutische Metapher und auch, um seinen Schülern das »Prinzip von Folgen und Führen« deutlich zu machen.[9]

Auf einer abstrakteren Ebene benutzt Freud in seinem Aufsatz »Das Ich und das Es« die Metapher von Pferd und Reiter, um das Verhältnis von Ich und Es zu verdeutlichen: Das Ich »gleicht im Verhältnis zum Es dem Reiter, der die überlegene Kraft des Pferdes zügeln soll, mit dem Unterschied, daß der Reiter dies mit eigenen Kräften versucht, das Ich mit geborgten ... So wie dem Reiter, will er sich nicht vom Pferd trennen, nichts anderes übrigbleibt, als es dahin zu führen, wohin es gehen will, so pflegt auch das Ich den Willen des Es in Handlung umzusetzen, als ob es der eigene wäre.«[10] Dieses Zitat muß man zusammen mit folgender Textstelle lesen: »Die Psychoanalyse ist ein Werkzeug, das dem Ich die fortschreitende Eroberung des Es ermöglichen soll.«[11] Will man darin nicht einfach einen von Freud nicht bemerkten logischen Widerspruch sehen, so muß man daraus schließen, daß er sich der Paradoxität des obenerwähnten Prinzips von »Führen und Folgen« bewußt war, das Erickson auf der interpersonalen Ebene als wichtiges therapeutisches Element sah.

Andererseits könnte man fast vermuten, daß der halbwüchsige Erickson schon Freud gelesen haben mußte, als er das Kunststück vollbrachte, die Heimat des Pferdes ausfindig zu machen. Dies war jedoch ganz sicher nicht der Fall, und die Anekdote zeigt lediglich, daß er schon damals scharf beobachtete und sein Wissen in die Praxis umzusetzen verstand.

Auch in Friedrich Nietzsches Biographie spielte das Pferd – als Symbol für das Triebhafte und Kreatürliche – eine Rolle: Nietzsche wurde in seiner Militärzeit als guter Reiter gerühmt, hatte dann aber einen ernsteren Reitunfall, aufgrund dessen er vorzeitig und unfreiwillig vom Dienst befreit wurde. Dies mag eine Rolle dabei gespielt haben, daß er sich letztlich doch nicht, wie er es eine Zeitlang erwogen hatte, zur Offizierslaufbahn entschloß. Später allerdings gab er in einer Selbstbiographie an, daß er Offizier der reitenden Artillerie gewesen sei.[12] Als sein Freund Overbeck im Jahr 1888 den psychotisch Gewordenen in Turin abholen wollte, erfuhr er, daß der Freund auf der Straße zusammengebrochen war, nachdem er weinend ein von seinem Herrn mißhandeltes Droschkenpferd umarmt hatte.[13]

Psychoanalyse und Triebschicksal

Wie oben schon erwähnt, hat Freud – wie auch Nietzsche – dazu beigetragen, daß das Triebwesen Mensch gegenüber dem Herrschaftsanspruch des Geistwesens Mensch legitimiert wurde. Der Bereich der Sexualität, der im Mittelalter dem »sündigen Adam« zugerechnet und damit tabuisiert worden war, erhielt nun einen anderen Stellenwert. Freud arbeitete heraus, daß Sexualität von früher Kindheit an ein wichtiges Element seelischer Gesundheit darstellt. Diese Legitimierung geht allerdings nicht auf Freud allein zurück, sondern zum Beispiel auch auf Nietzsche, für den jedoch der Macht-Trieb im Zentrum seines Interesses stand.

Die Psychoanalyse Freuds erkennt den Trieb – vor allem den Sexual- und den Aggressionstrieb – als eine den Menschen steuernde Kraft an: Um zur Ganzheit zu gelangen, muß man sich seines »Triebschicksals« bewußt werden. Psychische Heilung besteht aus dieser Sicht in einer Sublimation der Libido[14]. Darüber hinaus hat Freud mit seiner Lehre vom Ich, Es und Über-Ich eine Möglichkeit geschaffen, bestimmte moralisch oder religiös fundierte Forderungen als letztlich vom Machttrieb gesteuert zu sehen, und sie dadurch zu relativieren.

In einer Zeit, in der die Darwinsche These einer direkten Verwandtschaft zwischen Mensch und Tier noch auf großes Mißtrauen und auf Empörung stieß und in der die Instanzen des Staates, der gesellschaftlichen Konvention und der Kirche noch viel Macht besaßen, waren diese Einsichten revolutionär. Am Beispiel Nietzsches haben wir aber gesehen, daß sie in der Luft lagen. Freuds Formulierungen hatten jedoch eine besondere Qualität und Durchschlagskraft, da sie aus der Sicht eines Arztes kamen, der auf Heilungserfolge hinweisen konnte. Wie schon erwähnt, hat die analytische Sicht in viele Bereiche unserer Kultur hineingewirkt.

Systemische Therapie und Beziehungszusammenhang

Ein wichtiges Charakteristikum der durch Erickson in die therapeutische Gemeinschaft eingeführten systemischen Sicht ist, daß statt dem »Triebschicksal« des einzelnen – das mit der Beziehung zur »bedeutsamen elterlichen Person« eng zusammenhängt[15] – das »Beziehungsschicksal« innerhalb der ganzen Familie zum Fokus der Aufmerksamkeit wird. So kommt es, daß eine »Familientherapie« entstand, in der nicht mit dem von einer Störung Betroffenen allein gearbeitet wird, sondern alle Familienmitglieder in den Prozeß einbezogen werden. Neben der obenerwähnten inneren Kommunikation mit dem Unbewußten tritt bei diesem therapeutischen Ansatz die äußere Kommunikation mit den Familienmitgliedern und der übrigen Umwelt in den Mittelpunkt des Interesses.

Milton H. Erickson gehört zu den Persönlichkeiten, die zu dem geistigen Umstrukturierungsprozeß, der sich in unserer Zeit abspielt, Wesentliches beigetragen haben. Denn er hat die therapeutischen Möglichkeiten der Förderung psychischer Entwicklung und Veränderung entscheidend bereichert, indem er durch seine Praxis die entscheidende Rolle des Zwischenmenschlichen demonstrierte. Es liegt nahe, daß eine solche Praxis heutzutage auf vielen Ebenen gewünscht ist.

Vorläufer

Abgesehen von Psychoanalyse und systemischer Therapie sind in den vergangenen Jahrzehnten zwei wichtige andere Therapierichtungen entstanden: die Verhaltenstherapie und die Therapien, die unter der Bezeichnung humanistische Psychologie zusammengefaßt werden – zum Beispiel Gestalttherapie, Bioenergetik und Primärtherapie, um nur die bekanntesten zu nennen.

Die Verhaltenstherapie

Die Verhaltenstherapie[16] entstand während der 50er Jahre im angelsächsischen Sprachraum. Ihr Anliegen ist es, Ergebnisse empirisch zu fundieren, indem die Effizienz therapeutischen Vorgehens experimentell – zum Teil an Tieren – nachgewiesen wird. Sie stützt sich dabei auf lerntheoretische Konzepte und führt psychische Störungen auf fehlerhafte Konditionierungen zurück, die durch Umkonditionierung beseitigt werden können. In der analytischen Forschung spielte die Selbstbeobachtung und das Konzept des Unbewußten eine große Rolle. Die Verhaltenstherapie dagegen beschränkt sich auf Fremdbeobachtung und ersetzt das Konzept des Unbewußten durch das Konzept der »black-box«[17]. – Vor allem im klinischen Bereich wird sie heutzutage von vielen als Methode der Wahl gesehen, andererseits aber auch abgelehnt.

Die humanistische Psychologie

Zu Beginn der Entwicklung der humanistischen Richtung, deren Pioniere Abraham Maslow und Roberto Assagioli waren, steht eine Wiederbelebung der Gestaltpsychologi zu Beginn dieses Jahrhunderts. Zur Beantwortung der Frage, wie sich Sinneseindrücke zu Einheiten aus Wahrnehmung, Gefühl und Erleben zusammenfügen, wurde der von dem Phänomenologen Husserl geprägte Begriff der Selbstorganisation verwandt. Er besagt, daß es Arten des Verhaltens und des Geschehens gibt, die, frei sich selbst überlassen, einer ihnen gemäßen und aus ihnen selbst entspringenden Ordnung fähig sind.« Man könnte diesen Satz als zentral für alle humanistischen Therapien sehen, denn in allen Methoden dieser Richtung geht es vor allem darum, Bedingungen zu schaffen, in denen die menschliche Fähigkeit zur Integration und Selbstorganisation zur Entfaltung kommen kann.

Selbstverwirklichung ist ein anderer, zentraler Begriff dieser Richtung. Ob mit der Darstellung der Dynamik innerer Instanzen wie in der Gestalttherapie gearbeitet wird oder mit der gezielten Abreaktion körperlicher Spannungen wie in der Bioenergetik: immer sucht man in der Biographie des einzelnen nach ausweglosen Situationen, nicht ausgedrückten Gefühlen und tiefen Verletzungen, die gefühlsmäßig noch einmal durchlebt und dadurch zu einem Ende gebracht werden sollen. Einsichten ergeben sich dabei spontan aus dem therapeutischen Prozeß, ob er nun mehr in einem meditativen Zustand der »awareness«[18] wie in der Gestaltarbeit besteht oder in einer Abreaktion von Gefühlen über Stimme und Bewegung wie in Bioenergetik und Primärtherapie.

Die andere Grundannahme dieser Richtung ist, daß diese Selbstverwirklichung nur auf der Basis einer Befriedigung vitaler Bedürfnisse aus der frühen Kindheit möglich ist. So besteht aus dieser Sicht Therapie auch darin, entweder Versäumtes nachzuholen oder durch eine erfüllte Sexualität des Erwachsenen diese Bedürfnisse zu »stillen«.

Alle diese Methoden beschäftigen sich vorrangig mit dem Individuum und seiner Biographie, und sind damit dem kausalen Denkmodell der Psychoanalyse verpflichtet. Das Trauma als Ursache von Einschränkung und Störung der Persönlichkeit spielt die wesentliche Rolle. Und das Wiedererleben der traumatischen Situation von damals ist zusammen mit dem jetzigen Ausdruck früher nicht ausgedrückter Gefühle das Heilmittel. Immer wieder auftretende Gefühlslagen, die in der heutigen Situation der Person nicht passen und unverständlich sind, werden in den damaligen Zusammenhang gebracht, noch einmal durchlebt und können so zur Ruhe kommen.

Selbsterfahrung ist ein Begriff, der aus dem Vokabular der humanistischen Therapien in unsere Alltagssprache übergegangen ist. In der humanistischen Richtung wird auf sie großes Gewicht gelegt, und eine Ausbildung der humanistischen Richtung bietet sehr viel mehr Möglichkeiten, sich selbst im therapeutischen Prozeß zu erfahren und dadurch besser kennenzulernen, als das in den systemischen Ausbildungen im allgemeinen der Fall ist.

Ein weiteres Verdienst der humanistischen Richtung ist die Weiterentwicklung des körpertherapeutischen Ansatzes, der auf den Freud-Schüler Wilhelm Reich zurückgeht. Demgegenüber kommt die unmittelbare Arbeit mit dem Körper in der systemischen Richtung noch häufig zu kurz.

Die Art und Weise, wie diese Methoden angewandt werden, hat sich im Laufe der Zeit vielfältig verändert. Denn bei den ausübenden Therapeuten und Therapeutinnen hat sich ein ihrer eigenen Selbsterfahrung entsprechender Stil entwickelt, wie es anders auch gar nicht sein kann. Niemand kann heutzutage eine dieser Vorgehensweisen genauso anwenden, wie die Urheber es vermittelten, ebensowenig kann niemand mehr genauso wie Freud arbeiten, selbst wenn er oder sie das wollte.

Die humanistischen Therapien spielten Ende der 60er und in den 70er Jahren eine wichtige Rolle, insofern sie vielfach nicht nur als Heilungsmöglichkeit von Neurosen, sondern auch als Weg zur persönlichen Entfaltung gesehen wurden. Die Aufwertung von Gefühl und Körper hat offensichtlich einem damals allgemein bestehenden Bedürfnis Rechnung getragen.

Abgrenzung und Verwandtschaften

So haben sich Psychoanalyse, humanistische Psychologie und systemische Therapie den veränderten Anforderungen gemäß auseinanderentwickelt, während zwischen analytischen und humanistischen Konzepten einerseits, und verhaltenstherapeutischen Konzepten andererseits anfänglich nur das Gegensätzliche wahrgenommen wurde. Die systemische Therapie dagegen hat Elemente aus beiden Richtungen aufgenommen: Sie richtet beispielsweise ihr Augenmerk, ähnlich wie auch die Verhaltenstherapie, vor allem auf die Interaktion zwischen den Menschen. Dagegen ist jedoch in der systemischen Sicht das Innere des Menschen keine »Black box«, sondern spielt als Partner im systemtherapeutischen Dialog eine wesentliche Rolle.

»*Der begreifende Geist kann seine Unfähigkeit zu begreifen letztlich nicht begreifen; er kann lediglich seine Fähigkeit kultivieren, diese Unfähigkeit zu erdulden.*«
(Francisco Varela)

Meister Kung sprach: »*Die Fische sind fürs Wasser geschaffen; die Menschen sind für den Sinn geschaffen.*«
(Dschuang Dsi)

Systemisches Denken

Konstruktivismus als Neurophilosophie

Forschungsergebnisse der modernen Neurophysiologie deuten darauf hin, daß unser Wissen von der Wirklichkeit dem der Astronomen von entlegenen Gegenden des Universums gleicht: Aus den zur Verfügung stehenden Daten errechnen sie die Beschaffenheit des Kosmos und erfinden Metaphern wie zum Beispiel die »schwarzen Löcher« oder den »Urknall«, die Rechenergebnisse vorstellbar werden lassen. Die Menge von Information, die die Rezeptoren unseres Nervensystems aus der Umwelt aufnehmen, ist verschwindend gering gegenüber der ungeheuren Menge von Verarbeitungsschritten, die sich innerhalb des Nervensystems abspielen. Dabei ist – ähnlich wie bei den Astronomen – vieles vorgegeben oder besser: kann vieles aufgrund der Struktur des menschlichen Nervensystems und der Sinnesorgane gar nicht anders aufgenommen und verarbeitet werden. Zum Beispiel melden die Rezeptoren des Auges immer einen Lichteindruck, selbst wenn das Auge einen Schlag erhält: Nur die Intensität, nicht die Qualität des Reizes wird von den Rezeptoren unseres Nervensystems an das Gehirn weitergeleitet.

Neben der Kognitionswissenschaft ist es die moderne Atom-Physik, die durch ihre Erkenntnis, daß es eine linear-kausal bestimmte Wirklichkeit im quantenphysikalischen Bereich nicht gibt, ebenfalls den Glauben an eine »objektive« Wahrheit erschüttert hat. Denn die von Max Planck entdeckte »Unschärferelation« zeigt, daß auf der atomaren Ebene Beobachter und Beobachtetes sich nicht mehr trennen lassen.

Der Physiker und Kybernetiker Heinz von Foerster – ein Mitglied der Forschergruppe um Bateson und Watzlawick – wundert sich mit Recht über die Blindheit, »die es den Forschern ein Jahrhundert lang nicht möglich gemacht hat, jene Ungeheuerlichkeit des Phänomens der Perzeption, des Erkennens und Erlebens zu sehen.«[1] Außerdem weist er darauf hin, daß schon der Mathematiker Poincaré erkannte, daß die Wahrnehmung des Raumes für ein Subjekt, das sich nicht bewegen kann, unmöglich ist. Der Experimentalpsychologe Jean Piaget wies nach, wie beim Kleinkind die Wahrnehmung eines Gegenstandes durch eine Wechselwirkung der Sensorik und Motorik »konstruiert« wird, wie er selbst es nannte. Und er zog daraus den Schluß, daß es keine »reinen Fakten« gibt, da im Akt der Wahrnehmung die Interpretation immer mit enthalten ist. So wurde Piaget zum Begründer des konstruktivistischen Ansatzes in der psychologischen Forschung. In dieselbe Richtung weist das Werk des Arztes und Psychiaters Viktor von Weizsäcker, der mit seinem Gestaltkreis die Einheit von Wahrnehmung und Bewegung postulierte und in gewisser Weise die systemisch-konstruktivistische Sicht vorbereitet hat.

Der Neurobiologe Humberto R. Maturana, der im heutigen Konstruktivismusdiskurs eine große Rolle spielt, hat sich mit der Funktion des Auges befaßt und dabei Wahrnehmung als »Organisation und Verkörperung von Wirklichkeit«[2] zu verstehen gelernt. Auch er stellt fest, daß Wahrnehmung kein passives Aufnehmen einer außerhalb stehenden »Wirklichkeit« ist, sondern ein aktiver Prozeß, in dem aus wenigen Daten ein Universum aufgebaut wird. – Der oben schon zitierte Heinz von Foerster beschäftigt sich in seinen Schriften vor allem mit dem Phänomen der Wechselwirkung von Beobachter und Beobachtetem. Er spricht davon, daß unser Nervensystem unsere Wirklichkeit »errechnet« und daß wir Wirklichkeit nicht entdecken, sondern erfinden.

Erkenntnisglocke oder Beziehungsnetz?

Aus diesem Zusammenbruch der »objektiven Wirklichkeit« ergibt sich die Frage nach der Möglichkeit von Verständigung und Beziehung: Wie kommt es, daß wir die Erfahrung einer uns allen gemeinsamen Wirklichkeit haben, selbst wenn wir wissen, wie stark unsere Wirklichkeiten sich häufig unterscheiden? Sind wir in einer »Wahrnehmungsglocke« eingeschlossen, oder ist unsere »Wirklichkeit« ein Kommunikationsprodukt? In gewissem Sinne ist beides der Fall: Einerseits wird das Phänomen »Kommunikation« durch diese Erkenntnis in Frage gestellt, andererseits erhält es ein besonderes Gewicht.

Steve DeShazer formuliert: »Es gibt kein Verständnis, sondern nur mehr oder weniger nützliche Mißverständnisse.«[3] Das heißt, der Wert von Erkenntnissen erweist sich in diesem Konzept nur noch durch ihrem Kommunikationswert. Wir können nur durch Erfahrung wissen, ob eine Erkenntnis »richtig« – im Sinne von richtungsweisend – ist. Denn wenn es eine unter allen Bedingungen und zu allen Zeiten gültige »objektive« Wahrheit nicht mehr gibt, entscheidet nur die Wirksamkeit über die »Wirklichkeit« einer Erkenntnis. »Objektive« oder »ewige« Wahrheiten sind uns nicht erreichbar; und man kann sich fragen, ob auch sie nicht nur ein menschliches Konzept sind!

Im Verlauf der Geistesgeschichte gibt es immer wieder Philosophen, die ein Bewußtsein der Selbstbezüglichkeit von Erkenntnis besaßen. In der Neuzeit weist vor allem Immanuel Kant darauf hin, daß unser Erkenntnisvermögen immer an die Kategorien von Raum und Zeit gebunden bleibt, und daß wir deshalb ein »Ding an sich« – das heißt eine objektive Wirklichkeit – nicht erkennen können. Und der zeitgenössische Philosoph Otto Apel spricht vom »Leibapriori der Erkenntnis«,[4] und meint damit, daß die Gegebenheiten unserer leiblichen Existenz wie Sinneswahrnehmungen, Vorstellungen und Gefühle unser Erkenntnisvermögen bedingen und damit unsere Wirklichkeit gestalten.

Ludwig Wittgenstein zeigt mit seinem sprachphilosophischen Ansatz, wie menschliche Wirklichkeit sich aus der Logik der menschlichen Sprache entwickelt und durch den Wortgebrauch der »Sprachspiele«, in denen wir sprechend unsere Wirklichkeiten gestalten, zu einer gemeinsamen Praxis wird. Der Amerikaner George Spencer Brown leitet in seiner Abhandlung über die »Gesetze der Form« *(Laws of Form)*[5] mit der Aussage »draw a distinction« (mache einen Unterschied) den Versuch ein, einer Logik der Wahrnehmung auf die Spur zu kommen. Dabei bewegt er sich auf einer noch elementareren oder abstrakteren Ebene wie Wittgenstein. In seinem späteren Werk *Only Two can Play this Game,* wird der mythologische, aber auch der persönliche Hintergrund seiner hochabstrakten Überlegungen sichtbar und leichter verständlich.

Carl Friedrich von Weizsäcker weist darauf hin, daß quantentheoretische Erkenntnisse der Wechselwirkung von Beobachter und Beobachtetem fraglich erscheinen lassen, ob physikalische Gesetze unabhängig von Zeit existieren. Er spricht in diesem Zusammenhang von der »Geschichtlichkeit von Wahrheit«[6]. Das heißt: Die Ergebnisse der modernen Naturwissenschaft legen eine Weltsicht nahe, in der ein Denken in Wechselwirkungen vorherrscht und das Denken in linearen Kausalzusammenhängen nur noch einen eingeschränkten Geltungsbereich besitzt. Der Glaube von der Objektivität und Zeitunabhängigkeit von Wahrheit kann und muß hinterfragt werden.

Konstruktivismus als Destruktivismus?

Diese Entwicklung hat sicherlich mit zu dem vielfach beklagten Werteverfall beigetragen. Denn es liegt nahe, daß gleichzeitig mit einer »objektiven Wahrheit« im naturwissenschaftlichen Sinn auch die Existenz allgemeinverbindlicher gesellschaftlicher Werte in Frage gestellt werden. Überkommene ethische Werte und Verhaltensnormen verlieren an Einfluß, da die bisher tragenden Institutionen wie Kirche und Staat sich auf nichts »objektiv Gültiges« mehr berufen können und die Menschen ihnen zunehmend teils kritisch, teils gleichgültig gegenüberstehen.

Den systemtherapeutischen Methoden wird nun genau der

Vorwurf der Beliebigkeit – das heißt »Wertfreiheit« in einem nihilistischen Sinn – gemacht.[7] Denn die Grundannahme, daß unser Befinden von unseren Vorstellungen abhängt, verleitet zu dem irreführenden Schluß, daß man über einen entsprechenden Umgang mit Vorstellungen jedes beliebige Ziel erreichen könne. Es gibt auch die Möglichkeit, dem Beziehungssystem die Verantwortung für Handlungen zu übertragen – nach dem Motto: »Ich kann ja nichts dafür. Das System zwingt mich dazu.« – Zieht die Weltsicht der Konstruktion von Wirklichkeit eine Destruktion der zwischenmenschlichen Werte nach sich?

Beliebigkeit oder Verantwortung?

Es ist das Hauptanliegen Maturanas, zu zeigen, wie jeder zwar seine eigene Wirklichkeit besitzt, die Weltsicht jedes einzelnen jedoch gleichzeitig mit der aller anderen auf vielfache Weise verbunden, das heißt »strukturell gekoppelt«[8] ist. Schon die Tatsache, daß wir alle einen in vielerlei Hinsicht ähnlichen Körper besitzen, bewirkt, daß unsere Wirklichkeiten nicht völlig verschieden sein können. Außerdem verbindet uns die Art und Weise, wie wir unsere Wirklichkeit als Kleinkinder kennenlernten, je nachdem, in welcher Familie, welchem Volk und welcher Rasse wir geboren wurden. Und nicht zuletzt verbindet uns unsere Sprache, das heißt die Tatsache, daß wir in bestimmten Worten denken und sprechen.

Stellt man sich unsere Wirklichkeit als ein Gebäude vor, so bildet die neuronale Ebene das Fundament dazu. Daß wir alle ein menschliches Nerven- und Sinnessystem besitzen, begrenzt einerseits unser Welterleben. Andererseits verbindet es uns: Wir leben in einer von uns gemeinsam »hergestellten« Welt.

Als Bausteine des Erdgeschosses fungieren die allen Menschen gemeinsamen archetypischen Grundvorstellungen wie etwa Raum und Zeit, Himmel und Erde, Vater und Mutter.

Der erste Stock des Hauses besteht aus den Grundvorstellungen, die Menschen aus verschiedenen Kulturkreisen untereinander verbinden. Sie können zwar durch Überwechseln in einen anderen

Kulturkreis verändert werden, meist bleibt jedoch ein erheblicher Rest unveränderlicher Prägungen.

Den zweiten Stock bilden Bausteine, die von allen Mitgliedern eines bestimmten Volkes verwendet werden. Hier erweitern sich die Spielräume der Modifikation: Man kann aus einer anderen Kultur oder einem anderen Volk stammende »Bausteine« in sein Weltbild einfügen, und dies kann ein sehr kreativer Prozeß sein. Es gibt jedoch Grenzen der Veränderung, jenseits derer das Gebäude Schaden nimmt.

Noch einen Stock höher findet man die Vorstellungseinheiten, die aus dem Beziehungszusammenhang der Ursprungsfamilie stammen (zum Beispiel Weltsicht, Werte), die ebenfalls bei den meisten Menschen unbewußt wirken. Diese Wirklichkeit ist von besonderer Art, da wir zwar in andere Vorstellungswelten hineinwachsen, niemals aber etwas daran ändern können, wer unsere Eltern und die übrigen nahen oder auch weitläufigen Verwandten sind.

Den obersten Stock bilden Bausteine aus den biographischen Erinnerungen und anderen individuellen Besonderheiten unserer Vorstellungswelt. So können zwei Mitglieder derselben Familie zwar in sehr verschiedenen Welten leben. Sie bleiben dennoch immer durch eine gemeinsame Basis der »unteren Stockwerke« verbunden.

Bleibt man in diesem Bild eines Gebäudes, so beginnt die Möglichkeit einer Veränderung von Wirklichkeit – gleichgültig ob sie sich bewußt oder unbewußt abspielt – auf der Ebene des ersten Stockwerks und wird nach oben ausgeprägter. Das heißt: Im Übergang zwischen kulturell, national und familiär bedingter Zugehörigkeit beginnt sich der Spielraum der Möglichkeit eines aktiven Umgangs mit den »Bausteinen unserer Wirklichkeit« zu erweitern; aufgrund der erwähnten gemeinsamen und nicht veränderlichen Basis bleibt er jedoch immer begrenzt. Konstruktivismus bedeutet also nicht, daß wir uns eine beliebige Wirklichkeit formen können, sondern daß wir aus dem Chaos der Um-Welt eine für uns beschränkte Wesen erfaßbare Welt konstruieren müssen, um überleben zu können und daß wir »das Ganze« nie erfassen werden.

Konstruktivismus und Ethik

Aus einem richtig verstandenen Konstruktivismus ergibt sich also weder eine »Beliebigkeit« der Wirklichkeit, in der man sich befindet, noch der Ziele, die man verfolgt. Denn wenn ich die Qualität meiner Wirklichkeit in einem beträchtlichen Ausmaß selbst gestalte, kann ich »die Umwelt« nur noch bedingt dafür verantwortlich machen, wie es mir geht. Darüber hinaus bin ich nicht nur für mich selbst, sondern auch für den Zustand meiner Umgebung mitverantwortlich: Ich weiß, daß ich mich selbst schädige, wenn ich andere schädige.

Diese »radikal konstruktivistische« Sicht ist in manchen Situationen der therapeutischen Praxis nur mit Vorsicht anzuwenden: Sie kann einerseits als unmittelbar hilfreich empfunden werden. Es kann andererseits aber auch einem sich in Not befindlichen und sich als Opfer äußerer Umstände empfindenden Menschen wie blanker Zynismus vorkommen, wenn ihm vom Therapeuten nahegelegt wird, zu beobachten, wie er zu dem, was er als Verletzung durch einen anderen Menschen erlebt, selbst mit beiträgt.

Diese Sicht ist jedoch ohne Bedenken auf die Situation unserer Zivilisation übertragbar. Denn wir werden durch den Zustand der von uns geschädigten oder gar zerstörten Umwelt gezwungen, Selbstverantwortung zu übernehmen

Aus einem in diesem Sinne verstandenen Konstruktivismus ergibt sich die Basis ethischen Handelns letztlich von selbst: »Alles wirkt auf dich zurück. Verhalte dich entsprechend.« – Gibt es eine überzeugendere Grundlage für Ethik?

Konstruktivismus als philosophischer Hintergrund systemischen Vorgehens

Für die systemische Praxis spielt der Konstruktivismus als theoretischer Hintergrund therapeutischer Erfahrungen eine wichtige Rolle. Denn sie geht mit psychischen »Wirklichkeiten« um, in denen der Paradigmenwechsel von der Objektivität zur »Inter-Subjektivität« sich als besonders fruchtbar erweist. Diese Inter-

Subjektivität sieht die Welt nicht nur vom eigenen Standpunkt aus, sondern sieht sie auch immer in dem Bewußtsein, daß alles mit allem untrennbar verbunden ist.

So hinterfragbar und noch unausgereift der Konstruktivismus auch sein mag, er ist – zusammen mit der systemischen Therapie – meiner Ansicht nach heutzutage hochaktuell: Man kommt nicht an der Tatsache vorbei, daß die Menschheit sich die bedrohte Situation, in der sie sich befindet, selbst geschaffen hat – paradoxerweise in dem Bemühen, Bedrohung und Mühsal zu vermindern! Diese Erkenntnis kann – wie oben angedeutet – eine ausschlaggebende Veränderung der Haltung dem eigenen Leben gegenüber bewirken. Darüber hinaus ist die Botschaft des Konstruktivismus dahin gehend zu verstehen, daß es notwendig ist, mehr Verantwortung für die »Wirklichkeit, in der wir leben«, zu übernehmen; und nicht in dem Sinne, daß es möglich sein soll, die Lebenswirklichkeit völlig frei, nach eigenem Gutdünken zu verändern.

Systemtheorie

Konstruktivismus und Systemtheorie[9] werden häufig als Synonym verwendet. Es sind zwei wissenschaftstheoretische Konzepte, die sich in mancher Hinsicht berühren und ergänzen, jedoch verschiedene Schwerpunkte besitzen.

Die Denkrichtung, die man heute als »Konstruktivismus« bezeichnet, befaßt sich – wie oben dargestellt – vorwiegend mit den Ergebnissen der Neurophysiologie, der Wahrnehmungspsychologie und der Physik. Das heißt: Die Frage nach der Entstehung von Welt oder nach der Wahrnehmung von Wirklichkeit – im Zusammenspiel von Beobachter und Beobachtetem – steht im Vordergrund. Die Systemtheorie bezieht sich dagegen auf die wechselwirkenden Interaktionen verschiedener Teile eines biologischen oder sozialen Organismus. Sie wurde von dem Anthropologen Gregory Bateson in die psychotherapeutische Diskussion eingebracht und bezieht sich auf die Erkenntnis, daß das Ganze mehr ist als die Summe seiner Teile. Im systemtherapeutischen Sprachgebrauch ist der Begriff »Systemtheorie« identisch mit dem der Kybernetik. Allgemeine Systemmerkmale wie Regelung, Information und selbstregulierende Anpassung an die Umwelt sind in ihm enthalten. Man kann also sagen, daß der Konstruktivismus den Wahrnehmungsaspekt und die Systemtheorie den Handlungsaspekt dessen, was wir als Wirklichkeit erfahren, in den Mittelpunkt der Aufmerksamkeit rückt.

Nun kann man Wahrnehmung als Interaktion zwischen Beobachter und Beobachtetem sehen, denn – wie schon dargestellt – Wahrnehmung ist kein rein passiver Prozeß, sondern ein neuropsychologischer Vorgang, in dem sich Passivität und Aktivität, Wahrnehmung und Vorstellung gegenseitig bedingen und nicht trennen lassen. Darüber hinaus ist Wahrnehmung immer auch ein interaktioneller Vorgang: Wir beeinflussen uns gegenseitig in unseren Wahrnehmungen. Daher ist es ein zentrales Anliegen der systemischen Therapie, Wahrnehmung als Handlung erfahrbar werden zu lassen. Einfacher ausgedrückt: Die systemische Therapie versucht dem Klienten eine Sicht zu vermitteln, in der unser Befinden nicht einfach vorgefunden, sondern auch »erfunden«, das heißt wesentlich von uns mitgestaltet wird. Und wenn man sich entschließt, die NLP-Maxime »the answer you get, is always the meaning of your communication« (Richard Bandler) wirklich ernst zu nehmen, so muß man zugestehen, daß man an den Umständen der eigenen Existenz nicht ganz unbeteiligt sein kann. Das heißt aber andererseits auch, daß man alleine nicht imstande ist, etwas an ihr zu ändern. Veränderungen geschehen immer in Beziehung zu und in Wechselwirkung mit der Umwelt. Trotzdem müssen wir selbst den Anfang machen, und sei es nur in der Weise, daß wir unsere Sicht ändern und warten, bis sich »von selbst« etwas ändert. Der hier scheinbar enthaltene Widerspruch zwischen Selbstverantwortung und dem Eingebundensein in ein Beziehungsnetz kommt im folgenden immer wieder zur Sprache.

Die Wechselwirkung zwischen bewußten
und unbewußten Anteilen verschiedener Personen

In der menschlichen Kommunikation und Interaktion steht nicht nur der Handelnde mit seiner Umwelt in Wechselwirkung, sondern es steht auch der bewußte Teil eines jeden Mitglieds in einem Beziehungszusammenhang, sowohl mit den bewußten als auch mit den unbewußten Anteilen jedes anderen Mitglieds. Denn wir wirken mit den Mitteilungen, die wir unbewußt und nonverbal machen, mindestens ebenso stark – wenn nicht sogar stärker – aufeinander ein wie mit den bewußten. Und dies um so mehr, je mehr Wahrnehmungs- und Wirklichkeitselemente wir mit dem anderen Mitglied gemeinsam haben. Deshalb wirkt dieser psychische Mechanismus besonders stark unter Familienmitgliedern[10] oder in anderen Gruppen, die durch eine enge gemeinsame Basis miteinander verbunden sind. Dies erklärt zum Beispiel, daß Kinder ganz andere Seiten ihrer Eltern kennen als andere Bekannte und Freunde, und daß Eltern durch das, was ihre Kinder tun, vital betroffen sind, wie das umgekehrt ebenfalls der Fall ist.

Die Wechselwirkung als gemeinsamer Nenner
von Konstruktivismus und Systemtheorie

Der Konstruktivismus beschäftigt sich also vorrangig mit der Frage »Wie entsteht Wirklichkeit?« – und somit mit Perzeption und Kognition. Die Systemtheorie beschäftigt sich dagegen mit Kommunikation und Aktion. Das heißt, sie versucht zu erklären, wie Mitlieder eines Beziehungszusammenhanges zusammenwirken und sich verständigen. Und sie weist darauf hin, daß das Ganze mehr ist als die Summe seiner Teile.

Das Glied, das beide Theorien miteinander verbindet, ist die Wechselwirkung. Denn aus konstruktivistischer Sicht entsteht die Welt jedes einzelnen aus seiner spezifischen Art und Weise, aus der Fülle möglicher Wahrnehmungen auszuwählen und ordnend eine Welt und einen Welt-Sinn zu gestalten. Der Beobachter steht in einer Wechselwirkung mit dem Beobachteten. Erkennendes und

Erkanntes bilden ein System. Die systemische Sicht dagegen zeigt, wie alle Teile eines Beziehungszusammenhangs in Wechselwirkung begriffen sind und sich gegenseitig bestimmen.

Neben dem oben Gesagten gibt es noch einen Faktor, der den konstruktivistischen Denkansatz als theoretischen Hintergrund für eine therapeutische Methode besonders geeignet macht: die Tatsache nämlich, daß er ein Unbewußtes impliziert. Denn der größte Teil der »Wirklichkeitskonstruktion« findet außerhalb unseres Bewußtseins statt und ist weitgehend auch nicht bewußtseinsfähig. Zum Beispiel kann nur intellektuell erschlossen werden, wie stark unser Gehirn tätig wird, ehe eine zusammenhängende Wahrnehmung von Wirklichkeit entsteht. Wir können den physiologischen Vorgang nicht »nachfühlen«; und auch der psychologische Teil dieses Prozesses ist nur teilweise unserem bewußten Erleben zugänglich.

So wird verständlich, daß beide Theorien zusammengenommen der theoretische Hintergrund systemtherapeutischen Wahrnehmens und Handelns geworden sind. Denn immer wieder stößt man in der therapeutischen Praxis auf die Fragen »Wie sieht dieser Mensch die Welt, und wie hängt das mit seinem Problem zusammen?« und »Wie ist sein Beziehungszusammenhang?«

Philosophie als Erkenntnistheorie oder als Handlungsanweisung?

Philosophie und Psychologie als getrennte Wissenschaften gibt es erst seit dem Beginn des 20. Jahrhunderts. Einige große Philosophen der Neuzeit – wie zum Beispiel der eingangs erwähnte Friedrich Nietzsche – sind zwar im Grenzbereich zwischen beiden Wissenschaften zuhause, der Schwerpunkt der philosophischen Forschung und Lehre liegt jedoch eindeutig im ontologischen und erkenntnistheoretischen Bereich.

In der griechischen Antike dagegen war es noch selbstverständlich, daß Philosophie nicht nur Erkenntnisse über das Sein, sondern auch eine Praxis der Lebensführung vermittelte. Pythagoras zum Beispiel war der Gründer einer Lebensgemeinschaft, die das Leben ihrer Mitglieder bis in den Alltag hinein bestimmte. Auch die hinduistische und die buddhistische Philosophie sind eigentlich jeweils der theoretische Hintergrund oder Überbau der spirituellen Praxis und keine abstrakten Wissenschaften.

Die theoretische Ausrichtung der heutigen Philosophie

Neuerdings gibt es Bemühungen, »philosophische Praxis« als Lebensberatung für jedermann anzubieten, und auch Bestrebungen, philosophische Lebensschulen zu gründen, in denen die denkerische Kapazität entstehen soll, die zur Bewältigung unserer bedrohten Situation vonnöten wäre. Dahinter steht das sehr verständliche Bedürfnis, das geistige Potential der Philosophie der Allgemeinheit zugänglich zu machen.

Die Frage ist jedoch, ob dies gelingen kann. Denn Philosophie wurde – wie oben schon angedeutet – in den letzten Jahrhunderten zunehmend als Bemühung verstanden, das Ganze rational zu begreifen, und nicht Lebensweisheit und Lebenspraxis zu entwickeln und zu vermitteln. Keiner der namhaften Philosophen hat eine den heutigen Bedürfnissen angemessene Anleitung zu einer bewußteren Lebensgestaltung entwickelt, die von weiteren Kreisen wahrgenommen und benutzt wurde oder wird. So bleibt auch die akademische Ausbildung in einem abstrakten Gedankenraum und kümmert sich nicht um die Umsetzung der Erkenntnisse in die Praxis des Alltags. Im Gegenteil: Sie wehrt alles ab, was über die Vermittlung von Verständnis der Gedankengänge anerkannter philosophischer Autoritäten hinausgeht und konkret wird.

Der Kognitionswissenschaftler Francisco Varela stellt fest, daß der einzige Denkansatz – der gleichzeitig im Moment die einzige in weiten Kreisen anerkannte »transformative Praktik« unseres Kulturraumes darstellt – die Psychoanalyse sei.[11] Tatsächlich ist der Einfluß, den die analytische Theorie und Praxis des Umgangs mit dem Unbewußten auf den europäisch-amerikanischen Kulturraum gewonnen haben, dem Einfluß irgendeiner der neueren philosophischen Richtungen weit überlegen (abgesehen vom Marxismus, der jedoch sehr bald zu einem politischen Machtinstrument umgeformt wurde). Der Verlust des Glaubens an die steuernde Kraft der Rationalität war offensichtlich begleitet von einem Verlust des Glaubens an die Philosophie, während die psychoanalytische Praxis und Lehre, die den Menschen als von einer »Unvernunft« gesteuert ansieht, lebhaftes Echo fand und sich – zum Teil in popularisierter Form – weit verbreiten konnte.

Philosophie als »Handlungsanweisung«

Ludwig Wittgenstein (1889-1951) charakterisierte die Aufgabe der Philosophie jedoch so: »Die Philosophie ist keine Lehre, sondern eine Tätigkeit ... Das Resultat der Philosophie sind nicht ›philosophische Sätze‹, sondern das Klarwerden von Sätzen«[12]; und die »Erkenntnistheorie ist die Philosophie der Psychologie«[13]. Philosophie liefert aus der Sicht Wittgensteins also keine »Grundwahrheiten«, die – nachdem sie einmal gefunden sind – immer und überall gelten, und zwar dadurch, daß sie unwiderleglich und in sich widerspruchsfrei sind. Philosophie gibt viel mehr »Handlungsanweisungen«, wie gedacht werden muß, daß Klarheit entsteht. Und Klarheit versteht Wittgenstein nicht im Sinne eines durchgängigen Verständnisses der Welt (im Sinne von Descartes), sondern im Sinne von Abgrenzung dessen, was gesagt werden kann, von dem, was nicht gesagt werden kann. Und so endet der Tractatus folgerichtig mit folgendem Satz: »Worüber man nicht sprechen kann, darüber muß man schweigen.«

Den Gedanken, daß Philosophie nicht in der Erkenntnis objektiver oder ewiger Wahrheiten gipfelt, sondern »nur« Handlungsanweisungen gibt, hat Spencer Brown – auf Wittgenstein aufbauend – weitergeführt. Er unterscheidet zwischen »descriptive« und »injunctive«[14] und führt aus, daß man die Sätze seiner primären Arithmetik – die aus seiner Sicht die Grundlage allen Philosophierens darstellen – als Handlungsanweisungen und nicht als Beschreibungen eines festen Ergebnisses verstehen müsse. Dies sieht er in Analogie zu den Sätzen der mathematischen

Arithmetik, die etwa heißen: Fälle das Lot ... halbiere dann die Seite a ... usw.

Wittgenstein und Spencer Brown finden damit zurück zu einem Verständnis von Philosophie, das schon im antiken Griechenland vorhanden war, mit der Scholastik und Aufklärung jedoch verlorenging, während es in der buddhistisch-hinduistischen Tradition heute noch vorhanden ist. Auf verschiedene Weise formulieren Wittgenstein und Spencer Brown dieselbe Erkenntnis: Philosophie besteht nicht in Deduktion »objektiver«, ewiger Wahrheit, die als abstrakte (das heißt: erfahrungsferne) Lehre vermittelt werden kann, sondern aus »Denkanweisungen« wie: »Denk nicht, sondern schau.«[15] »Schau, was folgt, wenn du dies (oder jenes) annimmst.«

In eben diesem Sinne werden Konstruktivismus und Systemtheorie von der systemischen Praxis nicht als abstrakt-theoretischer oder »objektiv wahrer« Hintergrund betrachtet. Sondern sie dienen als Handlungsanweisungen für die therapeutische Praxis und bieten relevante Erläuterungsmöglichkeiten praktischer Erfahrung.

So ist es auch zu verstehen, wenn im folgenden Konstruktivismus und Systemtheorie als »theoretischer Hintergrund« der systemischen Praxis dargestellt werden.

Systemische Therapie als praktische Philosophie?

Die Schule der systemischen Therapie zeigte von Anfang an Interesse, einen philosophischen Hintergrund für sich festzumachen, und auf systemtherapeutischen Kongressen sind immer einige Philosophen geladen. Philosophische Konzepte stehen zwar meist nicht am Anfang, sondern am Ende der Entwicklung einer therapeutischen Praxis, die sich aus der Erfahrung heraus vollzieht, und erst, wenn dies anerkannt wird, kann man theoretische Ansätze wirksam nutzen. Bei der Entwicklung des systemischen Ansatzes waren jedoch relativ früh – zwar noch nicht bei Erickson, aber doch bei der Schule von Palo Alto durch Gregory Bateson und Paul Watzlawick – konstruktivistische und systemtheoretische

Überlegungen mit im Spiel. Und bei der Entwicklung des kurztherapeutischen Ansatzes von Steve DeShazer spielt die Kenntnis der Werke Wittgensteins eine große Rolle. Man könnte sagen, daß hier etwas entstanden ist, was einer »praktischen Philosophie« gleichkommt.

Da die »Urväter« des Konstruktivismus wie Bateson, von Foerster und auch Glasersfeld alle mit Erickson und dem Kreis der von ihm beeinflußten anderen Therapeuten in Austausch standen und zum Teil selbst therapeutisch tätig waren, kann man sogar sagen, daß diese Denkrichtung in Wechselwirkung mit der systemischen Therapie entstand und somit eine »Philosophie der systemischen Praxis« darstellt.

Fragen an die Kognitionswissenschaft: Drei Forscher

Die systemische Schule hat aber auch stets wieder den Austausch mit der Kognitionswissenschaft gesucht, und Namen wie Piaget, Glasersfeld, Pribram, Maturana und Varela erscheinen in der systemischen Fachliteratur immer wieder.

Die Kognitionsforschung ist ein relativ junger Zweig der Neurowissenschaften, der sich auf das Grenzgebiet zwischen Natur- und Geisteswissenschaft spezialisiert hat. Selbst die streng naturwissenschaftlich ausgerichteten Vertreter dieser Disziplin müssen eingestehen, daß sie sich mit etwas Unfaßbarem befassen: dem Bewußtsein oder dem Geist, den bekanntlich niemand irgendwo im Gehirn je gesehen hat – obwohl man sich in unserem Kulturkreis darüber einig ist, daß er dort beheimatet sein muß. Somit bewegen sich die Kognitionswissenschaftler im Übergang zwischen Faßbarem und Unfaßbarem, das heißt: Sie bewegen sich zwischen den Disziplinen Physik, Chemie, Informatik, Psychologie und Philosophie. Wie nicht anders zu erwarten, gehen die Meinungen, in welcher Beziehung Geist und Gehirn zueinander stehen, bei namhaften Vertretern dieses Faches so weit auseinander, daß man sich bei der Lektüre einschlägiger Sachbücher in ein wahres Panoptikum verschiedener Sichtweisen versetzt fühlt.

Vom systemtherapeutischen Standpunkt stellen sich an die Kognitionswissenschaft unter anderem folgende Fragen:

Wer entscheidet, was wirklich ist, und wie wird das entschieden? Oder anders gefragt: Wie und aus was besteht Wirklichkeit?

Wie entscheidet sich der Mensch zu bestimmten Handlungen, das heißt: Wie findet er seinen Weg aus der Gegenwart in die Zukunft?

Wie kann man sich die Wirkung mentaler Bilder erklären und den therapeutischen Umgang mit ihnen verbessern?

Wie ist Kommunikation unter Menschen möglich, das heißt: Inwieweit ist der Mensch ein isoliertes Einzelwesen oder wechselwirkend in einen Beziehungszusammenhang eingebunden?

Um einige Hinweise über mögliche Antworten zu geben, die diese Wissenschaft auf die genannten Fragen bereithält, wird nun ein sehr verkürzter Überblick über einschlägige Aussagen von drei bekannten Forschern gegeben. Jede dieser Fragen einzeln aus der Sicht der Autoren zu beantworten, würde hier zuweit führen. Deshalb beschränkt sich der Überblick im wesentlichen auf die Fragen: Wie entsteht Wirklichkeit und was steuert den Menschen?

Die drei folgenden Autoren stehen für drei aktuelle Richtungen der Interpretation kognitionswissenschaftlicher Forschungsergebnisse: erstens die Richtung, die eine Dualität von zwei Prinzipien (Gehirn und Geist) postuliert, wobei der Geist oder das Bewußtsein die steuernde Instanz ist (hier vertreten durch John Eccles); zweitens die Richtung, die Geist und Bewußtsein als »Epiphänomene neuronaler Strukturen« bezeichnet, also eine materialistische Identität postuliert (hier vertreten durch Gerhard Roth); und drittens die Richtung, die den Standpunkt der Zirkularität zwischen den Polen Bewußtsein, Körper und Welt einnimmt (hier vertreten durch Francisco Varela).

John Eccles

John C. Eccles stellt dar, »wie das Selbst sein Gehirn steuert«[16]. Er belegt seine Thesen mit Erkenntnissen, die eine Einwirkung mentaler Prozesse auf die quantenphysikalischen Wahrscheinlichkeitsfelder der neuronalen Substanz der Synapsen wahrscheinlich machen.

Eccles, der mit Carl Popper davon ausgeht, daß eine Welt »objektiver Tatsachen« für den Menschen zugänglich ist, und einen »interaktiven Dualismus« postuliert, läßt mit seiner Argumentation einerseits vieles für weitere Forschungen und Interpretationen offen. Andererseits gibt er einen entscheidenden Hinweis, wie die tatsächlich immer wieder erfahrbare Wirkung eines bewußten Umgangs mit mentalen Bildern ihre Erklärung finden könnte. Denn daß »die neurale Anlage im Gehirn für mentale Ereignisse in der Welt der bewußten Erfahrung offen ist«[17], läßt sich nach Eccles' Ansicht quantenphysikalisch erklären. Darüber hinaus gibt er einen anregenden Überblick über einschlägige Veröffentlichungen, die er aus seiner Sicht kommentiert. Fragen der Kommunikation und des Beziehungszusammenhangs sind jedoch nicht Thema seines genannten Buches.

Gerhard Roth

Zu ganz anderen Schlüssen kommt der Entwicklungsbiologe Gerhard Roth in seinem 1994 erschienenen Buch *Das Gehirn und seine Wirklichkeit*. Er bemüht sich um die Formulierung eines Neurokonstruktivismus, indem er die umfassend konstruktive Tätigkeit des Gehirns eingehend darstellt und interpretiert. Aus seiner Sicht ist es jedoch nicht der Geist, der das Gehirn steuert und sich so seine Wirklichkeit erschafft, sondern der bewußte Geist ist ein zum Überleben notwendiger physikalischer Zustand, ein Konstrukt des »realen« Gehirns.

Da die Kognitionsforschung bisher keine steuernde Instanz im Gehirn nachweisen konnte, beschäftigt sich Roth mit der Frage, wie eine Einheit der Wahrnehmung oder des Selbst-Bewußtseins überhaupt zustande kommen kann. Die dafür verantwortliche

Instanz ist seiner Meinung nach das Gedächtnis als dasjenige Vermögen, das die Menge der Wahrnehmungen zu einem einheitlichen Welt-Bild zusammenführt. Wahrnehmungen sind für ihn »Hypothesen über die Umwelt«, die der Organismus aufstellt, um sein Überleben zu sichern.

Unter anderem beschäftigt sich Roth auch eingehend mit dem »Hirnforschungs-Paradox«. Dieses besteht darin, daß der Hirnforscher seine Erkenntnisse über das Gehirn mittels seines eigenen Gehirns »konstruiert«, wodurch jede Aussage, die er macht, als Konstrukt eines Konstrukts eines Konstrukts usw. gesehen werden muß, das heißt, daß er in einen unendlichen Regreß gerät. Da Roth Naturwissenschaftler ist und keine Psychotherapie betreibt und Paradoxien für ihn daher kein veränderndes Potential darstellen – wovon weiter unten noch die Rede sein wird –, sondern aufgehoben werden müssen, wählt er einen etwas gewaltsamen Ausweg: Er postuliert ein »reales Gehirn«, das er auf geheimnisvolle Weise hinter allem stehend annimmt. Er bemerkt aber gleichzeitig, daß darüber streng genommen keinerlei Aussage gemacht werden kann. Gleichwohl macht er vielerlei Aussagen und verfängt sich dabei wieder in denselben Widerspruch, den er dann mit der Bemerkung zu beseitigen sucht, daß es sich bei der Annahme eines »realen Gehirns« nicht um eine objektive Wahrheit, sondern um eine notwendige Arbeitshypothese handle.

So vertritt er letztlich keine »Wechselwirkungswirklichkeit« im engen Sinn. Denn es ist aus seiner Sicht das »reale Gehirn« – das heißt doch wohl: ein materiell manifestes Organ? –, das Wirklichkeit »erfindet«. So entsteht Wirklichkeit nach ihm nicht aus der Wechselwirkung zwischen zwei Polen, sondern wird von einem Pol – dem Gehirn – her bestimmt, obwohl er doch andererseits wiederum einen universellen Wirkungszusammenhang feststellt.

Was die systemtherapeutische Theorie betrifft, finden sich bei ihm Anhaltspunkte dafür, daß bei der Konstruktion von Welt die Lebenserfahrung – in Form von Gedächtnisbildern – einen Teil der Wirklichkeit bestimmt. Keinerlei Hinweise gibt er jedoch bezüglich eines bewußten Umgangs mit mentalen Bildern. Im ganzen ist sein Buch aber eine instruktive und zugleich faszinierende Lektüre, und es fügt dem konstruktivistischen Denkansatz wertvolle Gesichtspunkte hinzu.

Francisco Varela

Francisco Varela, der zusammen mit Humberto Maturana schon seit langem einer der kognitionswissenschaftlichen Gewährsmänner der systemtherapeutischen Theorie ist, geht in seinen letzten beiden Veröffentlichungen[18] einen »mittleren Weg«. Er spricht von der »Zirkularität im Geist eines Wissenschaftlers« und zitiert aus der »Phänomenologie der Wahrnehmung« von Merleau-Ponty: »die Welt ist unabtrennbar vom Subjekt, von einem Subjekt jedoch, das selbst nichts anderes ist als ein Entwurf der Welt, und das Subjekt ist untrennbar von der Welt, doch von einer Welt, die es selbst entwirft«[19]. Diese Zirkularität, die das »Hirnforschungs-Paradox« von einer anderen Seite her beleuchtet, ist für ihn kein Widerspruch, der aus der Welt geschafft werden, sondern stehenbleiben muß, da diese Zirkularität der paradoxen Struktur der Wirklichkeit entspricht und eine erkenntniswissenschaftliche Notwendigkeit darstellt. Weder bestimmt aus Varelas Sicht das Selbst »sein« Gehirn (wie bei Eccles), noch taucht ein »reales Gehirn« hinter der Wirklichkeit auf, während das Selbst zu einem Konstrukt des Gehirns erklärt wird, (wie bei Roth). Varela faßt Selbst, Körper und Umwelt konsequent als Wechselwirkungszusammenhang auf und schlägt mit seinem Konzept der »verkörperten Erkenntnis« eine Brücke von den Ergebnissen der Wissenschaft zu den Erfahrungen meditativer und therapeutischer Praxis. Dabei interpretiert er die kognitionswissenschaftliche Erkenntnis, daß eine steuernde Instanz im Gehirn fehlt und sowohl die Erfahrung von Selbst als auch von Welt durch äußerst komplexe Interaktionsmuster zwischen verschiedenen Teilen des Gehirns entstehen, in einleuchtender Weise.

Das Eingebundensein in einen Beziehungszusammenhang bei gleichzeitiger Selbstverantwortung ist das zentrale Thema seines Buches Ethisches Können.

Zusammenfassung

John C. Eccles vertritt also das Konzept einer »dualistischen Interaktion«, in der das »Selbst« die Führung übernimmt: Körper und Geist sind einerseits getrennt, andererseits ist das Selbst aus seiner Sicht imstande, über das Gehirn den Körper zu steuern.

Für Gerhard Roth dagegen ist der bewußte Geist eine Überlebensfunktion des Organismus: Kognition und Geist hängen von der neuronalen Struktur ab. Sie sind sozusagen ein lebensnotwendiges Produkt des Gehirns. Hier übernimmt letztlich die neuronale Struktur oder das »reale Gehirn« die Führung. Diese Metapher wird vielleicht verständlicher, wenn man sie – in Anlehnung an das Kantsche »Ding an sich« – als Metapher für »das Leben an sich« begreift.

Francisco Varela wiederum sieht eine Zirkularität zwischen Welt und Selbst, Bewußtsein und Gehirn und schafft damit Raum für eine »Wechselwirkungswirklichkeit«, in der die Beziehung zwischen Geist und Körper wandelbar und von Mensch zu Mensch verschieden ist. Abgesehen davon scheint das von Merleau-Ponty übernommene »entre-deux« von Welt und Subjekt ein Konzept zu sein, das sich mit dem systemischen Konzept des »Zwischen-Bewußten« in einen engen Zusammenhang bringen läßt.

Man muß sich allerdings klarmachen, daß der Standpunkt der »materialistischen Identität«, wie ihn in sehr differenzierter Form Gerhard Roth vertritt, die Szene der Kognitionsforschung beherrscht, während Ansätze wie die von Eccles oder Varela – nach ihren eigenen Aussagen – nur schwer Forschungsmittel erhalten.

Kognitionswissenschaft und Hirnforschung sind in den letzten Jahren aber auch in den Mittelpunkt eines verbreiteten öffentlichen Interesses gerückt: Es gibt ständig neue Veranstaltungen und Zeitschriftenartikel über dieses Thema. Auch Begriffe wie »Neurophilosophie« und »Neurokonstruktivismus« tauchen immer wieder auf. Die Öffentlichkeit ist auf die brisante Schnittstelle zwischen Philosophie und Neurowissenschaften aufmerksam geworden, selbst wenn der interdisziplinäre Dialog noch auf große Schwierigkeiten stößt.

Das Gehirn als Metapher für Allmacht

Die Öffentlichkeit und ein beträchtlicher Teil der Kognitionsforscher sehen das Wissen über die Gehirntätigkeit, das sich in den vergangenen Jahrzehnten angesammelt hat, vorwiegend als Machtpotential: Obwohl immer wieder betont wird, wie wenig man letzten Endes wirklich weiß, sind die Erwartungen an eine Neurotechnologie bei manchen sehr hoch gesteckt. Nachdem sich herausgestellt hat, daß trotz klassischer Technik und moderner High-Tech manches Problem ungelöst bleibt, setzt man die Hoffnung nun auf Neurotechnik, Cyberspace und virtuelle Wirklichkeiten.

Tatsächlich ergeben sich auch verblüffende Erfahrungen, wenn man beispielsweise lernt, in Tiefenentspannung durch bewußt eingesetzte Vorstellungen die Anzeige eines Monitors auf dem Bildschirm eines Flugsimulators zu beeinflussen und mit einiger Übung wirklich zu kontrollieren. Das Gehirn erscheint hier tatsächlich als »Schnittstelle zur Wirklichkeit« und als Metapher für Allmacht: Alles wird möglich, denn über verbesserte Gehirne entsteht mühelos eine verbesserte Welt. Die uralte Hoffnung, daß der Mensch eines Tages wirklich alles, was ihm beliebt, wird verstehen und machen können, erhält neue Nahrung.

Die systemische Therapie und die paradoxe Struktur von Wirklichkeit

Das konstruktive Gehirn und seine Folgen

Aus der Tatsache, daß das Konzept einer »objektiven Realität« durch das Konzept einer »konstruierten Realität« ersetzt werden muß, kann man für den therapeutischen Bereich zwei ganz unterschiedliche Schlußfolgerungen ziehen, je nachdem, ob man diese »Konstruktion« als individuelle oder kollektive Leistung versteht. Die eine Version heißt: Ich kann mir die Wirklichkeit, die mir genehm ist, selbst konstruieren. Mein Erfolg und mein Ansehen stehen im Vordergrund. Ich bin alles. Die andere Version heißt: ich bin nur ein unbedeutender Teil eines größeren Zusammenhangs, habe keinerlei persönliche Möglichkeiten, keinen Selbstwert, und ich trage keine Verantwortung. Ich bin nichts.

Daraus ergeben sich drei Möglichkeiten:
— Ohne Rücksicht auf andere persönliche Ziele zu verfolgen und/oder in einem »Cyberspace« fiktiver Wirklichkeiten mehr und mehr der Hybris unbegrenzter Beliebigkeiten zu verfallen,
— sich aufgeben, weil man sich als völlig hilflos in einem undurchschaubaren Wechselwirkungs-Zusammenhang erlebt,
— sowohl die Konsequenzen einer von uns selbst gestalteten Wirklichkeit als auch die des Eingebundenseins in einen größeren Zusammenhang als paradoxe Gegebenheit menschlicher Existenz anzuerkennen und in dem Bewußtsein zu handeln, daß dies einerseits die Voraussetzung für Lebenskreativität ist, andererseits jedoch immer die Möglichkeit destruktiver Verstrickung besteht.

Bei Menschen, die Therapie suchen, steht häufig die zweite dieser Möglichkeiten im Vordergrund, und es gibt Therapieformen, die in der Gefahr sind, ihnen die erste Möglichkeit als »Kur« anzubieten und damit die Situation des Hilfesuchenden nicht wirklich zu verbessern.[20] Denn wir erfahren einerseits ständig, wie wir weder uns selbst noch unsere Wirklichkeit bewußt »herstellen« noch beliebig verändern können, und daß auch durch einen noch so guten Kontakt zum Unbewußten nicht alle Ziele erreicht werden. Andererseits hat jeder von uns schon erfahren – dessen sich die meisten jedoch weniger bewußt sind –, wie eine »Änderung der Sicht« oder eine angemessene Zielvorstellung wesentliche Veränderungen unseres Befindens und damit unserer Wirklichkeit bewirken können. Wir sind also Beobachter und Beobachtetes, Gestalter und Gestaltetes, Täter und Opfer zugleich. Deshalb ist die dritte obengenannte Möglichkeit das eigentliche Ziel systemtherapeutischer Arbeit. Sie beinhaltet denselben Widerspruch, der weiter oben schon auftauchte.

Die »reale« Welt und ihr Ich

Zuvor noch einige Bemerkungen zum Thema Wirklichkeit: Genausowenig wie von einem »realen« Gehirn können wir von einer »realen« Welt nichts wissen; wir können sie nur vermuten. Indem wir feststellen, daß unsere Wahrnehmung auf weitverstreute »Wahrnehmungsinseln« beschränkt bleibt, nehmen wir an, daß zwischen diesen Inseln etwas existieren müsse. Wenn nicht Land, so doch wenigstens ein Ozean. Aber ob das »real« so ist, können wir nie entscheiden, da das wirkliche Betreten dieser »Inseln« unmöglich ist.

Aufgrund unserer biologischen und psychischen Struktur bleibt uns verborgen, wieviel virtuelle Information aus unserer Umwelt wir aufgrund unserer beschränkten Sinnesorgane – und trotz aller technischer Wahrnehmungs- oder Meßinstrumente – gar nicht empfangen können. Wir wissen deshalb auch nicht, wie eine »reale Welt« beschaffen sein könnte und ob und wie sie ohne uns existiert. Sie ist für uns – jedenfalls als Gesamtheit – nicht wirklich im Sinne von wirksam. Auf uns wirken die punktuellen Verbindungen, das heißt das, was durch winzige Fenster der Sinne eindringt oder uns auf irgendeine andere, uns unbekannte Weise beeinflußt. So inadäquat diese »Sinnen-Fenster« auch sein mögen: Durch das, was durch sie eindringt, erfahren wir die Fülle und die Schönheit, aber auch die dunklen Seiten unserer Existenz. Und über diese sinnlichen Erfahrungen können wir gezwungen werden anzuerkennen, daß wir keineswegs immer Herr der Lage sind und daß es größere Zusammenhänge gibt, denen wir uns beugen müssen.

Schließlich wissen wir nicht, ob es so etwas wie eine »Welt« – ein zusammenhängendes Ganzes – überhaupt gibt, ob diese Vorstellung nicht einfach die andere Seite der Medaille »Ich« ist. Ob so etwas wie »Welt« nicht nur für lebendige Wesen da ist, die den Traum träumen, etwas einzelnes zu sein, das Freuden und Schmerzen erleidet, und die für ihr Überleben bangen müssen. Der Mensch ist dabei dasjenige Lebewesen, dessen Traum vom Ich so umfassend geworden ist, daß er nicht nur eine Welt, sondern einen Kosmos als Widerpart, als Gegentraum erzeugt. Es gibt kein

Kriterium, zu entscheiden, welchen Stellenwert unsere Wirklichkeit in einer eventuellen »objektiven Wirklichkeit« hat – wenn es sie gibt.

Trotz dieser Vielfalt möglicher Fragen und dem Fehlen eindeutiger Antworten existiert die Erfahrung, daß es das Leben »wirklicher« – im Sinne von lebendiger oder intensiver – macht, wenn man es wagt, im Spannungsfeld zwischen zwei unvereinbar erscheinenden Polen zu verharren, die eine Erscheinungsform der oben skizzierten existentiellen Paradoxie sind. In diesem Verharren entsteht psychische Energie, die Veränderung bewirkt und lösende Handlungen ermöglicht.

Paradoxien als Kraftquellen

Wir haben gesehen, daß Gerhard Roth das »Hirnforschungs-Paradox« nicht aus der Welt schaffen konnte, während Francisco Varela es als notwendigen Bestandteil seines Konzeptes der Zirkularität ansieht.

Geht man diesem Paradox gründlicher nach, so wird klar, daß es die kognitionswissenschaftliche Version der weiter oben beschriebenen »Täter-Opfer-Paradoxie« ist, bei der Täter wie Opfer die paradoxe Struktur unserer Wirklichkeit von verschiedenen Seiten beleuchten: Denn ähnlich wie das Gehirn des Forschers zugleich Betrachter und Betrachtetes ist, so erfahren auch wir uns einerseits als »Konstrukteure unserer Wirklichkeit«, andererseits als den Gegebenheiten ausgeliefert, selbstverantwortlich und machtlos, als Täter und Opfer zugleich.

Diese paradoxe Struktur der Wirklichkeit wird im folgenden mit Watzlawick als »pragmatisches Paradox«[21] bezeichnet. Läßt man es auf sich einwirken, so erfährt man sein veränderndes Potential, das in der systemischen Therapie vielfältig genutzt wird. Denn wo immer der Begriff Double-bind im therapeutischen Zusammenhang erscheint, wird darauf Bezug genommen. So zum Beispiel mit der Aufforderung: »Sei spontan!« – Milton Erickson selbst war ein Meister »paradoxer Verschreibungen«[22].

Das therapeutische Potential einer paradoxen Mitteilung beruht auf der Tatsache, daß sie der paradoxen Struktur unserer Wirklichkeit entspricht, sie sozusagen »abbildet« und ihr dadurch – wie Douglas Hofstadter es formuliert – »im menschlichen Gehirn Bedeutung schafft«[23]. Anders ausgedrückt: Paradox strukturierte Situationen, Vorstellungen und Mitteilungen haben Einfluß auf unser Unbewußtes, indem sie anfänglich Verwirrung schaffen und einen Suchprozeß in Gang setzen, aus dem sich die in dieser Situation für diesen Menschen stimmigen Bedeutungen und Handlungsmöglichkeiten ergeben können.

Dieses therapeutische Instrument ist allerdings nicht neu und wurde zum Beispiel auch von C.G. Jung und Fritz Pearls benutzt[24]. Darüber hinaus sind die Koan-Technik des Buddhismus und die platonischen Dialoge Zeugen, daß dieses Potential psychischer Veränderung altbekannt ist.

Verantwortlichkeit statt Egozentrik

Eine konstruierte Wirklichkeit ist die Folge der Unfähigkeit, ein »Ding an sich« oder eine »ewige Wahrheit« zu erkennen. Das heißt: Wir leben in einem Umfeld, das wir als wirklich erfahren. Gleichwohl müssen wir erkennen, daß es die Wirklichkeit nicht sein kann. Denn wir können zwar für uns selbst sicher sein, eine für uns stimmige Wahrheit zu besitzen aber es gibt keinen rational für alle nachvollziehbaren Beweis, daß diese Wahrheit für jeden Menschen überall und zu allen Zeiten gilt. Unser Gehirn ist womöglich tatsächlich »kein Erkenntnis- sondern ein Überlebens-Instrument«, wie Entwicklungsbiologen meinen.[25]

Ich persönlich bezweifle darüber hinaus, ob der Kosmos so etwas »menschenförmiges« wie eine »ewige Wahrheit« überhaupt benötigt. Das Universum, das wir sehen, entspricht den Möglichkeiten des Instruments, mit dem wir es betrachten. Es ist eine Konsequenz der Fähigkeit des Beobachters.

Die Erfahrung lehrt jedoch, daß es Menschen stärkt und glücklicher macht, wenn sie Sinn erleben und Verantwortung übernehmen. Und die Konsequenz eines richtig verstandenen

Konstruktivismus kann nicht – wie häufig befürchtet wird – eine hemmungslose Egozentrik sein. Aus dem Bewußtsein der Wechselwirkungseinheit von Ich, Du, Wir und Umwelt ergibt sich vielmehr eine »multizentrische« Einstellung, die Verantwortung und Toleranz einschließt.

Systemische Grundprinzipien in der therapeutischen Praxis

Vorbemerkung: Dieses Kapitel liefert einerseits eine vorläufige Einführung in die wichtigsten Grundannahmen systemischen Vorgehens. Eine viel ausführlichere Übersicht findet sich im »Glossar der Grundannahmen und Werkzeuge«. Andererseits ist es eine Darstellung der Rolle konstruktivistischer und systemischer Konzepte in der systemischen Therapie, die im Unterkapitel »Bateson und Watzlawick«, das das Hauptkapitel »Schulen« einleitet, noch weitergeführt wird.

Eine neue therapeutische Methode entwickelt sich in den seltensten Fällen aufgrund theoretischer Überlegungen. Im allgemeinen entwickelt sie sich in der Praxis, wird dann gemäß der gesammelten Erfahrungen modifiziert, und erst in einem späteren Stadium werden theoretische Erklärungsmöglichkeiten gesucht. Daneben haben oder suchen sich die meisten Gründer und Gründerinnen neuer therapeutischer Schulen einen Hintergrund, auf dem sie ihre Entdeckung einordnen und für sich selbst interpretieren können.

So hat sich auch die systemische Vorgehensweise als naheliegend aus der Praxis heraus entwickelt. Alfred Adler beispielsweise soll schon in den 20er Jahren Familienmitglieder seiner Patienten in die Behandlung mit einbezogen haben. Als eigenständige Richtung hat sich familientherapeutisches Vorgehen jedoch erst im Amerika und Europa der 50er Jahre herausgebildet. Neben Erickson und Bateson gehören Boszormenyi-Nagy, Haley, Minuchin, Satir, Selvini-Palazzoli und Watzlawick zu dieser Generation.

Interpsychisch statt intrapsychisch

Der tiefenpsychologische Ansatz, den Freud entdeckt und den Jung, Adler und Reich – um nur die Pioniere zu nennen – mit verschiedenen Schwerpunkten weiterentwickelt haben, hat seinen Schwerpunkt im *Intrapsychischen:* Er ist auf die Biographie des einzelnen Menschen ausgerichtet. Notwendigerweise hat auch der ursprüngliche Freudsche Ansatz systemische Elemente, weil es nicht möglich ist, Menschen völlig aus ihren Beziehungszusammenhängen gelöst zu betrachten und zu behandeln.

Die systemische Therapie – die man auch als »ökologische Psychologie« bezeichnen könnte – richtet ihr Augenmerk hauptsächlich auf das *Interpsychische,* auf den Beziehungszusammenhang. Statt von einem Un-Bewußten könnte man hier von einem Um-Bewußten – oder Zwischen-Bewußten – sprechen, einer Kraft oder einem Fluidum, das zwischen den Menschen wirkt, gleichgültig, ob sich dies in verbaler oder nonverbaler Kommunikation ausdrückt. Alles hängt dabei mit allem zusammen.

Im Kapitel »Von Freud zu Erickson« wurde darauf hingewiesen, daß Erickson aus seiner persönlichen Erfahrung heraus schon in den 30er Jahren systemtherapeutische Vorgehensweisen anwandte – noch bevor die Systemwissenschaften entstanden und 20 Jahre vor dem Entstehen einer systemtherapeutischen Schule. Wenn man sich vergegenwärtigt, daß Milton Erickson während seiner Lähmung einen Zustand extremer Handlungsunfähigkeit, Machtlosigkeit und Abhängigkeit erlebt hat, so versteht man, warum Kommunikation und Perzeption – das heißt Mitteilung und Wahrnehmung – Zeit seines Lebens im Mittelpunkt seines Interesses standen und seine große Stärke gewesen sind.

Ein Modell der Wechselwirkungswirklichkeit

Wie schon angedeutet, ist der Kernpunkt der systemtherapeutischen Sicht die *Wechselwirkung.* Sowohl die Organe, die Glieder und die Bereiche des Körpers, als auch die Teile der Persönlichkeit, die Mitglieder einer Familie, eines Stammes und eines Volkes stehen in Wechselwirkung zueinander. Jeder Mensch und die

Menschheit insgesamt stehen in Wechselwirkung mit ihrer Umwelt. Und was ein Mitglied einer Gesamtheit aus verschiedenen Teilen tut, wirkt sich auf alle anderen Mitglieder aus und wirkt auch auf es selbst zurück. Dies gilt aber nicht nur für die Ebene äußerer Handlungen, sondern auch für die innere Handlungsebene, also für die Ebene mentaler Tätigkeit oder Kognition und Kommunikation: Zum Beispiel steht unsere Wahrnehmung mit unseren Vorstellungen in Wechselwirkung, unsere Vorstellungen mit unserem Befinden, und dieses wiederum wirkt auf unsere Wahrnehmungen und Vorstellungen zurück. Dasselbe gilt für Vorstellung und Darstellung (Kommunikation), für Darstellung und Handlung (Aktion) usw.

Es ist möglich, ein Schema dieser Wechselwirkungswirklichkeit anzufertigen, das folgendermaßen aussieht:

Dieses Schema zeigt, daß – gleichgültig, wo man ansetzt – jedes Element auf jedes andere wirkt und daß sich durch eine Veränderung an einer Stelle eine Veränderung des Gesamten ergibt.

Die Vorstellung der Wechselwirkung kann die der Kausalität jedoch nicht vollständig ersetzen. Das Kausalitätsdenken ist tief in uns verankert und behält auch in vielen Bereichen weiterhin seine Gültigkeit, genauso wie die Gesetze der mechanischen Physik durch die Quantenphysik nicht aufgehoben, sondern ergänzt oder erweitert wurden. Im psychischen Bereich jedoch ist die zirkuläre Denkrichtung der linearen meist überlegen.

Die praktische Anwendung

Wenn man obiges Schema als Hintergrundsvorstellung systemtherapeutischer Praxis benutzt, kann man daraus Hinweise auf mögliche Vorgehensweisen ziehen. Wie erwähnt zeigt es, daß man an ganz verschiedenen Eckpunkten ansetzen kann, um eine Umstrukturierung des Ganzen zu erreichen. Denn die *Veränderung der Sicht,* das heißt, der eine Wahrnehmung begleitenden Vorstellung, wirkt auf Wahrnehmung und Befinden und umgekehrt. Daraus ergeben sich Veränderungen in der Handlungs- und Darstellungs- oder Ausdrucksweise, die wiederum einen veränderten Umgang mit der Umwelt bedingen, der seinerseits verändernd auf die Umwelt einwirkt, die ebenfalls entsprechend antwortet. Diese Veränderungen können zunächst minimal sein. Doch aus minimalen Veränderungen kann sich – wie wir aus der Chaostheorie wissen – auf Dauer eine größere Umstellung ergeben. Aus diesem Grund strebt man im systemischen Vorgehen statt tiefer Einsichten, die sich schwer in den Alltag umsetzen lassen, eher kleine, möglichst konkrete Veränderungen an.

Eine andere Möglichkeit ist, sich in der Therapie auf die sprachliche oder bildliche *Darstellung* zu konzentrieren. In vielen Fällen bewirkt schon die mündliche Beschreibung einer inneren Situation oder der emotional-stimmliche Ausdruck von Gefühlen, daß das Befinden, die Vorstellung, Wahrnehmung usw. eine Veränderung erfahren. Auch die Darstellung einer Situation durch Malen oder Modellieren birgt die Möglichkeit, eine neue Sicht zu gewinnen, die wiederum alle anderen Elemente mit einbezieht.

Das Element *Befinden* steht in obigem Schema aus dem Grund nicht in direkter Wechselbeziehung mit der Umwelt, weil betont werden soll, daß es keine *zwingende* Verbindung zwischen innerem Zustand und äußerer Wirklichkeit gibt, sondern daß bei jedem

Menschen die Bedeutung, die er der Einwirkung der Umwelt zuschreibt, sein Befinden entscheidend bestimmt. Nicht selten wirkt jedoch die Umwelt in sehr massiver Weise auf uns ein, so daß die Aufforderung, sie als die eigene Schöpfung zu betrachten, wie blanker Hohn klingt. Die Art und Weise jedoch, in der zum Beispiel mittelalterliche Märtyrer Zustände extremer körperlicher Schmerzen durchlebt und sogar gesucht haben, zeigt, wie stark die Auswirkungen der Umwelt auf unser Befinden von der Sicht des einzelnen abhängen. Man kann dies an vielen, weniger extremen Beispielen im täglichen Leben an sich und anderen beobachten.

Die paradoxe Struktur des Unbewußten

Neben der Wechselwirkung ist das Paradox ein zentraler Begriff des systemtherapeutischen Denkens. Und die Rolle, die es im systemtherapeutischen Handeln spielt, ist wiederum sehr stark mit Erickson verknüpft. Der geniale Gebrauch des Double-bind[26] ist von Anfang an ein wichtiges Merkmal seines Vorgehens gewesen. Für ihn waren die Beobachtungen – die er als bereits gelähmter junger Mann machte –, wie stark sich sprachlicher und körpersprachlicher Ausdruck häufig widersprechen, das Tor, das ihm den »Königsweg zum Unbewußten« eröffneten. Erickson fand heraus, daß in diesem Widerspruch das Unbewußte sich mitteilt, daß es aber auch über diesen Widerspruch zu erreichen ist. Daß man es – anders ausgedrückt – zu einer Entscheidung oder Umstrukturierung bringen kann, indem man es der Paradoxität einer Double-bind-Situation aussetzt.

Die paradoxe Struktur der menschlichen Wirklichkeit ist der Hintergrund, auf dem sich systemtherapeutisches Denken abspielt. Denn der Mensch ist zugleich vereinzelt und eingebunden. Sein Bedürfnis nach Zugehörigkeit ist so groß wie sein Bedürfnis nach Selbständigkeit.

Systemische Erfahrung

Man kann systemtherapeutisches Vorgehen ausschließlich als eine Methode zur Beseitigung psychischer oder psychosomatischer Störungen betrachten. Darüber hinaus ist es jedoch auch eine sehr überzeugende Möglichkeit, das Phänomen der Wechselwirkungswirklichkeit nicht nur zu verstehen, sondern es auch bewußt am eigenen Leibe zu erfahren. Denn in systemisch orientierten Therapien – gleichgültig, ob es sich um Gespräche, um Aufstellungen oder um Körperarbeit handelt – entsteht ein Bewußtsein von Vernetztheit sowohl mit den Familienmitgliedern als auch mit dem eigenen Körper.

Systemische Erfahrung durch die Arbeit mit der ganzen Familie

Werden die Familienmitglieder in die psychotherapeutische Arbeit einbezogen, entsteht eine ökologische Sicht menschlicher Wirklichkeit. Man versteht nicht nur, man erlebt eindringlich, wie eine unbewußte Kraft zwischen Menschen im Beziehungszusammenhang wirksam ist. Zum Beispiel erfahren Teilnehmer einer Gruppe mit Familienaufstellungen nach Bert Hellinger nicht nur, daß sie unter bestimmten Bedingungen fremde Empfindungen und Gefühle übernehmen oder nachempfinden können, sondern auch, daß es ein im Körper verankertes und somit »verkörpertes« Wissen um Ordnungen gibt, das in uns allen wirksam ist.

Auch in bestimmten NLP-Übungen und beim zirkulären Fragen erfährt man, daß es möglich ist, durch die Augen eines anderen zu sehen. Die Bewußtseinserweiterung, die sich daraus ergibt, ist kein Hinuntersteigen in seelische Tiefen, wie etwa in der Jungschen Psychoanalyse, auch kein Hinaus aus dem Körper, wie es bei der »Out-of-body-Experience« in manchen humanistischen Therapien oder in spirituellen Methoden angestrebt wird. Die aus systemischem Erleben sich ergebende Erweiterung des Bewußtseins ist ein Bewußtwerden des unauflöslichen Zusammenhangs zwischen den Menschen und ihrer Umwelt.

Systemische Erfahrung
durch die Arbeit mit dem Körper

Wenn Körperbewußtsein als Wechselwirkung zwischen Körper und Geist und der Körper als »Natur, die wir selbst sind«, begriffen werden, entsteht neben der interpersonalen eine *intrapersonale* Ökologie.

Vor allem in konzentrativen Körpermethoden[27] kann der Körper unmittelbar als Wechselwirkungseinheit erfahren werden. Zum Beispiel lösen sich Störungen manchmal dadurch, daß ein ausgeschlossener Körperteil ins Bewußtsein genommen wird. Oder dadurch, daß die Lösung einer Spannung oder Störung an einer bestimmten Stelle des Körpers durch Arbeit an einer ganz anderen Stelle erfolgt. Dies sind Gesichtspunkte, die auch in der Familientherapie eine zentrale Rolle spielen, und die Erfahrungen ihrer Wirksamkeit innerhalb des eigenen Körpers überzeugen unmittelbar.

Systemische Erfahrung
als Basis einer ökologischen Sicht

Wer systemtherapeutische Erfahrungen gemacht hat, besitzt einen unmittelbaren Zugang zu der Tatsache der Wechselwirkungswirklichkeit und damit eine Voraussetzung, ökologisches Denken, ökologische Werte und ökologisches Handeln zu entwickeln.

»*J*ede Deutung hängt, mitsamt dem Gedeuteten, in der Luft.«
(Ludwig Wittgenstein)

»*W*as der Mensch erkennen will, ist Das (die Außenwelt), und das Instrument seiner Erkenntnis ist Dies (er selbst). Wie kann er Das erkennen? Nur indem er Dies vervollkommnet.«
(Dschuang Dsi)

Glossar der Grundannahmen und Werkzeuge

Dieses Glossar bietet eine Übersicht über wichtige Begriffe der systemischen Therapie. Begriffe, die Kernpunkte der systemischen Sicht betreffen, sind in »Exkursen« eingehender ausgeführt. Eine noch ausführlichere Übersicht findet man im Buch *Die Sprache der Familientherapie*[1], die sich im folgenden teilweise widerspiegelt. Da diese Übersicht auch als Nachschlagemöglichkeit während der Gesamtlektüre gedacht ist, enthält sie beabsichtigte Überschneidungen mit andernorts schon Gesagtem.

Grundannahmen

Grundannahmen oder Prämissen werden in der systemischen Therapie in dem Bewußtsein verwendet, daß sie Konstrukte sind. Wenn DeShazer zum Beispiel den analytischen Begriff des »Widerstands« durch den Begriff der »Kooperation« ersetzt, so bemerkt er dazu, daß »die Metapher ›Kooperieren‹ ... nicht wahrer, aber nützlicher« sei.[2] Das heißt: Für die Grundannahmen systemischen Vorgehens wird keine »Wahrheit« oder »Allgemeingültigkeit« beansprucht. Sie sind wirk-lich im Sinne von wirksam, und sie gelten als Sichtweisen so lange, bis sich neue und wirksamere herausbilden – was nicht ausbleiben wird, da die äußeren und inneren Bedingungen, unter denen Menschen leben, sich ständig verändern.

Da die systemischen Grundannahmen den Charakter von Arbeitshypothesen haben, ist die Aufgliederung der systemtherapeutischen Grundlagen in »Grundannahmen« und »Werkzeuge«, wie sie hier vorgenommen wird, oft nicht ganz eindeutig. Die Aufteilung, so wie sie nun vorliegt, liefert jedoch eine erste brauchbare Übersicht.

Autopoesie und Ökopoesie

Familien sind einerseits in sich geschlossene Systeme mit der Fähigkeit, in einer sich verändernden Umwelt ihren Zusammenhalt durch Selbstregulation und Selbstreproduktion aufrechtzuerhalten (Autopoesie). Andererseits verändern sie sich aber auch selbst mit der Zeit, indem die Kinder zum Beispiel aus dem Haus gehen und die Eltern schließlich sterben. Das heißt: Sie sind sowohl in sich geschlossene (selbstorganisierende) als auch offene Systeme, die den Austausch mit der Umwelt auf vielfältige Weise benötigen. Um zu überleben, sind sie innerhalb einer sich verändernden Umwelt auf ständige Weiterentwicklung angewiesen (Ökopoesie), und sie sind daher lernende Systeme. Letztlich gilt für das Individuum dasselbe: Auch das Individuum muß darauf achten, ein Gleichgewicht zwischen Stabilität (Homöostase) und Veränderung (Dynamik) aufrechtzuerhalten.

In der Arbeit mit Familien gilt es beide Aspekte zu berücksichtigen. Man kann konstatieren, daß das konstruktivistisch-systemische Vorgehen der Heidelberger Schule mehr den dynamischen Aspekt dieses Vorgangs und das phänomenologisch-systemische Vorgehen der systemischen Psychotherapie nach Bert Hellinger mehr den homöostatischen Aspekt betont.

Entropie und Negentropie

In der Kommunikations- und Informationstheorie bezeichnet Entropie das Maß der Unordnung (mangelnde Musterung) innerhalb eines Systems. Die Zunahme von Information bedingt eine

Abnahme von Entropie, und Negentropie ist gleichbedeutend mit Information.[3] Lebende Systeme oder Organismen bestehen aus »Musterung« oder Struktur (Negentropie). Sie benötigen Energie, um sich aufrechtzuerhalten, und vermehren dadurch in ihrem Umfeld die Entropie. Unsere Umweltprobleme sind ein eindrucksvolles Beispiel dafür.

Die Heidelberger Schule benutzt diese Begriffe, um die Wechselwirkung zwischen Interaktions- und Organisationsmustern zu erfassen.

Flexibilität statt Widerstand

Nach der analytischen Theorie werden nicht akzeptierte Triebregungen ins Unbewußte verdrängt und wirken von dort aus, indem sie Traumbilder oder spontane Assoziationen hervorrufen und bestimmte, schwer integrierbare Verhaltensweisen verursachen. Deshalb müssen verdrängte Inhalte bewußtgemacht und gedeutet werden, so daß sie integriert und sublimiert werden können. Erfahrungsgemäß gibt aber das Unbewußte das Verdrängte nicht ohne weiteres preis. In solchen Fällen wird in der Analyse von Widerstand gesprochen. Es liegt auf der Hand, daß die Möglichkeit, einen Patienten, mit dem die Zusammenarbeit schwierig ist, als »widerständig« zu bezeichnen, zu einem Machtmittel des Therapeuten werden kann, mit dem er unter anderem die Behandlungsdauer nach Gutdünken verlängern kann. Abgesehen davon ist es durchaus möglich, daß in dem vom Therapeuten vermuteten Bereich tatsächlich nichts »verdrängt« wurde.

Im systemischen Vorgehen wird das analytische Konzept des Widerstands ersetzt durch die Forderung von Flexibilität an den Therapeuten. Das heißt: Wenn der therapeutische Prozeß ins Stocken gerät, ist es Aufgabe des Therapeuten, etwas anderes zu versuchen. Man geht davon aus, daß das Unbewußte bestimmte Bereiche aus gutem Grunde schützt. Deshalb ist es auch nicht Pflicht des Klienten, alles auszusprechen. Zum Beispiel ist es in der Hypnotherapie und im NLP möglich, therapeutisch zu arbeiten, ohne das eigentliche Problem zu kennen.

Systemische Therapie zielt darüber hinaus auf eine Erhöhung der Flexibilität des Klienten.

Gefühle

Gegenüber den Therapieformen wie Primärtherapie und Bioenergetik tritt die unmittelbare Arbeit mit Gefühlen in der systemischen Therapie in den Hintergrund. Sie können sich – sozusagen als Begleiterscheinung von Änderungen der Sicht – durchaus einstellen. Sie werden jedoch weder besonders ermutigt noch völlig übergangen, denn der Ausdruck von Gefühlen wird nicht als unabdingbare Voraussetzung für psychische Änderung gesehen, wie das in den obengenannten Therapieformen der Fall ist. Der Hypnotherapeut Ernest L. Rossi vertritt jedoch neuerdings die Meinung, daß man mit traumatischen Erinnerungen nur dann arbeiten kann, wenn der Klient das mit dieser Erinnerung verbundene Gefühl nacherlebt »state-dependent memory«.[4]

Eine differenzierte Sicht der Gefühle hat Bert Hellinger. Für ihn ist die Primärliebe das zentrale Gefühl, das von Gefühlen wie Wut und Angst nur verdeckt wird. Diese Primärliebe ist jedoch Teil der Ordnung und kann sich nur im Rahmen der Ordnung entwickeln. In einer gestörten Ordnung wirkt die Primärliebe als Teil der Verstrickung.[5]

Kontext

Kontextorientierung ist ein wesentliches Merkmal systemischen Vorgehens. Kontext bedeutet im systemischen Sprachgebrauch soviel wie Feld oder Umwelt. Menschen verhalten sich je nach Situation, in der sie sich befinden, unterschiedlich. Und Situationen unterscheiden sich im Hinblick auf Ort, Zeit und Beziehungsumfeld. Obwohl das Beziehungsgefüge, in dem sich ein Mensch befindet, in der Therapie meist im Vordergrund steht, können auch bestimmte Orte oder Zeiten zum Beispiel als Ressourcen auftreten. So weitet sich die systemische zu einer ökologischen Sicht, in der nicht nur der Beziehungszusammenhang unter den Menschen, sondern auch der zwischen Mensch und Natur als Wechselwirkung verstanden wird.

Kooperation statt Übertragung

Aus psychoanalytischer Sicht ist das Bewußtwerden der Übertragungssituation, die sich zwischen Therapeut und Klient allmählich entwickelt und durch Deutung wieder abbaut, das Kernstück des therapeutischen Prozesses. Denn in ihr wird das Trieb- und Affektschicksal der frühkindlichen Situation exemplarisch wiederholt.

Im systemisch-lösungsorientierten Vorgehen relativiert sich die Bedeutung des frühkindlichen Traumas als Ursache psychischer Störungen. Deswegen verzichtet man auf die Bearbeitung einer Übertragung und richtet das Augenmerk auf die aktuelle Zusammenarbeit zwischen Therapeut und Klient. Sie wird beispielsweise von DeShazer als »Kooperation« bezeichnet – ein Begriff, den er auch für das Verhalten von Partnern und Familienmitgliedern benutzt.

Im NLP wird die Notwendigkeit betont, daß der Therapeut durch Spiegelung einen »Rapport«, das heißt einen vertrauensvollen Kontakt zum Klienten aufbaut. Diese Sicht ähnelt der der »Selbstobjektübertragung« der Selbstpsychologie (Kohut).

Rolle des Therapeuten

Systemische Therapeutinnen und Therapeuten verstehen sich ähnlich wie ein Hausarzt, den man im Fall einer akuten Krise aufsucht, ohne daß dadurch die Verpflichtung oder Notwendigkeit entsteht, dies regelmäßig über lange Zeit zu tun. Wenn es sich als notwendig erweisen sollte, kann zu einem späteren Zeitpunkt eine ebenso kurze oder auch längere Serie von Beratungsstunden folgen. Die Aufgabe des Therapeuten ist lediglich, den Klienten wieder handlungsfähig zu machen, so daß er seinen Lebensweg in einer für ihn stimmigen Richtung weitergehen kann.

Selbst

Im allgemeinen Sprachgebrauch und auch aus analytischer Sicht bezeichnen die Begriffe »Ich« oder »Selbst« den Kern oder das Wesentliche eines Menschen. Bateson dagegen hat die systemische

Sicht dieser inneren Instanz folgendermaßen charakterisiert: »Das Selbst ist eine falsche Verdinglichung eines unrichtig eingegrenzten Teiles ... (eines) viel größeren Gebietes von ineinandergreifenden Prozessen. Die Kybernetik erkennt auch, daß zwei und mehrere Personen ... zusammen ein solches System des Denkens und Handelns bilden können.«[6]

Selbstregulation

Der Begriff der Selbstorganisation oder Selbstregulation spielt in der systemtherapeutischen Praxis eine wichtige Rolle: Es ist die Tendenz eines Systems, sich selbst zu erhalten. Ähnlich wie in der humanistischen Richtung besteht Therapie zum großen Teil darin, die Person oder die Gruppe, mit der man arbeitet, in einen Zustand zu versetzen, in dem diese Kraft zur Auswirkung kommen kann.

Von dieser Tendenz zur Selbstorganisation ausgehend, arbeitet Erickson zum Beispiel in seinen hypnotherapeutischen Induktionen häufig mit Verwirrung, um fixierte Verbindungen zwischen den Teilen einer Person zu lösen. Die Neuordnung der in Bewegung geratenen Elemente erfolgt spontan aus der inneren Kraft des Systems und dem jeweiligen Kontext heraus. Verhaltensmuster, das heißt bestimmte Abfolgen von Handlungselementen, die sich in einem bestimmten Beziehungszusammenhang gebildet haben, werden aufgelöst und können sich von selbst der aktuellen Situation anpassen.

Symptome

Wirklichkeit entsteht in einem kommunikativen Prozeß. Jede Kommunikation hat einen inhaltlichen und einen Beziehungsaspekt, und in der systemischen Therapie steht letzterer naturgemäß im Vordergrund. Symptome werden demgemäß als Mitteilungen im Beziehungszusammenhang verstanden: Sie wirken als indirekte Kommunikation, also als Ausdruck für Gefühle und Bedürfnisse, die direkt nicht ausgedrückt werden können. Ein Kind zum Beispiel weist durch ein Körpersymptom auf sein Bedürfnis nach Zuwendung hin. Auch die Einzelperson kann ein psychosomatisches Symptom als Mitteilung des eigenen Körpers auffassen und daraus eine bestimmte Konsequenz ziehen, die zur Besserung oder Heilung führt.

System

Jeder Mensch – auch der Einsiedler – lebt in einem Beziehungszusammenhang. Der primäre Zusammenhang ist der der Familie; er wirkt unabhängig davon, ob die Mitglieder an- oder abwesend sind. Auch die inneren Instanzen (Teile) eines Menschen ebenso wie Vergangenheit, Gegenwart und Zukunft bilden ein wechselwirkendes System.

Teile

Alle Teile der Persönlichkeit stehen in Wechselwirkung, und keiner darf ausgeschlossen werden. Vergangenheit, Gegenwart und Zukunft bilden ebenfalls ein System, das heißt, auch sie stehen in Wechselwirkung.[7]

Unterschied

Was wir wahrnehmen, sind immer Unterschiede. Den Grund, warum der Satz vom »Unterschied, der einen Unterschied macht«, unter Systemtherapeuten zu einer Art geflügeltem Wort geworden ist, hat Gregory Bateson folgendermaßen dargestellt: »In den Naturwissenschaften sind Wirkungen im allgemeinen durch ziemlich konkrete Bedingungen oder Ereignisse verursacht – Einflüsse, Kräfte usf. Wenn man aber die Welt der Kommunikation und Organisation betritt ... (befindet man sich in einer) Welt, in der Wirkungen durch Unterschiede hervorgebracht werden. Das heißt, sie werden von solchen ›Dingen‹ hervorgebracht, die von dem Territorium auf die Karte[8] gelangen. Das sind Unterschiede.«[9]

Anders ausgedrückt: Im Bereich der Kommunikation und Organisation handelt es sich um Wechselbeziehungen (zirkuläre Kausalität), nicht um lineare Kausalität. Die Denkfigur der Kausalität muß durch die der Wechselbeziehung ersetzt werden.

Hinter den Metaphern der »Landkarte« und des »Territoriums« steht die Vorstellung einer Tiefenschicht der Kommunikation oder einer »hinter« den Worten liegenden »Wirklichkeit«, die mit unseren »Landkarten« oder »Wirklichkeitskonstruktionen« nie voll erfaßt ist. »Unterschiede, die Unterschiede machen«, sind Informationen oder Nachrichten über Unterschiede zwischen dem Bekannten, schon auf der Landkarte unserer Wirklichkeit befindlichen Orten, Straßen oder anderen Bestandteilen einer Landschaft und einer neuentdeckten Einzelheit – wie etwa eine Brücke über einen Fluß, den man für unüberquerbar gehalten hat, die neue Möglichkeiten erschließt. In der Sprache der Informationstheorie ist ein solcher Unterschied eine Information von hohem Informationswert.

Zeit

Die Zeitvorstellung der systemischen Sicht ist nicht linear, sondern zirkulär. Das bedeutet: Die Vorstellungen der Zukunft, die wir uns machen, wirken ebenso auf unser gegenwärtiges Befinden und auf unsere Vorstellungen zurück, wie die Erinnerungen auf die Gegenwart und auf die Zukunft Einfluß haben. Außerdem ist Zeit nur eine der Voraussetzungen unserer Erfahrung und keine »objektive Realität« aus dieser Sicht.

Zirkularität

Das systemische Denken ersetzt die Denkfigur der linearen Kausalität durch eine zirkuläre Kausalität. Denn unsere Welt ist nicht aus Ursachen, sondern aus Unterschieden entstanden, und Unterschiede sind immer Unterschiede »zwischen« – das bedeutet: Der Begriff ist in sich systemisch oder zirkulär. Ein Unterschied besteht immer aus mindestens zwei Komponenten, und er liegt zwischen diesen Komponenten. Ohne die eine Komponente wäre die andere nicht dieselbe, und das Zwischen – der Unterschied – wäre nicht derselbe. Der Stoff, aus dem unsere Wirklichkeit gemacht ist, liegt also im Zwischen, das heißt in den Wirkungen, die durch Unterschiede hervorgebracht werden.

Dies gilt selbstverständlich auch zwischen Personen: Niemand verhält sich allein. Selbst wenn zu einer bestimmten Zeit kein anderer unmittelbar anwesend ist, bleibt die Wirklichkeit jedes einzelnen doch immer eine Wechselwirkungswirklichkeit, die er zusammen mit anderen »erfunden« oder gestaltet hat. Denn der Mensch ist gerade in den ersten Jahren seines Lebens völlig auf andere angewiesen.

So wird klar, daß unsere Welt eine zirkuläre ist und die Kausalität im psychischen Bereich keine erfolgversprechende Erkenntnismetapher darstellt: Charaktereigenschaften und Verhaltensweisen ent- und bestehen in einem beständigen Miteinander.

Werkzeuge

Anker

Einen Hinweis darauf, wie äußere Wirklichkeit zu innerer Wirklichkeit werden kann, die wiederum die Wahrnehmung der äußeren Wirklichkeit beeinflußt, gibt uns die psychologische Forschung mit den Begriffen der »Konditionierung« (Pawlow) und »Prägung« (Lorenz). Wird ein Sinneseindruck häufig oder einmal sehr intensiv mit einer bestimmten Erfahrung gekoppelt, so bildet sich ein psychischer Wenn-dann-Mechanismus, den man »Anker« nennt. Er besteht aus der Verbindung eines äußeren Reizes mit einem inneren Zustand. Wenn zum Beispiel eine Person, die den letzten Krieg miterlebt hat, Sirenen hört und dabei die typischen Merkmale einer Schreckreaktion an sich erfährt, so ist dieser Sinneseindruck bei ihr mit den Angstzuständen von damals verknüpft und löst die entsprechend physiologische Reaktion aus, die für die heutige Situation unangemessen ist.

Unser tägliches Leben ist voll mit positiven und negativen »Ankern«, die zum Teil wertvolle Dienste leisten, zum Teil aber auch störend und hemmend wirken, wenn die hervorgerufene Reaktion wie im ebengenannten Beispiel der gegenwärtigen Situation nicht angemessen ist. Therapeutisch versucht man negative Anker durch positive auszulöschen. Dies geschieht genauso im täglichen Leben, wenn eine geankerte Reaktion sich durch andersartige Erfahrungen mit der Zeit abschwächt.

Der von Robert Dilts in das NLP eingeführte »Bodenanker« besteht in einem auf dem Fußboden markierten Ort, der mit einer Vorstellung verbunden wird. Der NLP-Prozeß wird dann im Hin- und Hergehen zwischen den verschiedenen Orten der auf dem Boden dargestellten »Psychogeographie« (Robert Dilts) durchgeführt.

Hausaufgaben

Der Gedanke, daß eine Therapie mit dem alltäglichen Leben möglichst eng verbunden sein sollte, liegt nahe. Er hat systemische Therapeuten immer wieder veranlaßt, auf verschiedene Weise Verhaltensvorschläge zu machen, die zwischen den Sitzungen befolgt, aber auch verworfen werden können. Erickson war auch auf diesem Gebiet ein Meister und hat die Menschen dazu gebracht, die erstaunlichsten Dinge zu tun, meist mit verblüffender Wirkung. DeShazer hat Beobachtungs- und Voraussageaufgaben von überzeugender Wirkung entwickelt, und auch die Heidelberger Schule benutzt Voraussagen, »Tun-als-ob« und andere »Verschreibungen«.

Indirekte Suggestion

Erickson hat aufgrund negativer Erfahrungen mit der direkten Suggestion die indirekte Suggestion entwickelt. Ein eventueller Widerstand des Unbewußten gegen direkte Aufforderungen wird beispielsweise dadurch umgangen, daß die Suggestion in eine Geschichte oder Metapher eingekleidet wird, die verschiedene Lösungsmöglichkeiten anbietet. So fühlt sich das Unbewußte frei, in der ihm gemäßen Form zu reagieren.

Metaposition und andere Positionen

Der Begriff »Metaposition« stammt aus dem Fachjargon des NLP, dessen Verdienst es ist, diesem Element einen prominenten Platz einzuräumen. Dieser Begriff bezeichnet die Möglichkeit, das Problem oder sich selbst im Beziehungszusammenhang aus einem Abstand – sozusagen als Beobachter – zu betrachten. Nachdem die innere oder äußere Situation sprachlich oder über ein anderes Medium dargestellt wurde, nimmt man sich sozusagen heraus und schaut »von außen«.[10] Durch diese Fiktion ergeben sich neue Gesichtspunkte, die wesentlich zu einer Änderung der Sicht beitragen. Abgesehen davon kann die Fähigkeit, in diese verschiedenen Positionen zu gehen, eine wertvolle Hilfe im Alltag sein.

Andere systemische Methoden führen diesen Positionswechsel mit anderen Mittel herbei. Zum Beispiel wird im zirkulären Fragen, das die Mailänder Gruppe um Mara Selvini Palazzoli zur Virtuosität entwickelte, das gleiche dadurch erreicht, indem man immer ein Familienmitglied über zwei andere Vermutungen aussprechen läßt.[11] In diesem Prozeß wird sowohl dem Therapeuten als auch jedem Familienmitglied das Beziehungsgeflecht der Gruppe deutlich. Das einzelne Mitglied erfährt darüber hinaus, wie es von den anderen in seiner Beziehung zu den anderen wahrgenommen wird. Die »Zwischen-Subjektivität«[12] von Verhaltensweisen wird auf diese Weise eindringlich erlebt.

Ökologische Überprüfung

Dieser Begriff wurde ebenfalls vom NLP entwickelt. Er besagt, daß es notwendig ist, am Ende einer Übung zu überprüfen, ob alle beteiligten inneren Anteile mit der Veränderung einverstanden sind. Dies kann auf verschiedene Weisen – implizit oder explizit – geschehen.

Pole

Einer Konfliktsituation oder einer länger dauernden Krise liegt häufig das ambivalente Hin- und Herschwanken zwischen zwei Polen zugrunde. Oft ist es schon hilfreich, wenn die beiden Pole – oder beide Teile der Ambivalenz – klar herausgearbeitet oder einfach benannt werden. Im Kraftfeld zwischen zwei Polen entsteht häufig eine Lösung.

Für die Arbeit mit Ambivalenz hat beispielsweise das NLP Vorgehensweisen entwickelt, die dadurch zu einer Lösung führen, daß »die gute Absicht« jedes Teiles in den Vordergrund gerückt und nach Gemeinsamkeiten gesucht wird.

Paradoxe Verschreibung

Paradoxe Verschreibungen sind therapeutisch eingesetzte Aufforderungen nach dem Muster des Double-bind: Man verschreibt das Problem und trägt dadurch zu dessen Lösung bei. Aus dem »Wie man es macht ist es falsch« wird ein »Man kann es nur richtig machen«. Dieses Vorgehen wurde zum Beispiel von Mara Selvini Pallazoli als besonders wirksam bei der Behandlung Magersüchtiger erkannt.[13]

Frank Farelly hat die paradoxe Verschreibung zum ausschließlichen therapeutischen Vorgehen in seiner »provokativen Therapie« gemacht, und berichtet gerade bei psychiatrischen Fällen von erstaunlichen Erfolgen: Die Kraft des Trotzes ist offensichtlich nicht leicht zu überschätzen.

Man sollte mit diesem Werkzeug dennoch sehr vorsichtig und sorgfältig umgehen. Es kann bei den Ratsuchenden als blanke Ironie oder gar als Zynismus aufgefaßt werden.

Positive Absicht

Eine zentrale Prämisse systemischen Vorgehens ist die Annahme, daß hinter jeder Verhaltensweise, die ein Familienmitglied – oder auch ein Persönlichkeitsanteil – zeigt, eine positive Absicht steht. Damit wird erreicht, daß jeder Teil eines Beziehungszusammenhangs als daseinsberechtigt gesehen und anerkannt wird.

Das Herausarbeiten dieser »positiven Absicht« führt zu einer neuen Sicht des als Problem erfahrenen Sachverhalts und kann ein wesentlicher Schritt zu dessen Lösung sein.

Rapport

Letztlich ist es selbstverständlich, daß Therapeut und Klient in engem Kontakt sein müssen, damit sich aus dem Zwischen-Bewußten heraus eine therapeutische Veränderung entwickeln kann.

In systemtherapeutischen Fortbildungen wird diese Fähigkeit dadurch geschult, daß Therapeutinnen und Therapeuten lernen, sich auf die Körperhaltung, den Atem oder die Sprechweise des Klienten bewußt einzustimmen (= Pacing).

Reframe

Reframing ist eines der wichtigsten Werkzeuge der systemischen Therapie. Der Begriff bedeutet wörtlich übersetzt: einem Sachverhalt einen neuen Rahmen (frame) geben oder in einen neuen Zusammenhang stellen. Es leitet eine Änderung der Sicht ein, die die wichtigste Voraussetzung für dauerhafte Veränderung ist.

Ressourcen

Ressourcen sind Kraftquellen, das heißt Fähigkeiten oder Überzeugungen, die man aus der eigenen Erfahrung oder durch einen anderen Menschen vermittelt besitzt. Auch Orte oder Zeiten, Vorstellungen, Tätigkeiten, Tiere oder Dinge können Kraftquellen sein. Systemtherapeutisches Vorgehen geht davon aus, daß in einem System die Ressourcen zu notwendigen Veränderungen immer vorhanden sind, wenn sie notwendig sind. Deshalb wird auf die Erschließung von Kraftquellen großer Wert gelegt; und der Wert der Lösungsorientierung besteht in der Aktivierung solcher Kraftquellen in der Vergangenheit, Gegenwart und Zukunft.

Allein durch ressourcenorientiertes Fragen kann dem Klienten schon eine neue Perspektive eröffnet werden, aus der sich eine Lösung ergibt, zumal im Klienten der Eindruck entsteht, daß außer den gefundenen Ressourcen es noch viele weitere, unentdeckte gibt. Wenn man sich hingegen nur auf die traumatischen Erlebnisse der Biographie konzentriert, stellt sich häufig das Gefühl ein, daß hinter dem wieder erlebten Trauma noch viele andere stehen, die verdrängt wurden, weil der Schmerz zu groß war. In der Primärtherapie zum Beispiel hat der »primal pool«[14] die Tendenz, sich nicht zu leeren – wie es das erklärte Ziel Janovs ist –, sondern im Gegenteil sich immer wieder neu zu füllen. Primärtherapeutisches Vorgehen kann deshalb zu einem nie enden wollenden, kräfteverschleißenden Prozeß werden.

Rituale

Therapeutische Elemente wie beispielsweise die Lebenslinie und eine Familienaufstellung können als Ritual gesehen werden, da festgelegte Handlungselemente in einem zeitlichen Rahmen aneinandergereiht werden, um ein bestimmtes Ergebnis zu erzielen. Dieser Sprachgebrauch weist darauf hin, daß therapeutische und spirituelle Vorgehensweisen sich in mancher Hinsicht ähnlich sind, was nicht verwundert, da es sich bei beiden um psychisch-mentale Prozesse handelt.

Strategie und Kooperation

Strategisches Vorgehen heißt, daß sich der Therapeut oder die Therapeutin nach einem eingehenden Interview vorab einen Plan macht, der sowohl das Verhalten als auch das Ziel der Behandlung festlegt.

Jay Haley hat die strategische Komponente im therapeutischen Vorgehen Ericksons am stärksten aufgenommen und weiterentwickelt.[15] Die manipulative Seite, die strenggenommen jedes Verhalten hat – da selbst Nichtstun auf andere Einfluß ausübt –, wird hier offen zum Prinzip erhoben.

Im NLP versteht man unter Strategien mehr oder weniger festgelegte Vorgehensweisen, die in vielen Fällen anwendbar sind, wie etwa die Arbeit mit der Lebenslinie. Kooperatives Vorgehen dagegen wird von DeShazer folgendermaßen beschrieben: »Jede Familie (Individuum oder Paar) versucht, auf eine einmalige Art und Weise zu kooperieren. Die Aufgabe des Therapeuten besteht zuallererst darin, sich selbst dieses besondere Verhalten klarzumachen und danach mit dem Verhalten der Familie zu kooperieren und dadurch einen Wandel zu fördern.«[16]

Teile

Die Grundvorstellung aller Beziehungszusammenhänge ist die eines Systems, in dem sich alle Teile wechselwirkend beeinflussen. Sei es nun die Familie oder die verschiedenen Teile der Persönlichkeit. Im Gegensatz zum analytischen Konzept der Ich-Es-Über-Ich-Struktur, die hierarchisch geprägt ist, handelt es sich bei diesem Teile-Konzept um ein zirkuläres, in dem jedem Teil eine »positive Absicht« zugebilligt wird, und keiner ausgeschlossen werden kann. Die Arbeit mit Polen entspricht beispielsweise einem System aus zwei Teilen.

Virginia Satir hat das therapeutische Element der »parts party« entwickelt, in dem jeder Persönlichkeitsteil durch eine andere Person stellvertretend dargestellt wird.

Visualisieren oder Sagen (Denken) von Sätzen

Das Visualisieren psychischer oder physiologischer Inhalte als Heilmethode verbreitet sich im psychotherapeutischen Bereich zunehmend. Da die konstruktivistisch-systemische Sicht den Handlungscharakter von Wahrnehmung betont, ist es leicht, von ihr aus einen Bezug zu Methoden herzustellen, die zum Beispiel körperbezogenes Visualisieren zu Heilungszwecken empfehlen.

Das innere Wiederholen lösender Sätze, wie es von Bert Hellinger als Ergänzung zu einer Familienaufstellung empfohlen wird, kann man als Innenhandlung auf der sprachlich-auditiven Ebene verstehen.

Zirkuläres Fragen

Das zirkuläre Fragen bildet die zirkuläre Struktur psychischer Wirklichkeit ab, indem die Familienmitglieder reihum über die Unterschiede in den Beziehungs- oder Verhaltensmustern anderer Mitglieder befragt werden.

Das zirkuläre Fragen wurde von der Mailänder Schule entwikkelt, um die Zirkularität von Beziehungs- und Interaktionsmustern gleichzeitig abzubilden, zu erforschen und zu verändern. Die Heidelberger Schule hat diese Technik übernommen.

Das Ergebnis der zirkulären Befragung wird von den Therapeuten verwendet, um eine der Situation der Familie entsprechende Schlußintervention oder »Hausaufgabe« zu erfinden.

Exkurse

Wirklichkeit

Die erfundene Wirklichkeit

In der systemischen Therapie geht man davon aus, daß Wirklichkeit nicht gefunden, sondern erfunden wird. Aus der Sicht des »gemäßigten« Konstruktivismus ist das Gehirn ein »Reduktionsventil«, das aus der Überfülle der aus der Umwelt stammenden Informationen eine bestimmte Anzahl auswählt und daraus eine Wirklichkeit gestaltet. Eine objektive Wahrheit ist uns dagegen nicht zugänglich.

Landkarten

Die innere Landkarte eines Menschen ist der Bezugsrahmen, in dem sein Verhalten sinnvoll erscheint. Landkarten bestehen aus mentalen Mustern (Geschichten, Überzeugungen, Werten, Modellen, Abstraktionen). Im therapeutischen Prozeß werden Landkarten der heutigen Situation angepaßt. Das heißt: Überzeugungen und Beziehungsmuster, die »damals« das Überleben ermöglichten, heute aber unbrauchbar geworden sind, werden durch heute stimmige Muster ersetzt. Die effektivsten und ökologischsten Landkarten sind diejenigen, die eine möglichst reiche Palette von Auswahlmöglichkeiten bieten.

Wechselwirkungswirklichkeit

Wirklichkeit entsteht in einem wechselwirkenden Prozeß zwischen Wahrnehmung, Vorstellung und Befinden, zwischen Landkarte und Landschaft. Außerdem stellen wir unsere Wirklichkeit aufgrund unserer physischen, psychischen und mentalen Ähnlichkeiten und Gemeinsamkeiten auf einer gemeinsamen Basis her.

Wirklichkeitskonstruktion ist auch ein wechselwirkender Prozeß zwischen Personen.[17]

Lösungsorientierung

Mit dem Begriff »Lösung« versteht man im systemischen Sprachgebrauch niemals die endgültige Lösung, sondern einen Zustand, von dem aus ein Weg sich öffnet, so daß die der Situation gemäßen nächsten Schritte eingeleitet werden können.

Im psychischen Bereich entstehen Problemlösungen häufiger durch die Orientierung auf einen »Lösungsbereich« hin, und nicht durch das Zurückgehen auf eine Ursache an einem Zeitpunkt, an dem ein Trauma vermutet wird oder tatsächlich stattfand. Durch eine richtige Zielvorstellung wird mehr seelische Energie mobilisiert als durch Vorstellungen von Ursachen. Denn zum einen ist der Mensch keine Maschine, deren Störung behoben werden kann, wenn die Ursache bekannt ist. Häufig kommt eine Ursachensuche über das – manchmal notwendige – Stadium der Anklage gegen den oder die Täter oder Täterinnen auch nicht hinaus. Zum anderen kann man für ein bestimmtes Problem meist vielerlei Ursachen finden (oder erfinden!), und es ist nicht eindeutig festzustellen, welche die wirk-liche – oder wirklich wirksame – ist. Weiteres hierzu finden Sie im Exkurs »Ursachen und Konsequenzen«.

Ziele

Die Erarbeitung eines Zieles ist ein wichtiger Bestandteil systemischen Vorgehens. Die Worte »Ziel« und »Lösung« werden dabei häufig als Synonyme verwandt. Man muß jedoch differenzieren: Ein gemäßes Ziel ist eine Ressource, die den nächsten Schritt ermöglicht. Das heißt: Ziele sind Kraftquellen und können zur Lösung beitragen. Sie sind jedoch im allgemeinen nicht die Lösung selbst, und sie verändern sich meist beim Gehen der nächsten Schritte. Ein Problem vom Ziel her zu sehen, vermittelt eine andere Sicht.

Zielvorstellungen, die zum Beispiel im NLP eine große Rolle

spielen, sind oft weniger kontextorientiert als beispielsweise die Vorstellung der lösenden Ordnung in einer Familienaufstellung nach Bert Hellinger.

Zielvorstellungen wirken andererseits ähnlich wie Lösungsvorstellungen: Sie machen handlungsfähig. Ziele müssen nicht unbedingt mit einem Problem zu tun haben. Ein Ziel kann auch in der Verbesserung eines positiven Tatbestandes bestehen. Bei der Arbeit mit Zielen ist es allerdings wichtig, daß sie dem persönlichen Potential und den Erfahrungen entsprechen. Ein falsch gewähltes Ziel kann destruktiv wirken, während ein gemäßes Ziel eine Kraftquelle ist.

John Grinder lehrt, daß Ziele eher vage sein sollten, so daß keine Fixierung, sondern eine Fokussierung in den Lösungsbereich hinein stattfinden kann. Das heißt, er sollte aus Elementen zusammengesetzt sein, die je nach den Antworten der Umwelt verstärkt in den Vordergrund treten können, wobei die gesamte Gestalt erhalten bleibt. Nicht-Erreichen wird dann nicht als Versagen erlebt, sondern als Kurskorrektur oder Feedback. So bleibt die Zielvorstellung offen für Antworten aus dem Unbewußten oder aus der Umgebung und kann immer wieder angepaßt und verändert werden. Wer hat nicht schon die Erfahrung gemacht, daß Ziele sich auf Umwegen erfüllen oder – falls sie nicht unmittelbar in Erfüllung gehen – doch zu etwas führen, was sich auf dem Weg des Lebens als fruchtbar erweist?

Darüber hinaus ist die therapeutische Arbeit mit Zielvorstellungen eine wertvolle Möglichkeit, von einem zukünftigen Zeitpunkt her zu dem, was jetzt als Problem erscheint und dann in den Hintergrund getreten oder gelöst sein wird, zurückzuschauen. Damit gewinnt man eine neue Perspektive, aus der man anstehende nächste Schritte oft klarer erkennen kann, als wenn man aus der Gegenwart in die Zukunft blickt.

Zielkriterien

Es muß darauf geachtet werden, daß folgende Kriterien eines gemäßen Zieles erfüllt sind.

1. Ist das Ziel positiv formuliert? Zum Beispiel sollte es nicht lauten: Ich will in Zukunft meine Meinung nicht mehr zurückhalten, bis ich wütend werde, sondern: Ich will in Zukunft meine Meinung direkt aussprechen.
2. Ist das Ziel mit bisherigen Erfahrungen zu vereinen und dem bisherigen Leben gemäß?
3. Kann man feststellen, wenn das Ziel erreicht wurde, und ist es konkret? Zum Beispiel werden Zielformulierungen wie »Ich will eine Besserung meines Zustandes erreichen« vom Therapeuten mit der Frage beantwortet: »Woran werden Sie merken, daß Ihr Zustand sich tatsächlich gebessert hat, und was werden Sie dann tun?«
4. Kann ich selbst das Wesentliche zum Erreichen dieses Zieles beitragen, oder hängt es weitgehend von anderen Personen ab, ob das Ziel erreicht wird? Oder ist womöglich ein bestimmtes Verhalten des Partners die Zielvorstellung? In einem solchen Fall müßte der Klient oder die Klientin gefragt werden, was er oder sie selbst dazu beitragen könnte, daß der Partner sich entsprechend verhält.
5. Können die Konsequenzen des Erreichens eines Zieles in das Leben integriert werden? Dies ist besonders wichtig, denn oft verhindert eine absehbare Folge das Eintreten des Erfolgs. Zum Beispiel kann die unbewußte Angst vor Selbständigkeit einen Examenskandidaten hindern, eine Prüfung zu bestehen.
6. Ist das Ziel kontextorientiert, das heißt, paßt es mit den Zielen anderer zusammen? Die größte Gefahr bei der Zielarbeit ist die Beliebigkeit: Ziele können verfolgt werden, indem die Reaktionen der Umwelt und die Ziele anderer berücksichtigt sind. Sie können aber auch – rein aus den Wunschträumen einer Einzelperson entsprungen – zu Fixierungen oder rücksichtsloser Selbstverwirklichung führen, was keine wirkliche Lösung bringt.

Ein falsch oder rücksichtslos gewähltes Ziel kann den Ruin eines oder auch vieler Menschen bedeuten, was alle, die das Ende des Zweiten Weltkrieges miterlebten, erfahren haben. Andererseits mag ihnen in Erinnerung sein, welch ungeheure psychische, physische und auch materielle Energien die von Hitler und seinem Gefolge aufgebauten Zielvisionen in Bewegung brachten. Dieses dramatische Beispiel weist auf eine Gefahr, gleichzeitig aber auch auf das große psychische Potential von Zielvorstellungen hin, das es im therapeutischen Zusammenhang – oder auch in der Alltagspraxis – zu berücksichtigen gilt.

Zielarbeit ist auch deshalb sinnvoll, da sie sich bewußt mit Zukunftsvorstellungen befaßt, die in jedem Menschen vorhanden sind und ihn bestimmen. Diese Zukunftsvorstellung kann positiv oder negativ sein, sie kann unklare Ängste oder hoffnungsvolle Erwartung auslösen. Sie kann auch einfach in dem Wunsch bestehen, eine bestimmte Beschwerde loszuwerden. Solche Zukunfts- oder Zielvorstellungen sind wirksam, ob wir uns ihrer bewußt sind oder nicht. Und es ist möglich, eine Kultur des Umgangs mit diesen inneren Wirkfaktoren zu entwickeln.

Ziel versus Lösung

Der Begriff »Ziel« überlappt teilweise mit dem Begriff »Lösung«, vor allem die Zukunftsorientierung ist beiden gemeinsam. Aber ein Ziel bringt nicht ohne weiteres die Lösung, und mit einer Lösung ist nicht unbedingt das Erreichen eines Zieles verbunden. Lösungsvorstellungen sind nach meinem Verständnis weniger auf ein bestimmtes Ergebnis hin ausgerichtet; und wirksame Lösungsbilder können die Voraussetzung für das Wirksamwerden einer Zielvorstellung sein. Zum Beispiel kann man die gefundene Ordnung in der systemischen Psychotherapie[18] als Lösungsbild bezeichnen, das – wenn es wirksam wird – möglicherweise bestimmte Ziele wegfallen läßt oder das Erreichen verhindert. Gleichzeitig können andere Ziele auf der Basis dieses Bildes entstehen. So kann beispielsweise das Ziel, eine psychosomatische Krankheit zu überwinden, durch die mit der Familienaufstellung gewonnenen Einsicht sich relativieren, weil ein anderer Gesichtspunkt – wie etwa die notwendige Einbeziehung und Anerkennung eines ausgeschlossenen Familienmitglieds – in den Vordergrund tritt: Statt eines Zieles ergibt sich eine »Auf-gabe«, die die aufstellende

Person darauf hinweist, daß es Dinge gibt, die sich anders entwikkeln, als es ihren Wünschen und Vorstellungen entspricht. Durch diese Änderung der Sichtweise kann sich ein Freiraum öffnen, in dem die Selbstheilungskräfte sich entfalten können oder die Kraft zur Anerkennung des Eingebundenseins in den familiären Beziehungszusammenhang entsteht.

Robert Dilts, der Mitbegründer des NLP, hat für die Arbeit mit »Gesundheitszielen« noch einen anderen wichtigen Gesichtspunkt entwickelt. Er hat beobachtet, daß Menschen, die dabei sind, Vertrauen in ihre Selbstheilungskräfte zu entwickeln – indem sie beispielsweise erfahren, daß es möglich ist, das Autoimmunsystem durch Visualisationsübungen zu stärken –, anfällig sind für »Gedankenviren« aus ihrer Umgebung. Das heißt, sie werden von den Zweifeln, die etwa von Medizinern bezüglich der Erfolgschance ihrer Visualisationsübungen geäußert werden, angesteckt. Sie beginnen dadurch ebenfalls an der Möglichkeit ihrer Heilung zu zweifeln, was die Erfolgschance tatsächlich verringert, wenn nicht sogar zerstört. Denn das Heilungsbild, das sie mit Hilfe von Beispielen anderer, mit einer solchen Methode erfolgreicher Personen, und durch eigene Erfahrungen von Besserung aufbauen konnten, geht ihnen verloren. An seine Stelle tritt das von anderen übernommene Bild des Zweifels und der Angst, was sich verständlicherweise ungünstig auf die Heilungschancen auswirkt. Dilts hat Vorgehensweisen entwickelt, in denen solche »Gedankenviren« unwirksam gemacht und das Vertrauen in die Selbstheilungskräfte gestärkt werden können.

Dies sind Gesichtspunkte, die von Ärzten im allgemeinen wenig beachtet werden, da die Medizinerausbildung sie mit den physiologischen Auswirkungen von Vorstellungen nicht vertraut macht. Tatsächlich gibt es jedoch Beispiele, in denen »der Glaube Berge versetzen« konnte und eine feste Überzegung zum Ziel führte, wie es Heilungserfolge durch Visualisationsübungen bei Krebspatienten zeigen.[19] Es ist jedoch eine schwierige Aufgabe, sowohl für den Patienten wie für den Arzt, verantwortlich mit diesen Möglichkeiten umzugehen, damit ihnen eine Chance gegeben wird und gleichzeitig hilfreiche ärztliche Maßnahmen nicht unterbleiben.

Man kann allerdings auch aus einer anderen Perspektive die Frage stellen, ob es überhaupt sinnvoll ist, sich mit Zielen zu befassen. Die von Fritz Perls entwickelte Gestalttherapie zum Beispiel strebt statt dessen das »Dasein im Hier und Jetzt« an und stützt sich dabei ebenfalls auf therapeutische wie auch auf spirituelle Erfahrung. – Ist dieses Streben jedoch nicht eines der anspruchsvollsten Ziele, die man sich stecken kann?

Ursachen und Konsequenzen

Traumen als Ursachen

Als Freud das Ergebnis seiner therapeutischen Forschung in der These zusammenfaßte, daß die Ursache neurotischer Störungen bei Erwachsenen ein – meist sexuelles – Trauma der frühen Kindheit sei, hat er damit einen komplexen Entstehungsvorgang linear-kausal gedeutet. Dies entsprach zu seiner Zeit dem Stand des naturwissenschaftlichen Denkens. Heutzutage ist man jedoch der Descarteschen Hoffnung gegenüber, in allen Bereichen eindeutige Kausalitäten zu finden, sehr viel vorsichtiger, und vor allem in sozialen und psychologischen Zusammenhängen ist »vernetztes Denken« zu einem wichtigen Werkzeug geworden. So ist auch der Suche nach eindeutigen Ursachen im psychischen Bereich gegenüber Vorsicht angebracht: So kann nicht bewiesen werden, daß nicht andere mögliche Ursachen (wie etwa Konsequenzen eigener Handlungen oder Einwirkungen aus der Umwelt), die frühere Zeitalter oder andere Kulturen als entscheidend ansehen, ebenso ausschlaggebend für die Entstehung psychischer Probleme sind. Wenn man also eine Kausalität annimmt, so muß zumindest von einer Multikausalität gesprochen werden.

Die moderne Neuropsychologie stellt darüber hinaus klar, daß die Wechselwirkung von Wahrnehmungen, Vorstellungen und Gefühlen unsere Wirklichkeit und damit unser Befinden bestimmt.[20] Das heißt, daß wir unsere Wirklichkeit nicht vorfinden, sondern er-finden. Psychologie und Psychotherapie müssen sich daher bei der Feststellung von Ursachen immer bewußt bleiben, daß es sich dabei in vielen Fällen um Überzeugungen,

Deutungen oder Konstrukte, und nicht um objektive Tatbestände handelt.

Die Ursache als Erkenntnismetapher

Friedrich Nietzsche hat das »Strengnehmen von Ursache und Wirkung« als »Erkenntnismetapher« bezeichnet. Er bezieht sich dabei auf die Verwechslung von Wirkung und Ursache im Traum: Zum Beispiel kommt der Sinneseindruck – etwa ein Geräusch: der Anlaß zu einer Folge von geträumten Ereignissen gibt, nach dieser Ereigniskette: Man wacht an ihm auf und hat den Traum, in den das Geräusch hineinpaßt, sozusagen »rückwirkend« geträumt. Der Sinneseindruck, der ursprünglich Anlaß war, beendet die Traumsequenz.

Es stellt sich die Frage, ob dieses bekannte Phänomen nicht mit der Geschwindigkeit erklärt werden kann, mit der ein Traum abläuft. Gleichzeitig ist der Begriff »Erkenntnismetapher« für den Ursache-Wirkungsmechanismus treffend und auch insofern sinnvoll, als diese Metapher in unseren Köpfen tief verankert zu sein scheint. Zum Beispiel gibt es eine »magische Kausalität«, die zeitliche Aufeinanderfolge mit tatsächlicher Verursachung verwechselt, was im »primitiven« oder im kindlichen Denken häufig der Fall ist. Andererseits besitzt das Kausalitätsdenken auf der physikalisch-mechanischen Ebene erfahrungsgemäß Gültigkeit. Man sollte sich jedoch des Metapherncharakters bewußt bleiben, wenn man im psychischen Bereich lineare Kausalität annimmt.

Karma

Anders ist die Situation für Menschen, die an Wiedergeburt glauben. Sie erklären ihre gegenwärtigen Schwierigkeiten mit eigenen Handlungen in anderen Existenzen und ziehen die Konsequenz daraus, indem sie Selbstverantwortung übernehmen, was sie vor dem oben geschilderten Hängenbleiben in Schuldzuweisung und Anklage bewahrt. Immer wieder trifft man Menschen, die dem Hineingeborenwerden in eine bestimmte Familie, in der sie Schlimmes durchzustehen hatten, mit dieser Vorstellung einen

Sinn geben und sehr viel besser damit zurechtkommen als andere, die diese Erklärungsmöglichkeit nicht besitzen.

Aus dieser Erfahrung heraus hat sich eine »Reinkarnationstherapie« entwickelt, die nicht einzuordnende Erinnerungsfetzen, die zum Beispiel in einer Primärtherapie auftauchen, aufgreifen, ermutigen und mit ihnen arbeiten. Wir leben jedoch in einem Kulturkreis, in dem man im allgemeinen nicht davon ausgehen kann, daß Menschen mit einem Hinweis auf diese Lehre gedient ist, wenn sie nicht aus eigenem Antrieb danach greifen. In meinem Verständnis gehört ein solcher Hinweis auch mit Recht nicht zu den psychotherapeutischen Grundannahmen oder Werkzeugen, da er einen Eingriff in die spirituelle Sphäre eines Menschen bedeutet und den therapeutischen Auftrag überschreitet.

Die Ursache als wirksame Deutung

Bei der Feststellung einer Ursache kann es sich um eine wirksame Deutung handeln: Löst sich das Problem oder verschwindet das Symptom, indem man sich gemäß der Deutung verhält – wie zum Beispiel bei der Auflösung einer Projektion im analytischen Sinn –, so hat man eine »wirk-liche« Ursachendeutung gefunden. Dies sind Erfahrungen, die nahelegen, die Suche nach Ursachen zumindest in den Hintergrund treten zu lassen, wenn nicht sogar völlig davon abzusehen. Dazu kommt noch ein anderer Grund, der aus der Motivationspsychologie (und auch der alltäglichen Erfahrung) stammt: Die Suche nach Ursachen und die womöglich daraus sich ergebende Anklage bestimmten Personen gegenüber verbraucht psychische Kraft, die zu anstehenden Veränderungen nötig wäre, während die Erarbeitung eines gemäßen Zieles und der daraus entstehende Sinn für Selbstverantwortung psychische und physische Energien freisetzt. Die Fragen »Was kann ich aus meinem Leben (unter den gegebenen Bedingungen) machen? Welches Lebensziel habe ich?« wirken motivierend, während die Frage »Woher kommt es, daß es mir so schlecht geht, und wer ist daran schuld?« eher lähmt und Ablösung erschwert.

Die Unmöglichkeit, Vergangenes zu ändern

Immer wieder hört man den Einwand, daß es zu reiner Anpassung führt, wenn man die Ursachensuche und -beseitigung außer acht läßt. Dies ist jedoch ein Vorwurf, der der Psychotherapie generell gemacht wird, und er mag von einem politischen Standpunkt aus seine Berechtigung haben. Die Frage stellt sich allerdings auch in der Politik, inwieweit gesellschaftliche Veränderungen oder Revolutionen, die sich darin erschöpfen, Schuldige zu liquidieren oder ein Herrschaftssystem abzuschaffen, eine langfristig tragfähige Lösung bringen können, wenn sie nichts Besseres dem Bisherigen entgegenzusetzen haben. In der therapeutischen Praxis ist darüber hinaus die Möglichkeit »Schuldige zu liquidieren« oder »Herrschaftssysteme abzuschaffen«, schlichtweg nicht gegeben, da man es – wenn man ursachen- oder traumaorientiert arbeitet – mit den Nachwirkungen vergangener Ereignisse zu tun hat, die sich im Gedächtnis eines Menschen niedergeschlagen haben.

Gesetzt den Fall, man könnte wirklich davon ausgehen, daß bestimmte Einschränkungen oder Störungen psychischer Art sich mit Sicherheit auf ein ganz bestimmtes Ereignis der Vergangenheit zurückführen ließen – und es gibt Fälle, wo das äußerst plausibel erscheint –, so kann man dennoch diese Ursache nicht beseitigen – jedenfalls nicht in der Weise, wie man den Schlauch eines Fahrrades reparieren kann, wenn man das Loch im Schlauch entdeckt hat. Denn was geschehen ist, kann man nicht ungeschehen machen, und Schuldzuschreibungen und Anklagen führen auf Dauer zu keiner Lösung oder Ablösung, sondern ketten Täter und Opfer eng zusammen. Ressourcenorientiertes Vorgehen ermöglicht dagegen Ablösung.

Die Suggestibilität des Gedächtnisses

Die Kognitionsforschung weist immer wieder darauf hin, daß Erinnerungen keine Aufzeichnungen von Tatbeständen sind, sondern in einem kreativen Prozeß geformt werden und sich auch wieder verändern. Außerdem muß man die »Suggestibilität des Gedächtnisses«[21] in Betracht ziehen, ehe man von Erinnerungen auf Tatbestände schließt. Und ein Therapeut, der – womöglich in guter Absicht – Erinnerungen, die auf kindliche Traumen – wie etwa Inzest – hindeuten könnten, besonders beachtet, kann so dazu beitragen, daß ein solcher Verdacht sich erhärtet, indem »Erinnerungen« entstehen, deren Realitätsgehalt niemals nachgeprüft werden kann.

Ein amerikanischer Gedächtnisforscher erzählte einem Probanden, er sei mit vier Jahren seiner Mutter in einem Kaufhaus verlorengegangen und sie habe ihn erst nach längerer Zeit völlig in Tränen aufgelöst wiederfinden können. Der Proband erklärte, daß er sich an nichts Derartiges erinnern könne. Nach zwei Wochen gab er jedoch an, daß inzwischen mit dieser Erzählung übereinstimmende Erinnerungsbilder aufgetaucht seien, und nach weiteren zwei Wochen erinnerte er sich hinreichend klar an die Episode, um sie für wahr zu halten. Tatsächlich aber war sie frei erfunden, und die Mutter bestätigte, daß niemals etwas Derartiges vorgefallen wäre.

Es leuchtet ein, daß unter Umständen die Ursachenforschung Traumen »erfindet«, vor allem wenn es sich um die meist sehr nebulösen frühen Erinnerungen handelt, und daß dies mit großer Wahrscheinlichkeit nicht zu einer Stabilisierung, sondern zu einer Destabilisierung des Kliententen oder der Klientin führt, die eine – womöglich fiktive – Ursache ihrer Probleme gefunden zu haben glaubt und dabei eigene Handlungs- und Entwicklungsmöglichkeiten zu übersehen lernt.

Wenn es also heutzutage darum geht, eine Einzelperson oder eine Familie bei der Lösung eines Problems zu unterstützen, so legt die therapeutische Erfahrung der letzten Jahrzehnte nahe, die Ursachensuche in den Hintergrund zu rücken und sich statt dessen um Ressourcen und Ziele zu kümmern.

Es gibt jedoch Menschen, für die eine Phase der Ursachensuche und Fremdanklage nötig ist, ehe sie sich auf die Suche nach Lösungen machen können: Das sind Menschen, die in Selbstanklage (oft eine Sonderform der Selbstüberschätzung) befangen sind oder es von klein auf als einzige Möglichkeit des Überlebens sahen, nur die Bedürfnisse anderer (und nicht die eigenen) wahrzunehmen und sich danach zu richten.

Nicht weil es »wahrer« ist, sondern weil es erfahrungsgemäß stärkt und zu einer Lösung führt, sollte der Weg in der Therapie auch in solchen Fällen hin zur Selbstverantwortung und zur Anerkennung des Beziehungszusammenhanges, in den man hineingeboren wurde, führen.

Konsequenzen als zukünftige Ursachen

Anders steht es mit den Konsequenzen: Daß alles, was wir in der Gegenwart tun, auf uns zurückwirkt, indem es entsprechende Folgen hat, liegt in manchen Fällen auf der Hand. In manchen Fällen dagegen ist dies ebenso schwer nachzuprüfen wie die Feststellung von Ursachen. Der Blick auf die Konsequenzen eigener Handlung stärkt jedoch das Gefühl von Verantwortung, während der Blick auf die Traumen der Kindheit als Ursachen heutiger Schwierigkeiten dieses Gefühl schwächt.

Aus systemischer Sicht ist die Bemerkung eines Klienten »Ich kann nichts dafür, daß ich so handle. Mein System zwingt mich dazu!« zwar nicht völlig abwegig: In einer Familienaufstellung können sich Konstellationen ergeben, die einen Menschen in eine bestimmte Richtung drängen, ohne daß er es will oder gar ohne daß er etwas davon weiß. Dies enthebt ihn jedoch nicht der Konsequenzen, denn »zur Wirklichkeit gehören die Folgen eigenen Tuns«[22].

Dies ist zum Beispiel der Fall, wenn das Motiv der Handlung dem Handelnden unbewußt ist, wie etwa der Hungerstreik einer Magersüchtigen, die damit erreicht, daß die Eltern sich wieder näherkommen. Daß ihr dieses Motiv nicht bewußt ist, enthebt sie nicht der Konsequenz der Einschränkung oder gar Gefährdung ihres eigenen Lebens. Konsequenzen sind in die Zukunft verlegte Ursachen. Es gibt zwar häufig keine eindeutigen Ursachen, aber relativ sichere Konsequenzen. Der wesentliche Unterschied ist folgender: Ursachen ist man ausgeliefert, sie kommen von außen. Konsequenzen hat man selbst verursacht, und man trägt sie selbst. Konsequenz ist Ursache vom Ziel her gesehen: Man schaut auf die vorhandene Wirkung und sieht nicht eine Sache, sondern sich selbst als Urheber. Daraus ergibt sich ein aktivierendes

Potential, das die systemischen Therapien in vielfältiger Weise nutzen.

Im Heidelberger Modell zum Beispiel wird die Suche nach Ursachen durch das hypothetische Durchspielen von Konsequenzen ersetzt, um einen Suchprozeß bei den Familienmitgliedern in Gang zu bringen, der Handlungsalternativen erzeugt.[23]

So ersetzt das systemische Vorgehen die Suche nach Ursachen mit der Frage nach möglichen Konsequenzen und gleichzeitig die Sicht eines »Opfers widriger Umstände« durch eine Sicht der Verantwortlichkeit im Beziehungszusammenhang und damit auch der Gestaltungsmöglichkeit dem eigenen Leben gegenüber.

Selbstverantwortung und Schuld

Freud hat herausgefunden, daß unbewußte Schuldgefühle – die durch eine Verdrängung nicht akzeptierter Triebregungen entstehen – krank machen können. Ein wichtiger Fokus der analytischen Sicht ist daher die Aufhebung der Verdrängung, die Bearbeitung und die damit einhergehende Befreiung von diesen Gefühlen. Die Folge kann allerdings sein, daß der Beziehungszusammenhang nicht mehr gesehen wird und auf längere Sicht mehr zerstört als gelöst wird. Dies war – und ist – zum Beispiel in den Selbsterfahrungsgruppen der humanistischen Richtung immer wieder zu beobachten, die in dieser Hinsicht dem analytischen Konzept folgt.

Wenn nun in den systemischen Therapien die Selbstverantwortung in den Vordergrund gestellt wird, kann man einwenden, daß damit Schuldgefühle entstehen statt abgebaut werden. Tatsächlich wirken jedoch unbewußte oder halbbewußte Schuldgefühle anders als die bewußte Übernahme von Verantwortung für eigene Taten oder Gedanken. Letzteres führt zur Selbstachtung, während ersteres meist mit Selbstanklage und Selbstverachtung verbunden ist. Im Kapitel »Die systemische Psychotherapie Bert Hellingers« wird darüber hinaus dargestellt, daß Schuldgefühle in keiner Weise immer destruktiv wirken. Sie können im Gegenteil zur Basis eines sehr kreativen Verhaltens werden, wenn jemand durch Handlungen gutmacht, was er verschuldet hat: »... dann kommt es nicht darauf an, unschuldig zu sein, sondern daß wir uns gemäß der Umgebung verhalten können«[24].

Kurzzeittherapie

Systemisches Vorgehen wird häufig als »Kurztherapie« bezeichnet. Sehr viel kürzere Therapiezeiten als im analytischen Vorgehen werden dadurch möglich, daß Änderungen der Sicht oder der Landkarte rasch geschehen, wenn die notwendigen Voraussetzungen vorhanden sind. Das bedeutet, daß unter Umständen schon eine Sitzung genügen kann, wenn es in ihr gelingt, eine solche »Veränderung zweiter Ordnung« – das heißt des Denk-, Beziehungs- oder Organisationsmusters[25] – zu erreichen.

Das Hausarzt-Konzept

Während die Psychoanalyse mit einem langsam sich aufbauenden und durch Bewußtmachung und Deutung wieder auflösenden Übertragungsprozeß oder mit einer kontinuierlichen Traumanalyse über längere Zeit arbeitet, zielt die systemorientierte Kurztherapie auf einen »diskontinuierlichen Wandel« der Beziehungsstruktur. Das heißt: Systemtherapeutisches Vorgehen ist so angelegt, daß bereits durch wenige Interventionen beim Klienten oder der Klientin eine neue Perspektive des Beziehungszusammenhanges oder bestimmter Episoden des Lebens entstehen kann und sich daraus Verhaltensalternativen ergeben. In diesem Konzept gleicht der Gang zum Psychotherapeuten dem Gang zum Hausarzt, den man aufsucht, wenn ein ganz bestimmtes Problem entstanden ist – aber nur so lange, bis das Problem gelöst oder man sicher ist, wieder selbst zurechtzukommen. Das zugrundeliegende Konzept ist also nicht, daß man sein ganzes Leben durcharbeiten und verstehen muß, um zu einer Lösung zu kommen. Vielmehr ähnelt die Tätigkeit des Therapeuten oder der Therapeutin der eines Menschen, der den Tonkopf einer hängengebliebenen Schallplatte kurz anhebt, um ihn in die nächste Rille zu setzen, so daß die Musik des Lebens weiterspielen kann.

Die Änderung der Sicht

Das »Hausarzt-Konzept« ist der Grund, warum systemisch orientierte Therapien kurz oder zumindest sehr viel kürzer sein können als die analytisch orientierten. Denn eine »Änderung der Sicht« kann in sehr kurzer Zeit geschehen – auch wenn das nicht immer sofort gelingt. Häufig benötigen die in einer Reihe von etwa fünf bis zehn Sitzungen erreichten Veränderungen innerer Bilder und Überzeugungen auch Zeit sich zu realisieren und zu entwickeln. Es ist häufig sinnvoll, eine Therapie vorerst abzuschließen und abzuwarten, ob die Musik des Lebens wirklich wieder in Gang gekommen ist, so daß die nächsten Schritte aus eigener Kraft getan werden können. Stellt sich nach einiger Zeit heraus, daß dies nicht der Fall ist, so kann eine weitere Serie von Sitzungen folgen. Die Erfahrung bestätigt, daß auf diese Weise in relativ kurzer Zeit dauerhafte Veränderungen entstehen können: Denn »wirk-lich« ist, was als wirksam wahrgenommen wird.

Aus dem Gesagten wird verständlich, warum Therapien, die ein systemisches Konzept verfolgen, im allgemeinen weniger Zeit beanspruchen als Analysen. Denn der Klient wird nicht über eine lange »Lehrzeit« in einen theoretischen Überbau eingeführt, auf dessen Hintergrund er sich seiner Gefühle und Handlungen bewußt wird und sie durch den Therapeuten zu deuten lernt. Er wird vielmehr in seinem eigenen Lebenszusammenhang »abgeholt«. Bewußtmachen bezieht sich hier nicht vorwiegend auf Verdrängtes und Abgelehntes, sondern hauptsächlich auf Ziele, Lösungsmöglichkeiten und Kraftquellen.

Bescheidenere Ziele

Das Therapieziel ist bei der Kurztherapie also bescheidener, aber auch realistischer geworden. Man glaubt nicht mehr an den Sinn oder die Notwendigkeit einer »lebenslangen Analyse«. In systemischer Sicht ist die menschliche Persönlichkeit ein selbstregulierendes System aus verschiedenen Teilen, das alle notwendigen Ressourcen zu einer anstehenden Veränderung besitzt. So bedarf es in der Regel nur eines Anstoßes von außen, damit die Elemente des Systems sich neu ordnen und damit sich dadurch eine dem neuen Kontext gemäße Sicht- und Verhaltensweise aufbauen kann.

Es ist eine der wichtigsten Grundannahmen der systemischen Therapie, daß es eine starke Selbstheilungstendenz des menschlichen Gesamtorganismus gibt, vorausgesetzt, er erhält die Gelegenheit dazu.

Daß diese Selbstheilungstendenz sich auswirken kann, hängt einerseits vom Zustand ab, in dem der Klient – und auch der Therapeut – in die Sitzungen kommt, andererseits natürlich auch davon, was in den Sitzungen geschieht. Dies ist ganz sicher kein Ereignis, das erst nach einer bestimmten Anzahl von Sitzungen eintreten kann. Einige oder eventuell auch nur eine einzige Sitzung können ausreichen, wenn die Zeit dafür reif ist.

Ob es sich dann im Einzelfall um eine mehr oder weniger kurze oder auch längere Therapie handelt, hängt von vielen Faktoren ab. Entscheidend ist der Gesichtspunkt, daß kurze oder kürzere systemische Therapien in keiner Weise oberflächlich sind oder in jedem Falle zu Rückfällen führen müssen, wie Analytiker das teilweise behaupten, sondern daß sie oft zu ähnlichen Ergebnissen in kürzerer Zeit führen und beispielsweise bei Beziehungsproblemen, Phobien, psychosomatischen Beschwerden, Sucht- oder Zwangsverhalten klar überlegen sind.[26] Außerdem eignen sie sich ganz besonders für Menschen, die sehr motiviert sind und nicht mehr, aber auch nicht weniger wollen als Hilfe bei einem ganz bestimmten Problem.

Das Unbewußte

Was ist das Unbewußte?

Wer nur kurz über die Bedeutung und den Gebrauch des Begriffes »Das Unbewußte« nachdenkt, dem wird auffallen, daß er nicht nur schwer faßbar und vieldeutig ist, sondern auch paradoxe Züge trägt: Kann man über etwas sprechen, das nicht im Bewußtsein ist? Man könnte darauf antworten, daß etwas, was eben noch unbewußt war, im Moment bewußt werden kann und das Sprechen darüber damit möglich wird. Ist es dann aber noch »das Unbewußte«? Kann man sicher sein, daß das, was bewußt wird, noch dasselbe ist wie das, was unbewußt war? Usw.

Interessant ist, daß Ludwig Wittgenstein diesen Begriff weitgehend vermied, obwohl auch ihm daran lag, das »andere der Vernunft«[27] in seine Weltsicht einzubeziehen. Er verglich den Begriff des Unbewußten, wie Freud ihn verwandte, mit den »unsichtbaren Massen«, die Heinrich Hertz zu postulieren gezwungen war, um seine elektromagnetischen Gesetze nachzuweisen. Wittgenstein fügt jedoch hinzu, daß »diese Aussage weder richtig noch falsch ist. Sie [ist] praktisch oder unpraktisch. [Solche Hypothesen] finden Eingang in die Praxis, damit wir sagen können, hier müsse es eine Ursache geben«[28]. Da Wittgenstein – ähnlich wie die systemische Sicht – eine deterministische Betrachtungsweise im psychischen Bereich ablehnt, hält er auch den Begriff des Unbewußten für überflüssig. Gleichwohl ist dieser Begriff in vielen Bildbegriffen und Sprachbildern, die er verwendet, mit impliziert. Dies umfassend darzustellen, würde den Rahmen dieses Buches sprengen. Hingewiesen sei an dieser Stelle nur auf den im Tractatus logico-philosophicus zentralen Unterschied zwischen »sagen« und »zeigen« oder den häufigen Gebrauch des Wortes »Tiefe«. Zum Beispiel gebraucht Wittgenstein die Metapher, daß »Gedanken wie Blasen an die Oberfläche steigen«. – Zudem weist die überaus häufige Verwendung von Sprachmethaphern zur Darstellung – nicht nur zur Illustrierung – zentraler Gedanken darauf hin, daß die Sprache der Bilder, die ja die Sprache des »Dialogs mit dem Unbewußten« ist, für ihn gleichwertig neben der Sprache der begrifflichen Abstraktion und des logischen Schließens stand. Das Bild ist bei Wittgenstein der Gedanke. Freud dagegen sah – wie schon erwähnt – das Bilderdenken als das »phylogenetisch« ältere, und damit primitivere, das einer Deutung bedarf.

Wittgenstein scheint in der »Verdinglichung«, die mit der Verwendung dieses Begriffs gegeben ist, die Gefahr gesehen zu haben, daß er die genaue Beobachtung und Beachtung des Phänomens im Einzelfall verhindert und Wirk-lichkeiten verdeckt.

Auffallend ist auch, daß die Philosophie insgesamt diesem

Begriff gegenüber sehr zurückhaltend ist. Einer der Gründe mag sein, daß sie weitgehend im Bereich der begrifflichen Theorie bleibt und den Bereich der Lebenspraxis vermeidet.

In der therapeutischen Praxis (ausgenommen die Verhaltenstherapie) ist der Begriff des Unbewußten jedoch unentbehrlich geworden. Er scheint sich darüber hinaus als so »praktisch« erwiesen zu haben, daß er auch in unserer Alltagssprache relativ häufig auftaucht.

Die Entdeckung des Unbewußten

Zu Freuds Zeiten herrschte der wissenschaftlicher Positivismus. Mit seiner Entdeckung – oder besser Wiederentdeckung – des Unbewußten hat er den Glauben an die Rationalität der menschlichen Psyche, auf die noch ein Descartes gehofft hatte, erschüttert. Dies trug ihm neben begeisterter Zustimmung auch vielerlei Anfeindungen ein. Der Einfluß, den die psychoanalytische Sicht in der westlichen Kultur gewonnen hat, zeigt jedoch, daß sie einen Nerv getroffen hatte. Sie wirkte offenbar komplementär-ergänzend zum rationalistischen Denken des vergangenen Jahrhunderts und hat den Bereich des Unbewußten und den des bildhaften Denkens wieder mehr in den Vordergrund gerückt.

Inzwischen hat sich vieles, was zu Freuds Zeiten noch verfestigt und erstarrt war, aufgelöst. Dafür ist im Hintergrund Stehendes in den Vordergrund gerückt. Ein Paradigmenwechsel hat stattgefunden, und religiöse Ordnungen und gesellschaftliche Konventionen sind zurückgetreten. Trotz dieser Entwicklung kommen Menschen heutzutage fast nur in Therapien mit diesem Unbewußten in Berührung. Obwohl eine derartige Praxis für die Bewältigung des ganz normalen alltäglichen Lebens wichtig und hilfreich wäre, ist sie zum Beispiel aus der Pädagogik ausgeklammert, während sie in der Werbung und politischen Propaganda manipulativ eingesetzt wird. Hier gibt es Kenntnisse, wie Menschen über das Unbewußte zu beeinflussen und zu steuern sind. Einen emanzipatorischen Umgang mit dem Unbewußten, der der Selbstregulation und der Entscheidungsfindung dient, können Menschen, außer in manchen meditativen Methoden, jedoch nur im therapeutischen

Bereich (oder in einem Managementtraining) erfahren und erlernen.

Unsere Kultur hat praktisches Können und Hintergrundwissen, das zum Beispiel im Mittelalter auch bei uns noch in viel höherem Maße vorhanden war, im Zuge der Aufklärung verworfen. Mit Trancezuständen – die die Voraussetzung zum Umgang mit dem Unbewußten sind – wird schlecht umgegangen: Der Konsum von Alkohol und anderen Drogen, der Besuch von Massenveranstaltungen, exzessives Fernsehen oder Kopfhören usw., sind Tätigkeiten, die auf eine wenig kreative oder sogar destruktive Weise das menschliche Trancebedürfnis oder die Trancefähigkeit mißbrauchen.

Das Unbewußte als Unterschied
Freud hat entdeckt, daß das Unbewußte sich in Träumen und Assoziationen ausdrückt. Erickson fand den Zugang zum Unbewußten seiner Klienten in der Diskrepanz zwischen verbalem und nonverbalem Verhalten, also im Unterschied zwischen bewußtem und unbewußtem Ausdruck. In der langen Zeit seiner Krankheit, in der ihm nichts anderes zu tun blieb, als seine Umwelt zu beobachten, fiel ihm auf, daß Menschen durch ihre – ihnen nicht bewußte – Körpersprache häufig etwas anderes ausdrücken als durch ihre Worte. Als Bewegungsunfähiger war er auf die Hilfe anderer in besonderem Maße angewiesen, und er lernte, mit diesem unbewußten Teil seiner Mitmenschen zu kommunizieren. Dies war wohl eine der Grundlagen zu der hohen Kunst, zu der er die therapeutische Hypnose in späteren Jahren entwickelt hat.

Andererseits hat Erickson in dieser Zeit gelernt, wie unbewußte Funktionen des Körpers über Vorstellungen zur Tätigkeit angeregt werden können. Da er keinerlei heilgymnastische Hilfe hatte, begann er Kleinkinder beim Laufenlernen zu beobachten und außerdem sich eine Bewegung aus seiner Erinnerung so lange vorzustellen, bis er Reaktionen in Form von unwillkürlichen Zuckungen wahrnahm. Darauf aufbauend hat er in mühsamer Kleinarbeit allmählich seine Bewegungsfähigkeit wiedererlangt.

Freuds Zugang zum Unbewußten im Traum war also ein introvertiert-monologischer, während Erickson den Zugang im Dialog fand. Nach Ericksons Erfahrung kann man das Unbewußte einerseits in der Kommunikation mit anderen durch die Beobachtung der oben beschriebenen Diskrepanz wahrnehmen; und man kann durch eine entsprechende Art hypnotischer Kommunikation in Verbindung zu ihm treten. Andererseits ist sowohl das eigene wie auch das Unbewußte des anderen durch die Sprache der Bilder zu erreichen. Damit tritt der Nachttraum als »via regia« zum Unbewußten zurück gegenüber dem Tagtraum, das heißt gegenüber der Fähigkeit, im wachen oder halbwachen Zustand zu imaginieren. Über die Imaginationskraft kann man in einen Dialog mit dem Unbewußten treten und Bildbotschaften auch senden, und nicht nur – wie Freud dachte – seine Botschaften empfangen und deutend entschlüsseln.

Das böse und das weise Unbewußte

Die Entdeckung des Unbewußten lag zu Freuds Zeiten in der Luft. Er selbst zitiert eine Äußerung von Francis Galton, der diesen Bereich der Psyche das »Vorzimmer des Bewußtseins«[29] nannte. Außerdem weist er auf Le Bon hin, der in seiner »Psychologie der Massen« von »Äußerungen des Unbewußten, in dem ja alles Böse der Menschenseele in der Anlage enthalten ist«,[30] spricht. Auch bei Freud ist das Unbewußte noch eine Art Keller, in dem die Monster der verdrängten Triebe eingeschlossen sind. Aber schon Jung hatte das Konzept, daß hier eine innere Weisheit zu finden sei, und für Erickson war die »Weisheit des Unbewußten« eine Instanz, auf die er immer wieder hinwies.

Die Autonomie des Unbewußten

Das Unbewußte ist aus systemischer Sicht zwar beeinflußbar, das heißt, es ist möglich, in einen Dialog mit ihm einzutreten. Dabei behält es sich jedoch seine Entscheidungen vor, die durchaus anders ausfallen können, als wir es bewußt wünschen. Zum Beispiel gelingt es manchmal nicht, trotz vielfacher Bemühung mit Visualisation und/oder anderer systemischer »Kommunikationsversuche« eine psychosomatische Störung zu bessern oder zu heilen. Die »Autonomie des Unbewußten« ist also eine Metapher für die Alltagserfahrung, daß es Probleme oder Symptome gibt, an denen alle Besserungsbemühungen scheitern.

Das Zwischen-Bewußte

Neben dem Unbewußten, das in jedem einzelnen wirkt und als innere Weisheit gesehen wird, geht man in den systemischen Familientherapien von einem Zwischenbewußten aus, das in allen Mitgliedern eines Beziehungssystems wirksam ist.

Trance

Entspannte Konzentration

In der systemischen Therapie wird keine heftige Gefühlsentladung (Abreaktion), sondern ein Zustand entspannter Konzentration angestrebt, da dies eine Voraussetzung für innere Veränderung ist. Nicht selten treten auch hier Emotionen auf, was den Vorgang aber unterstützt.[31] In den systemischen Therapien wird Trance (Hypnose) im wesentlichen dazu benutzt, Ressourcen und Zielvorstellungen in den Vordergrund zu rücken und damit den »Bewußtseins-Scheinwerfer« aus dem Problembereich heraus in den Lösungsbereich zu richten.[32]

Definition des Begriffs

Was Trance wirklich ist, läßt sich nur sehr schwer definieren. Erickson hat Trance als »die Verlegung des Fokus der Aufmerksamkeit nach innen« definiert. Es gibt aber Trancezustände, in denen der Fokus ganz nach außen verlegt ist oder in denen die Bereiche »innen« und »außen« ineinander übergehen und man sich in das Befinden anderer einbezogen fühlt (Empathie). Es gibt leichte Trancezustände der momentanen Abwesenheit, in denen die Aufmerksamkeit sich von selbst nach innen wendet. Sie unterbrechen das nach außen gerichtete Alltagsbewußtsein natürlicherweise in bestimmten Zeitabständen. Es gibt aber auch Trancezustände, die mit vermehrter Konzentration auf einen bestimmten Gegenstand und mit verschärfter Wahrnehmung gekoppelt sind, wie zum Beispiel bei der intensiven Meditation bestimmte Gegenstände oder Darstellungen. Daneben gibt es die »somnambule Trance«, nach der Handlungen und Erleben nicht mehr erinnert wird. In diesen Zustand – der für viele, die Hypnose kategorisch ablehnen, der Inbegriff von Hypnotherapie ist – können Menschen jedoch im allgemeinen nicht gegen ihren Willen versetzt werden; und selbst mit Einverständnis gelingt dies keineswegs immer und bei jedem. Erickson hat mit solch tiefen Trancezuständen gearbeitet und experimentiert und damit erstaunliche Ergebnisse erzielt.[33] Seine Schüler, wie zum Beispiel Rossi und Gilligan, ziehen es jedoch vor, auf dem »razors edge« zwischen bewußt und unbewußt zu arbeiten, so daß der Klient jederzeit die Möglichkeit hat, auszusteigen, wenn er es wünscht.

Die »Alltagstrance«

Im Grunde gehören Tranceerfahrungen zu einem ganz normalen Alltag: In rhythmischen Abständen gleiten wir in eine »very normal everyday trance«, wie Erickson es nannte. Wir »dösen weg« oder sind für einen Augenblick »ganz woanders«, oder wir »tagträumen«. Wir verschaffen uns Trancezustände auf alle möglichen Weisen, selbst wenn wir nie auf den Gedanken kämen, es so zu nennen. Auch der Kino-, Theater- und Konzertbesuch, Literaturgenuß oder -konsum, Meditation, der Besuch einer Disco oder einer Wahl- oder Sportveranstaltung bieten Gelegenheiten, die uns zu einem leichter oder auch stärker veränderten Bewußtsein verhelfen. Diese Zustände sind an sich weder gut noch schlecht; es kommt lediglich darauf an, wozu man sie benutzt. »Utilisation« ist der hypnotherapeutische Fachausdruck dafür.

Trancezustände gehören offenbar zu den unverzichtbaren mentalen Bedürfnissen. Ein gewisses Maß davon braucht der Mensch. Er verschafft sie sich auf eine mehr oder weniger konstruktive Weise.

Körper

Den systemischen Therapien wird – mit einem gewissen Recht – nachgesagt, daß sie den Körper wenig oder gar nicht in ihr therapeutisches Vorgehen miteinbeziehen. Dies mag bei den an Erickson Orientierten zum Teil daher kommen, daß dieser Mann zeitlebens in seinen körperlichen Möglichkeiten sehr eingeschränkt und in seinen letzten Jahrzehnten wieder an den Rollstuhl gebunden war. So war ihm die direkte Arbeit mit dem Körper, die Berührung und Bewegung einschließt, verschlossen, obwohl er von psychosomatischen Zusammenhängen viel wußte und mit seinem eigenen Körper eine Meisterleistung der Selbsttherapie vollbracht hatte.

Die an Bateson orientierte Mailänder und Heidelberger Schule sowie die sprachphilosophisch fundierte Kurztherapie nach De-Shazer arbeiten ebenfalls fast ausschließlich mit sprachlichen Mitteln. Einzig in der Psychotherapie Bert Hellingers spielt die Körperwahrnehmung eine zentrale Rolle. Dies wird jedoch von ihm selbst kaum thematisiert.

Systemische Körperarbeit

Es gibt zwar Ansätze einer »Systemischen Körperarbeit«, Hakomi ist jedoch meines Wissens die einzige bekannte und anerkannte körperorientierte Methode, in der Elemente systemischen Vorgehens integriert sind. (Ihr Begründer Ron Kurtz soll bei Erickson gewesen sein.) Abgesehen davon gibt es aber zunehmend mehr Körpertherapeutinnen und -therapeuten, die systemische Grundgedanken und Vorgehensweisen in ihre Arbeit einbeziehen.

Der Körper im System

Allein durch die Tatsache, daß viele körperlichen Funktionen und Reaktionen dem Bewußtsein nicht zugänglich sind, steht der Körper in engem Zusammenhang mit dem Unbewußten. Auch unsere Körper sind unbewußt miteinander in Verbindung: Ängste zum Beispiel, aber auch Wohlbefinden können sich auf der Körperebene übertragen. Plötzlich merken wir, daß uns jemand körperlich unangenehm ist, obwohl wir vielleicht das, was er sagt, gut finden. Oder wir spüren, daß uns die Gegenwart eines bestimmten Menschen guttut, obwohl wir das, was er sagt, nicht so recht ernst nehmen. Aus dem Körper spricht das Unbewußte ebenso wie aus den Träumen. Und in Familienaufstellungen wird deutlich, wie der Körper auf systemische Bedingungen reagiert.

Körpersymptome als Signale

In den analytisch fundierten Körpertherapien – wie etwa in der Bioenergetik – wird der Körper als »fleischgewordene Biographie« gesehen: Körperspannungen werden als Niederschlag von Vergangenheitstraumen interpretiert und benutzt, die dazugehörigen Erinnerungen zu finden. Im systemischen Ansatz dagegen sieht man den Körper als Signal: Er weist uns auf Unstimmigkeiten unseres Verhaltens oder unserer Lebenssicht hin. Er kann auch als Führer, als Ausdruck einer inneren Weisheit aufgefaßt werden – oder als Mitglied des wechselwirkenden Systems von Körper, Seele und Geist. Aus der Suchttherapie stammt der Vergleich des Körpers als »Partner mit unverhandelbaren Bedingungen«[34], der die beiden Trumpfkarten Leben und Tod in der Hand hält.

Der Körper als System

Als selbständiger Organismus ist der Körper auch in sich selbst ein System: Alle seine Organe stehen in Wechselwirkung miteinander. In Körpertherapien, die dem systemischen Ansatz nahestehen, wie Feldenkrais, Eutonie und andere konzentrative Methoden, erfährt man diese Wechselwirkung immer wieder auf eindrucksvolle Weise. Ein einfaches Beispiel ist das Verschwinden von Kopfschmerzen, wenn man mit Becken oder Füßen arbeitet, das heißt den Fokus der Aufmerksamkeit in diesen Bereich verlegt.

Das Paradox der Selbstwahrnehmung

Auf der Körperebene können vielfältige, sehr überzeugende systemische Erfahrungen gemacht werden. Auf ein seltsames Paradox stößt man, wenn man sich – den Vorgang der Selbstwahrnehmung erfahrend und über ihn reflektierend – die Frage stellt:

Wer nimmt eigentlich wen wahr? Ist es der Körper, der »mich« (oder irgendein »Ich«) oder ist es mein »Ich«, das den Körper wahrnimmt? Oder geschieht beides gleichzeitig?

Vielleicht erscheint diese Reflexion zunächst als Gedankenspielerei. Aber der Gedanke, daß nicht nur ich meinen Körper, sondern daß mein Körper auch mich wahrnimmt und auf mich reagiert, ist für manche eine »Nachricht von einem Unterschied, der einen Unterschied macht«. Sie beginnen mit derartigen Erfahrungen zu experimentieren und Methoden zu erlernen, die die Fähigkeit, bewußt auf den Körper einzuwirken, entwickeln. Darüber hinaus kann diese »Gedankenspielerei« sich als Koan erweisen, der uns mit den Bedingtheiten »der Gemeinschaft aller, die in einem menschlichen Körper sind« (Ram Das) konfrontiert.[35]

Der Körper ist ein Grenzbereich zwischen Innen- und Außenwelt. Wir sind einerseits gewöhnt, uns als Mensch von der Natur als unserer Umwelt zu unterscheiden. Andererseits begegnen wir dem Körper als »dem Stück Natur, das wir selbst sind« (Böhme). Körperliche Realität ist sehr eng mit unseren Vorstellungen verbunden. Geübte Personen können durch Vorstellungen körperliche Heilungsvorgänge günstig beeinflussen, während mit dem Gefühl von Angst oder Resignation gekoppelte Vorstellungen, denen man sich unbewußt überläßt, einer Heilung im Wege stehen.

Die Sinne

Sinnliche Wahrnehmung – in Wechselwirkung mit der Vorstellung – ist ein zentrales Instrument der Wirklichkeitsherstellung und -veränderung. »Es gibt keinen Ersatz für offene und aktive Sinne, so daß man sich der Antwort, die man erhält, bewußt wird« (Robert Dilts). Das heißt: Sowohl für den Therapeuten oder Berater als auch für den Klienten ist die sinnliche Wahrnehmung ein entscheidendes Element möglicher Veränderung oder Lebensgestaltung.

Erickson hat vor allem die unbewußten physiologischen und körpersprachlichen Reaktionen seiner Klientinnen und Klienten scharf beobachtet und konnte ihnen aufgrund dieser Beobachtungen manchmal Erstaunliches sagen. Die von ihm entwickelte

Technik der Tranceinduktion beruht auf seiner Fähigkeit, über intensive Wahrnehmung in engen Kontakt (Rapport) mit dem Klienten zu sein.

Aber auch die Klientin oder der Klient wird in der systemischen Therapie in verschiedener Form auf ihre oder seine Wahrnehmungsfähigkeit verwiesen. In der Arbeit mit Boden-Ankern zum Beispiel oder in Familienaufstellungen oder -skulpturen ist die körperliche Selbstwahrnehmung entscheidend, denn die »Antworten des Unbewußten«[36] teilen sich – neben inneren Bildern – häufig auch durch Körperreaktionen mit.

Körperbezogenes Visualisieren als Innenhandlung

Die körperliche Selbstwahrnehmung steht der »inneren Wahrnehmung« oder dem »inneren Sinn« nahe, den wir unter anderem gebrauchen, wenn wir uns auf mentale Bilder einstellen. Diese mentalen Bilder können spontan entstehen, und es war Freud, der darauf hinwies, daß in diesen Nacht- oder Tagträumen das Unbewußte zu uns spricht. Andererseits können wir mit inneren Wahrnehmungen – oder »Vorstellungen« – auch kreativ umgehen. Das heißt: man kann Vorstellungen – oder innere Wahrnehmungen – »konstruieren« oder »gestalten«. So kann aus einer inneren Wahrnehmung eine »innere Handlung« werden, und man kann diese Fähigkeit in gewissen Grenzen schulen und anwenden, um entsprechende Veränderungen des Befindens und der »äußeren« Wirklichkeit zu erreichen. Jeder, der etwa Erfahrungen und Erfolge mit Autogenem Training hat, hat diese Möglichkeit an sich erlebt. Auch die verschiedenen Visualisationstechniken, die heute im therapeutischen Bereich immer gebräuchlicher werden, beruhen auf diesen Möglichkeiten. (Mehr darüber – und auch über die Grenzen des Möglichen – weiter unten im Abschnitt »Vorstellungsdenken«, S. 105 f.).

Das Gehirn

Das Gehirn ist aus heutiger Sicht das zentrale Organ des Körpers, und man kann in Anbetracht der zahlreichen Publikationen einschlägiger Forschungsergebnisse, der Vortragsreihen, Zeitungsartikel und Fernsehsendungen von einem »Jahrzehnt des Gehirns« sprechen.

Da die systemische Therapie eine Kommunikationstherapie ist und damit zu den kognitiven Therapien gehört, befaßten sich systemisch arbeitende Therapeuten von Anfang an mit den Forschungsergebnissen der Neurophysiologie und haben dabei Forscher wie Maturana und Varela in den Diskurs über die theoretischen Grundlagen miteinbezogen. Kreative Systemiker wie Dilts und Rossi setzen dies fort.

Synästhesie

Synästhesie nennt man das Zusammenwirken verschiedener Sinnesbereiche in einem Sinneseindruck. Wenn zum Beispiel das Hören von Musik innere Bilder, also einen visuellen Eindruck auslöst, der das Gehörte begleitet, so ist dies ein synästhetischer Vorgang.

Man muß unterscheiden zwischen der Wahrnehmung äußerer Phänomene durch die nach außen gerichteten Sinne und der Wahrnehmung innerer Phänomene über die nach innen gerichteten Sinne. Es leuchtet dabei unmittelbar ein, daß ein von außen kommender Sinneseindruck, der uns als Synästhesie über alle Sinne erreicht, für uns realer ist, als wenn man ihn nur mit einem Sinnesbereich wahrnimmt. Daß aber auch unsere Vorstellungen um so wirk-licher sind – das heißt: um so mehr dazu tendieren, sich in Realität umzusetzen –, je mehr Sinnesbereiche daran teilhaben, ist im allgemeinen kaum bekannt. Deshalb wird vor allem im NLP Wert darauf gelegt, daß die Vorstellungen, mit denen man arbeitet, sich auf möglichst viele Sinnesbereiche beziehen.

In der Arbeit mit Zielvorstellungen zum Beispiel spielt die Herstellung von Synästhesie eine wichtige Rolle. Der Klient wird zuerst angeleitet, die visuellen, auditiven und kinästhetischen Komponenten seiner Problem- und Zielvorstellung zu unterscheiden. Häufig umfaßt die Problemvorstellung dabei mehrere Sinnesbereiche, während die Zielvorstellung vielleicht nur gesehen wird und Fühlen und Hören wegfallen. Dann wird dem Klienten empfohlen, die Zielvorstellung synästhetisch noch reicher auszugestalten als die Problemvorstellung. Denn in einer Synästhesie ergänzen sich die Sinnesbereiche und nähren einander. Dadurch wird innere Wirklichkeit machtvoller. Das bedeutet, sie hat eine stärkere Tendenz, sich in äußere Wirklichkeit umzusetzen, und es wird dadurch möglich, Lebenswirklichkeit zu gestalten. Selbstverständlich ist es aber nicht möglich, auf diese Weise jede beliebige Zielvorstellung zu verwirklichen, da das Unbewußte sich seine Entscheidung vorbehält.

Ein anderer Bereich, in dem die Herstellung von Synästhesien wichtig ist, sind die vielen Körpertherapien gemeinsamen Spürübungen. Vor allem in den konzentrativen Körpermethoden – wie Feldenkrais, Eutonie, Autogenes Training oder Tai Chi usw. – wird man dazu angeleitet, den Körper nicht nur zu spüren, sondern gleichzeitig innerlich zu sehen. Das Erstaunliche dabei ist, daß dies – selbst wenn es nur unvollkommen gelingt – die physiologische Wirkung der Übung deutlich erhöht. Es tritt zum Beispiel vermehrtes Kribbeln oder noch stärkere Erwärmung auf.

Noch eindrucksvoller wird es, wenn man versucht, bestimmte Farben in einen Körperbereich »hineinzusehen« oder einen Laut »hineinzuhören«, also Spüren mit Sehen und Hören zu koppeln, oder aber eine als heilend bekannte Bildvorstellung in den Körper »hineinzudenken«. Dies sind uralte Heilmethoden, die heutzutage in verschiedensten Therapien wieder auftauchen. Und wer Lust und Ausdauer hat oder aber auch durch eine Krankheit dazu gezwungen ist, sie zu erproben, wird zumindest viel über die Möglichkeiten erfahren, wie mit Vorstellungshandlungen sehr konkrete Ergebnisse zu erzielen sind.

Über den Körper haben wir auch eine einzigartige Möglichkeit, etwas über die Synästhesie von innerem und äußerem Sinn zu erfahren. Man kann »hautnah« erleben, wie innere (psychische) Wirklichkeit die äußere (physische) bestimmt und wie von außen kommende Eindrücke innere Wirklichkeit erzeugen.

Bilder

Bilder als Sprache des Unbewußten

Die Erkenntnis, daß Traumbilder die »via regia zum Unbewußten« sind, stammt von Sigmund Freud. Durch sie können wir nach seiner Lehre die verdrängten Wünsche unseres »Es« – wie er den triebhaften Teil unseres Wesens nannte – erfahren. Für Freud war jedoch »das Denken in Bildern ein nur sehr unvollkommenes Bewußtwerden. Es steht den unbewußten Vorgängen näher als das Denken in Worten, und ist unzweifelhaft onto- und phylogenetisch älter als dieses«.[37] Aus seiner Sicht erschließt sich der therapeutische Nutzen dieses »Bilder-Denkens« erst über die Deutung, also die Übersetzung dieser Bilder in Sprache.

Milton H. Erickson dagegen, für den »das Unbewußte weiser als das Bewußte« war, verzichtete in seiner Arbeit mit inneren Bildern auf jegliche Deutung im Sinne Freuds. Er wandte sich jedoch ständig an die in jedem Menschen vorhandene und auch ständig aktive Fähigkeit, sich Vorstellungen zu machen, indem er seine Klienten dabei unterstützte, in einem tiefentspannten Zustand zu gehen, der Voraussetzung für die Arbeit mit unbewußten Inhalten ist. Mit dieser Methode entstand aber auch ein neuer Umgang mit inneren Bildern, das heißt mit willkürlichen und unwillkürlichen Halluzinationen. Sie wurden von ihm als »wirklich« im Sinne von wirksam – oder Wirklichkeit erzeugend – erkannt und bewußt genutzt.

Freud und Erickson im Umgang mit den Bildbotschaften des Unbewußten

Mit seiner *Traumtheorie* hat Freud auf die therapeutische Relevanz spontaner innerer Bilder hingewiesen und damit der Traum-Welt eine Wirklichkeit besonderer Art zugesprochen. Für ihn bestand der Umgang mit diesen Bildern in der Wahrnehmung und Deutung, also im Bewußtmachen und Verstehen. Der Traum, als die »via regia zum Unbewußten«, gibt seiner Ansicht nach Kenntnis von verdrängten – weil triebhaften – Inhalten, die es zu berücksichtigen gilt, will man Heilung erreichen. Aus dieser Sicht ist der Kontakt mit unseren unbewußten Anteilen eine Einbahnstraße: Man kann nur hineinhören und verstehen, aber nicht in einen Dialog eintreten. Genau dies tut aber Erickson. Er beobachtete, daß das Unbewußte eines Menschen in der Diskrepanz zwischen Aussagen und Verhalten in Erscheinung tritt, und daß es in der Hypnose möglich ist, direkt mit ihm in Kontakt zu treten, nämlich zu ihm zu sprechen. Die klassische Hypnose macht sich diese Tatsache zunutze, indem sie Befehle erteilt – was unter bestimmten Bedingungen auch funktionieren kann. Aber schon Freud, der dieses Verfahren bei Charcot in Paris erlernte, bemerkte bald, daß die Erfolge meist nicht anhielten und außerdem von der »Übertragung«[38] abhingen. Er ließ die formelle Hypnose als therapeutisches Instrument fallen und ersetzte sie durch die Deutung von Träumen, Assoziationen und der Übertragungssituation. Seitdem ist Hypnose in der analytischen Gemeinde Europas verpönt. In der Psychiatrie Amerikas jedoch blieb sie in Gebrauch, und Erickson erlernte sie innerhalb seiner Ausbildung.

Offensichtlich haben auch Erickson die Ergebnisse nicht immer überzeugt, denn er entwickelte mit der »indirekten Suggestion« seine eigene Methode. Sie bestand darin, daß er dem Unbewußten keine Befehle mehr erteilte, sondern Angebote machte, indem er Geschichten erzählte, die Lösungen enthielten. Damit präsentierte er dem Unbewußten seiner Klienten eine Reihe von Vorstellungen, aus dem es sich die unter den gegebenen Umständen hilfreichen aussuchen konnte. Gleichzeitig beobachtete er die unbewußten Bewegungen und physiologischen Reaktionen des Klienten und reagierte mit entsprechenden neuen Angeboten. Auf diese Weise arbeitete er in Kontakt mit den aktuellen Reaktionen des unbewußten Teils.

Vorstellungsdenken

Die Begriffe »Vorstellung« und »Bild« werden im Zusammenhang dieses Buches weitgehend als Synonyme verwendet. Der Begriff »Vorstellung« ist jedoch etwas weiter gefaßt, denn er bezieht die anderen Sinnesbereiche wie Hören, Fühlen, Tasten, Schmecken und Riechen mit ein.

Die Psychotherapie ist einer der wenigen Bereiche, in denen man die zentrale Rolle berücksichtigt, die die Vorstellungskraft sowohl für unsere Weltsicht als auch für unser Befinden und unser Verhalten spielt. Aus der Sicht des gemäßigten Konstruktivismus bestehen unsere »Landkarten« aus Vorstellungen, die wir uns vom »Territorium« gemacht haben. Sie sind Bausteine unserer Wirklichkeit.

Eine Darstellung der Möglichkeiten und Grenzen eines bewußten Umgangs mit Vorstellungen findet sich im Kapitel »Konstruktivismus als Neurophilosophie«, Seite 29 ff.

Vorstellungen als »Wirk-Einheiten«

Es wurde schon erwähnt, daß in der Psychoanalyse Traumbilder und spontane Phantasien als aus dem Unbewußten stammende Vorstellungen ernstgenommen und ermutigt werden. Unsere Wirklichkeit ist jedoch auch voll von Vorstellungsbildern, die von anderen stammen, von außen an uns herangetragen werden und sich uns einprägen, zum Beispiel die Bilder der Werbung und der politischen Propaganda. Auch solche Vorstellungen wirken als »Botschaften an das Unbewußte«, denn es ist möglich, Menschen auf diese Weise zu beeinflussen, ja umzuformen.[39] Die jüngere und ältere Geschichte ist voll von solchen Beispielen des manipulativen Gebrauchs von Vorstellungen.

Aus systemischer Sicht ist es aber auch möglich, der Fremdbestimmung eine Selbst-Bestimmung entgegenzusetzen. Denn man kann lernen, eigene oder übernommene Vorstellungen bewußt als »Wirk-Einheiten« zu benutzen und durch sie auf das Unbewußte einzuwirken, um ihm eine Ausrichtung zu geben. Jeder, der sich ein Ziel setzt und es auch erreicht, versteht etwas von dieser Kunst. Die Nachahmung und das Einprägen bestimmter Vorbilder, deren Wirksamkeit immer wieder zu beobachten ist, folgt dem gleichen Prinzip.

Der Umgang mit Bildern als »passive Aktivität«

Der aktive Umgang mit inneren Bildern stößt bei analytisch Ausgebildeten häufig auf großes Mißtrauen. Für sie scheint der

Gedanke, dem Unbewußten durch Bilder Botschaften vermitteln zu wollen, eine gefährliche Hybris zu sein. Nach deren Überzeugung ist es offenbar nur erlaubt, die Bildbotschaften des Unbewußten in Form von Nacht- oder Tagtraumbildern zu empfangen und zu deuten. Sie scheinen einerseits zu übersehen, daß wir ständig Bilder von außen in uns aufnehmen gleichgültig, ob sie uns zum Zweck der Beeinflussung präsentiert werden oder ob sie einfach dem Erleben des Alltags entstammen. Andererseits weisen sie auf etwas Wichtiges hin: Die »Aktivität«, die sich im Umgang mit Bildern als »wirklichkeitserzeugend« – das heißt hier einfach »wirksam« – erweist, könnte man auch als »aktive Passivität« oder »passive Aktivität« bezeichnen. Mit anderen Worten: Das Unbewußte läßt sich nicht befehlen, man muß »die Angel auswerfen« (C.G. Jung), das heißt: Man muß sich in den leicht veränderten, tranceartigen Bewußtseinszustand begeben, der eine Voraussetzung für jeden kreativen Prozeß darstellt.

Kontext und Zwischen

Damit Wirklichkeit entstehen kann, muß immer etwas dazukommen, etwas anderes muß mitsprechen: nicht nur ein Du, sondern auch ein »Um«, über das wir überhaupt erst in Verbindung treten, auf dessen Basis wir sprechen können. In der systemischen Therapie nennt man dies den Kontext: Und ähnlich wie der Körper im System und als System betrachtet werden kann, so kann man jedes System in seinem Kontext und als Kontext betrachten.

Bedeutungen entstehen also nicht »im« einzelnen, sondern »zwischen« dem Sprecher und dem Hörenden, dem Wahrnehmenden und dem Wahrgenommenen. »Der Raum zwischen den Wörtern, der Seite oder die Pausen zwischen den Wörtern beim Sprechen kennzeichnet die Unterscheidung, indem sie jedem Wort gestatten, die Bedeutung der vorhergehenden und der nachfolgenden Wörter einzuschränken«[40].

Der Begriff »Wirklichkeit« ist also im systemischen Verständnis geprägt von der Qualität des Zwischen: Beobachter und Beobachtetes, Sprechender und Hörender, Interpsychisches und Intrapsychisches usw. stehen in so enger Wechselbeziehung, daß

»wirklich« nur das sein kann, was zwischen beiden Polen liegt oder besser: hin- und hergeht.

In systemischen Methoden kann dies nicht nur philosophisch erschlossen, sondern existentiell erfahren werden.

Sprache

Die Herstellung von Wirklichkeit durch Sprache ist eine der zentralen Prämissen systemischer Therapien. In der Hypnotherapie, im NLP und in der Kurzzeittherapie nach DeShazer liegt der Fokus der Aufmerksamkeit deshalb auf der verbalen Ebene, und die Mehrzahl der Interventionen ist sprachlicher Art.

Wie im Kapitel über Steve DeShazer dargestellt, ist es das Charakteristikum des radikalen Konstruktivismus, daß unsere Wirklichkeit aus Sprache besteht: DeShazer schreibt: »Realität erwächst aus einem linguistischen Prozeß, über den Konsens besteht.«[41] Demgemäß sieht er Therapie – in Anlehnung an Wittgensteins Sprachspieltheorie – auch als »Sprachspiel«, das durch die Verhandlung zwischen Therapeut und Klient Bedeutung schafft.

Richard Bandler dagegen formuliert – an Noam Chomskys *Transformationsgrammatik* orientiert – seine Position folgendermaßen: »Sprache füllt unsere Welt so aus, daß wir uns durch sie hindurchbewegen, wie ein Fisch durchs Wasser schwimmt.«[42] Für ihn ist Sprache ein Modell oder eine Landkarte der Wirklichkeit, während es für DeShazer nichts »hinter« der Sprache gibt: Unsere Wirklichkeit besteht sozusagen aus Sprache. In seinem Therapiemodell werden daher Ressourcen wie »die Ausnahmen« oder »das Wunder« lediglich durch Nachfragen präsent gemacht und haben dann – verblüffenderweise – tatsächlich eine starke Tendenz, sich in Wirklichkeit umzusetzen. Derselbe Vorgang kann natürlich auch als Erzeugen eines »Unterschiedes, der einen Unterschied macht«, gesehen werden.

Nun bestehen Landkarten sowohl aus Sprache (aus Begriffen und/oder Bezeichnungen) wie aus Vorstellungen (visueller, kinästhetischer, auditiver, olfaktorischer oder gustatorischer Art), und es gibt sowohl eine vorsprachliche wie eine außersprachliche Wahrnehmung, die mit diesen Vorstellungen in Wechselwirkung steht. Es gibt also spracherzeugte und wahrnehmungserzeugte Vorstellungen, aus denen unsere Landkarte (oder unsere Wirklichkeit!) besteht. Und die Wirkung von Sprache (als interne oder externe Kommunikation) beruht nur zum Teil auf ihrer logischbegrifflichen Komponente. Der andere Teil ist, daß Gesprochenes immer auch Vorstellungen in allen Sinnesbereichen im Hörenden oder Lesenden erzeugt, genauso, wie immer Vorstellungen »mitlaufen«, wenn wir in abstrakten Begriffen denken. In der kommunikationstheoretischen Diskussion wird dies häufig übersehen, und die Sprache wird als ausschließlich »digitales« (das heißt logisch-begriffliches) Verständigungsmittel verstanden.

Sprache steht also sowohl im Dienst einer »digitalen« (begrifflich-abstrakten) als auch einer »analogen« (bildhaft-konkreten) Kommunikation. Und die Wirkung des Erzählens von Metaphern besteht darin, daß Vorstellungen angeboten und aufgenommen werden, die einen Unterschied herstellen, der neue Handlungs- und Sichtweisen ermöglicht.

Sprachspiele

Wie oben angeführt, gibt es in dem von DeShazer vertretenen radikalen Konstruktivismus keine Unterschiede zwischen Territorium und Landkarte, sondern Sprache ist – oder konstruiert – Wirklichkeit. Die Regeln dessen, was als Wirklichkeit gilt, werden zwischen Sprechenden und hörend Antwortenden, die in einem »Sprachspiel« begriffen sind, ausgehandelt. Dadurch entsteht zwischen ihnen eine gemeinsame Wirklichkeit. Und es gibt so viele Wirklichkeiten, wie es Sprachspiele gibt. Die »Wirklichkeitskonstruktion« ist also aus dieser Sicht immer ein Akt der sprachlichen Kommunikation.

Nach DeShazers Erfahrung und Sichtweise besteht Therapie darin, Menschen anzuregen, neue Muster oder Regeln für das »Sprachspiel«[43], das sie miteinander spielen, zu erfinden, um Schritte zur Lösung des von ihnen als Problem erlebten Sachverhaltes einzuleiten. Im Kapitel »Kurztherapie nach Steve DeShazer«

(S. 149 ff.) ist dargestellt, wie sich diese Methode in der Praxis bewährt.

Sprache und Ich – Sprache und Welt

Wer einmal sprechen gelernt hat, in dem spricht Sprache ständig. Genausowenig, wie wir Wahrnehmung und Vorstellung unterbinden können, genausowenig können wir Sprache unterbinden. Sprachvermögen und Ichbewußtsein sind eng miteinander verbunden. Andererseits ist Sprache, ebenso wie Vorstellungen, körperabhängig, denn ohne unsere Organe und »neuronalen Netze« wären wir weder zum Sprechen noch zur Bildung von Vorstellungen fähig: Der Körper setzt die Bedingungen und Grenzen unserer Erfahrungen und Sprachmöglichkeiten. Es ist aber auch »der Geist, der sich den Körper baut«, wie das »Sprich-Wort« oder »Sprach-Wort« sagt: Hier muß ebenfalls ein Wechselwirkungs-Prozeß angenommen werden. Darüber hinaus ist die Ansicht, daß Sprache Wirklichkeit nicht nur benennt, sondern auch erzeugt, in unserer Kultur durch mythologische Bilder verankert. Davon zeugt sowohl der Beginn des Alten Testaments als auch der Beginn des Johannes-Evangeliums.

Dialog

Ein Dialog ist die einfachste wechselwirkende Beziehung: der Austausch zwischen zwei Partnern oder Teilen. Wir stehen – ob es uns bewußt ist oder nicht – vom Mutterleib an in einem ständigen Dialog. »Du kannst nicht nicht kommunizieren« ist Paul Watzlawicks zum geflügelten Wort gewordene Formulierung. Es gibt den Dialog durch Sprache, durch Körpersprache, durch bildliche Darstellungen und andere Medien, durch Gedankenübertragung und viele andere Arten der Kommunikation. Außer dem externen Dialog gibt es den internen Dialog zwischen Unbewußtem und Bewußtem.

Man könnte statt von systemischer Sicht auch von »dialogischer Sicht« sprechen, und Bert Hellinger hat die systemische Psychotherapie einen »Dialog zwischen Gleichgewichtigen« genannt.[44] DeShazer sagt über die dialogische Sichtweise, daß in ihr die Bedeutung weder im Sprechenden noch im Hörenden liegt, sondern zwischen beiden entsteht:⁴⁵ Sie liegt zwischen dem Absender und dem Adressaten.

Zum Dialog gehören allerdings immer drei Elemente: das Eine, das Andere und das Umfeld, das beide umgibt. Dieses Umfeld spielt oder spricht mit. Der Raum, in dem ein Gespräch stattfindet, ist Teil des Gesprächs. Der Raum ist das Zwischen.

Kooperation, Strategie und Manipulation

Wie im Kapitel über die Kurztherapie Steve DeShazer dargestellt, ist ein Grundprinzip dieser Methode die Kooperation. Im strategischen Vorgehen dagegen, wie es der Erickson-Schüler Jay Haley entwickelte, hat der Therapeut ein ganz bestimmtes Ziel im Auge. Er nimmt an, daß er genau weiß, was der Klient einsehen oder tun muß, um das Problem zu lösen. Interventionen können dabei in »Tricks« ausarten, und der Eindruck massiver *Manipulation* kann entstehen.

In den Beschreibungen Ericksonscher Vorgehensweisen findet man beides: Interventionen, die den Eindruck vermitteln, daß das Unbewußte oder das Familiensystem nur in Bewegung gebracht und dann seiner Kraft zur Selbstregulation überlassen wurde. Daneben gab es bei Erickson Interventionen, die auf der Grenze zur direkten Manipulation angesiedelt waren. Gleichzeitig hat er aber die klassische Hypnose, die mit direkter Suggestion – das heißt ausschließlich manipulativ – arbeitet, entscheidend verbessert, und zwar dadurch, daß er die »indirekte Suggestion« entwickelte.⁴⁶

Man kann Erickson mit einem gewissen Recht als genialen Hypnotiseur im klassischen Sinn und damit auch als Meister der Manipulation sehen. Man muß aber gleichzeitig anerkennen, daß für ihn die Autonomie und Selbstregulationsfähigkeit oberstes Prinzip war und daß er in seinem Vorgehen immer mit der »Weisheit des Unbewußten« rechnete. Hinzu kommt, daß er auf Deutungen, die ein stark manipulatives Element sind und die in der klassischen Analyse bekanntlich eine große Rolle spielen, verzichtete und es weitgehend vermied, die Psyche auf einem theoretischen Hintergrund zu sehen.

Meiner Meinung nach ist Ericksons Oszillieren zwischen Kooperation und Manipulation als Spiegelbild der paradoxen Struktur des Unbewußten zu verstehen, das einerseits selbstregulierend, andererseits in ständiger Wechselbeziehung mit dem Umfeld ist. Man kann wohl als Ergänzung der Watzlawickschen Formel »Du kannst nicht nicht kommunizieren« mit demselben Recht sagen: »Du kannst nicht nicht manipulieren.« Wir beeinflussen uns ständig gegenseitig, ob wir es wollen oder nicht. Und ich halte es für sinnvoller, diese Tatsache in das therapeutische Vorgehen einzubeziehen, als sie zu leugnen, wie das in manchen Methoden der Fall ist, die von sich behaupten, völlig »unmanipulativ« zu sein.

Zwei der prominenten Schüler Ericksons, Jay Haley und Ernest L. Rossi, sind zu Vertretern dieser zwei unterschiedlichen Positionen geworden. Rossi betont immer wieder, daß seine Arbeit nichts mit Manipulation oder Strategie zu tun habe. Und es ist in der Tat beeindruckend, wie er – während er sich selbst in einem hochkonzentrierten Trancezustand befindet – im Kontakt mit dem Unbewußten des Klienten arbeitet, während er die unwillkürlichen Handbewegungen des Klienten beobachtet und als Feedback benutzt. Man gewinnt den Eindruck und die Überzeugung, daß hier das Unbewußte als eine selbsttätige Kraft am Werke ist, eine Kraft, die sich zwar Vorschläge machen, aber keine Befehle erteilen läßt, und die mit Respekt behandelt werden will.

Bei Haley als einem Vertreter des strategischen Vorgehens schwingt dagegen immer wieder ein stark manipulatives Element mit. Steven Gilligan, ebenfalls einer der profilierten Nachfolger Ericksons, wunderte sich mir gegenüber einmal, welche Vielfalt verschiedener Methoden auf Hypnosekongressen angeboten würden, deren Urheber sich alle auf Milton Erickson berufen. Offensichtlich ist die Hinterlassenschaft dieses Mannes eine unerschöpfliche Quelle therapeutischen Vorgehens.

Das Paradox

Die paradoxe Struktur der Wirklichkeit

Im Kapitel »Systemisches Denken« kam die paradoxe Struktur unserer Wirklichkeit zur Sprache: Psychische Wirklichkeit ist paradox strukturiert. Sie besteht aus jeweils zwei unvereinbar erscheinenden Polen, zwischen denen sich Wirklichkeit entwickelt.

Im Alltagsbewußtsein tritt dieses Phänomen meist in den Hintergrund: Wir sind gewohnt, mit dieser Struktur zu leben, und gehen häufig kreativ damit um, ohne viel darüber nachzudenken. Wir finden zum Beispiel einen guten Weg aus einer Situation, in der wir uns durch eine von uns abhängige Person beherrscht fühlen. Plötzlich wird uns die Komik bewußt, und wir können gemeinsam mit ihr darüber lachen. In Situationen jedoch, die wir als wirklich schwierig erleben, merken wir plötzlich, daß wir in einer Falle sitzen: Wir sind in einer »Doppelbindung« gefangen.

Nun ist es hier im allgemeinen nicht zu Ende. Im Kapitel »Philosophie als Erkenntnistheorie oder als Handlungsanweisung?« war davon die Rede, daß Paradoxien zu Kraftquellen werden können. Das Bewußtsein scheint Paradoxien zu benötigen, um wirklich kreativ zu werden. Bei Gregory Bateson sind viele wichtige Hinweise zu diesem Thema zu finden. Er gehört zu den Denkern, die die »Realität«, also die psychische Wirksamkeit echter Paradoxien scharf herausarbeiten und immer wieder von verschiedenen Seiten beleuchten. Zum Beispiel befaßt er sich in seinem Aufsatz »Eine Theorie des Spiels und der Phantasie« unter anderem kritisch mit den logischen Typen von Russel, der das Paradoxienproblem durch die Einführung verschiedener logischer Ebenen zu lösen versuchte. Dazu bemerkt Bateson, daß es »schlechte Naturgeschichte wäre, von den geistigen Prozessen und Kommunikationsgewohnheiten von Säugetieren zu erwarten, daß sie dem Ideal des Logikers entsprechen.«[47]

Die pragmatische Paradoxie

Paul Watzlawick spricht von der »pragmatischen Paradoxie« als einer grundlegenden Existenzbedingung für alle mit einem Nervensystem begabten Lebewesen.[48] Er meint damit den Widerspruch, in den jedes lebendige Bewußtsein geraten kann, das Anziehung und Abstoßung, Zuneigung und Abneigung verspürt und sich in einer Situation befindet, in der beides gleich stark ausgeprägt ist. Eine Entscheidung scheint dann unmöglich, wenn beides gleich falsch und gleich richtig erscheint und man in einer Doppelbindung gefangen ist. In dieser unerträglichen Spannung entstehen Alternativen, die dann irgendwann doch zu einer Entscheidung führen, deren Wirkung sich dann erweisen muß.

Grundlegende Paradoxien

Paradoxien, die im menschlichen Dasein immer wieder auftauchen, sind diejenigen zwischen

Kommunikation und Isolation: Einerseits gilt der Watzlawicksche Satz »Du kannst nicht nicht kommunizieren«, andererseits gibt es »kein Verständnis, sondern nur mehr oder weniger nützliche Mißverständnisse« (DeShazer).

Beziehungszusammenhang und Vereinzelung: Einerseits sind wir unlösbar in einen Beziehungszusammenhang eingebunden, andererseits kann uns unser Leben – und unseren Tod – niemand abnehmen. Wir leben es – und sterben ihn – für uns allein. Gleichzeitig wirkt sich das Wie unseres Lebens und Sterbens auf unsere Umwelt aus.

Selbstverantwortung und Ausgeliefert-Sein: Einerseits sind wir voll für unsere Taten und Gedanken verantwortlich und tragen allein die Konsequenzen, andererseits sind wir von unserer Umgebung abhängig. Wir können uns niemals völlig herauslösen.

Täter und Opfer: Wer sich mit den Biographien von Menschen befaßt, die positiv oder negativ – Außerordentliches getan haben, dem fällt immer wieder auf, wie häufig sie gleichzeitig Opfer oder Spielball äußerer Umstände gewesen sind. Bei Gewalttätern ist dies besonders offensichtlich. Aber auch an sich selbst kann man im Alltag beobachten, wie man – sich in einer »Opferrolle« erlebend – plötzlich zum Täter geworden ist.

Macht und Ohnmacht: Ganz ähnlich ist es mit Macht und

Ohnmacht. Wie oft schlägt Macht in Ohnmacht um, und wer kennt nicht die Macht der Ohnmächtigen!

Kooperation und Manipulation: Wie DeShazer zeigt,[49] kann man jede Beziehungssituation als »Kooperation« verstehen. So könnte der bekannte Satz Watzlawicks auch heißen: »Du kannst nicht nicht manipulieren« oder: »Du kannst nicht nicht kooperieren«. Es sind zwei Seiten der gleiche Medaille, die Kommunikation heißt.

Das Paradies-Paradox

Das Paradies-Paradox dreht sich um die Frage, wie die Schlange ins Paradies kam? Irgend jemand muß sie doch hineingelassen haben! Man könnte auch vom »Jahwe-Paradox« sprechen: Denn was mag in dieser Gottheit vorgegangen sein, als er, der allmächtige Schöpfer, seinen noch unschuldigen Kindern verbot, vom Baum der Erkenntnis zu essen, wodurch den Ungehorsamen dann das Wissen um gut und böse zuteil wurde – eine Eigenschaft, derer sie dringend bedurften, da er ihnen befohlen hatte, über alle seine Geschöpfe zu herrschen, was ein Wissen um gut und böse unbedingt voraussetzt?

Das Paradox der Selbstwahrnehmung

Das Paradox der Selbstwahrnehmung hat insofern eine Sonderstellung unter den Paradoxien, als es keinen Widerspruch darstellt, der in der Kommunikation nach außen auftritt, sondern ein Phänomen der Selbstwahrnehmung ist, das heißt: Es betrifft die Kommunikation nach innen. Das Gehirn-Paradox, das im Abschnitt über den Neurokonstruktivismus von Gerhard Roth schon zur Sprache kam, ist eine spezielle, besonders brisante Form der Selbstwahrnehmungs-Paradoxie.

Der Koan, vor den man gestellt ist, oder der unendliche Regreß, in den man gerät, wenn man versucht, »sich selbst mit sich selbst« wahrzunehmen, ist auch Ludwig Wittgenstein aufgefallen. Er spricht von dem »Gefühl der Unüberbrückbarkeit der Kluft zwischen Bewußtsein und Gehirnvorgang«[50] und von dem leisen Schwindel, der einen befällt, wenn man seine Aufmerksamkeit auf sein Bewußtsein lenkt und sich dabei gleichzeitig klarmacht: »Dies ist ein Gehirnvorgang.« Was dabei geschieht, bezeichnet er als einen »Akt des Schauens«. Zur Beschreibung dieses geistigen Aktes nennt er den defokussierten Blick, ein Trancephänomen, das in der Hypnotherapie eine wichtige Rolle spielt: Sein Blick ist »vacant, ähnlich dem eines Menschen, der die Beleuchtung des Himmels bewundert und das Licht eintrinkt.«[51]

Double-bind

Die Theorie der Entstehung von Schizophrenie aus der Kommunikationsfigur des Double-bind (Doppelbindung) stammt von Gregory Bateson. Er hat beobachtet, daß in den Familien schizophrener Jugendlicher eine Kommunikationsform herrscht, die in sich widersprüchlich ist. Das heißt: Auf den verschiedenen Ebenen der Mitteilung wird Widersprüchliches mitgeteilt. Zum Beispiel sagt die Mutter, daß sie das Beste des Kindes wolle, während ihr Blick Irritation, Ärger oder gar Wut ausdrückt. Das bringt mit sich, daß das Kind sich falsch verhalten wird, wie immer es auch reagiert: Es darf nicht sehen, was es sieht, und es darf nicht hören, was es hört: Es ist in einem Double-bind gefangen.

»Wie man es macht, ist es falsch«, stellt das Sprichwort lakonisch fest, denn man kennt solche Situationen aus dem täglichen Leben. Sie sind offensichtlich nichts Ungewöhnliches, und man lernt, auf die eine oder andere Art mit ihnen umzugehen. Ein Kind jedoch, das ihnen ständig ausgesetzt ist, spiegelt diese Verwirrung in seinem Verhalten. So jedenfalls lautet die These Batesons, die – selbst wenn sie nur eine unter verschiedenen möglichen ist – jedenfalls das Verdienst hat, das Augenmerk der therapeutischen Gemeinschaft auf derartige Zusammenhänge gelenkt zu haben.

Mitteilungen wie die im therapeutischen Bereich verbreitete Aufforderung »Sei spontan!« oder die in der Eltern-Kind- oder Lehrer-Schüler-Beziehung eine zentrale Rolle spielende Aufforderung: »Werde selbständig!« sind paradox: Sie werden befolgt, wenn sie nicht befolgt werden, und werden nicht befolgt, wenn sie befolgt werden: Sie stellen den Empfänger vor eine ausweglose Situation.

Kinder werden von dieser Situation zwar häufig in ein mehr oder weniger destruktives Trotzverhalten hineingetrieben, vor allem, wenn die Kehrseite der Medaille, das »Gehorche mir aufs Wort«, gleichzeitig oder im allzu krassem Wechsel fordernd und nachgebend ins Spiel kommt. Häufig kommt doch etwas Positives dabei heraus: Irgendwann geht das Kind dann seinen eigenen Weg, wobei es hoffentlich verstanden hat, daß das Leben sich »Trotzern« gegenüber völlig unnachsichtig oder gleichgültig verhält. Es läßt sie gänzlich ungerührt in der Ecke stehen.[52]

So hat der Double-bind einen ganz alltäglichen, aber auch einen kreativen Aspekt: Bateson sieht ihn als Wurzel des Humors und des künstlerischen Schaffens. In gewisser Weise sind paradoxe Aufforderungen der menschlichen Wirklichkeit isomorph oder gleichgestaltet. Man könnte sagen: Sie verstärken die immer vorhandene, allgemein menschliche Situation, die zwischen die Pole Abhängigkeit und Selbstverantwortung, Hingabe und Abgrenzung gestellt ist. Witz, Poesie, Phantasie, Erfindungsreichtum oder psychotisches Verhalten sind sicherlich nicht alle möglichen Reaktionen.

Sicherlich war Milton Erickson nicht der erste Therapeut, der das kreative Potential des Double-bind nutzte. Aber er hat es darin zur Meisterschaft gebracht, und die sogenannte »paradoxe Verschreibung« wurde auch von anderen übernommen. Sie ist wirksam, weil sie psychische Wirklichkeit abbildet oder widerspiegelt.

Abschließend noch ein ganz einfaches Beispiel, wie ein therapeutischer oder auch pädagogischer Double-bind strukturiert sein könnte: Wenn man einem trotzenden Kind oder Erwachsenen verbietet, was es oder er eigentlich tun sollte, wird es (er) mit größerer Wahrscheinlichkeit die erwünschte Handlung ausführen, als wenn man sie ihm befiehlt.

»*Der wichtigste Unterschied – der Unterschied, der einen Unterschied macht zwischen analytischem und systemischem Denken, ist: der Tod der Ursache und die Geburt des Zwischen.*«

(Steve DeShazer)

Schulen

In diesem Kapitel werden die in Deutschland eingeführten systemischen Schulen beschrieben. Sie grenzen sich mehr oder weniger stark voneinander ab, gehen aber doch deutlich auf eine gemeinsame Basis zurück. Als Einführung dient ein Kapitel über das systemische Konzept, wie es im wesentlichen von Bateson und Watzlawick formuliert wurde.

Bateson und Watzlawick

Erickson und Bateson

Milton H. Erickson hat eine große Menge streng praxisbezogener Abhandlungen verfaßt, in denen sein Einfallsreichtum, seine Unvoreingenommenheit und Genauigkeit der Beobachtung, aber auch sein freudianischer Hintergrund zum Ausdruck kommt.

In seinem Haus in Phoenix fand sich die an hypnotherapeutischer und systemischer Arbeit interessierte jüngere Therapeutengeneration ein um zu lernen. Unter ihr befanden sich auch einige der Mitarbeiter Gregory Batesons am Mental Research Institut (MRI) in Palo Alto, die die meisterhafte Art des bekannten Psychiaters, mit Trancephänomenen und paradoxen Verschreibungen umzugehen, studieren wollten. Bateson war mit seinen Kollegen dabei, einen kommunikationstheoretischen und philosophischen Hintergrund für systemtherapeutisches Vorgehen auszuarbeiten und soll selbst auch einige Male bei Erickson gewesen sein.

Während Ericksons theoretische Schriften, wie schon erwähnt, stark fachspezifischen Charakter tragen, war das Interesse Batesons weiter gespannt. Er beschäftigt sich unter anderem mit anthropologischen, kunstwissenschaftlichen, verhaltens- und kommunikationstheoretischen Fragen. Seine für die therapeutische Fachwelt bedeutsam gewordene Theorie der Entstehung der Schizophrenie aus einer Double-bind-Situation in der Familie[1] ist nur eines seiner Themen. Er hat sich darüber hinaus mit anthropologischen, evolutionsbiologischen und erkenntnistheoretischen Fragen beschäftigt.

In der Einführung zu Bandlers und Grinders erstem Buch *Metasprache und Kommunikation*, das 1975 erstmals erschien, faßt Bateson in kurzen Worten das letztlich kommunikationswissenschaftliche Anliegen zusammen, das ihn und seine Kollegen am MRI in den 60er Jahren bewegten. Sie wollten »die Anfangsgründe einer angemessenen theoretischen Grundlage für die Beschreibung menschlicher Interaktion schaffen.«[2] Dabei spielte ethnologisches Beobachtungsmaterial und die Erforschung der Kommunikation Schizophrener eine wichtige Rolle; bei letzterer kam es zur Formulierung der Double-bind-Theorie.

Die Ansätze, von denen sie dabei ausgingen, waren »die logischen Typen von Russel und Whitehead, die Spieltheorie von v. Neumann, die Begriffe der vergleichbaren Form [Homologie], die Konzepte der »Ebenen« aus der Linguistik, die Analyse schizophrener Syllogismen von v. Domarus, der Begriff der Diskontinuität aus der Genetik, ... [die Begriffe] Muster und Redundanz ... Homöostase und Selbstregulation aus der Kybernetik«[3].

Die Lerntheorie Batesons

Neben der Theorie des Double-bind und des relevanten »Unterschieds« ist Batesons Lerntheorie ein wichtiger Beitrag zum Verständnis und zur Weiterentwicklung systemtherapeutischen Vorgehens. Er stellt eine auf den logischen Typen von Russel und Whitehead beruhende vierstufige Folge von Lerntypen auf:

Lernen 0 ist die einfache Aufnahme von Information: Einem Geschehen wird eine bestimmte, unveränderliche Bedeutung zugeschrieben. Das zwölfmalige Schlagen der Uhr bedeutet zum Beispiel Mittagszeit.

Lernen 1 ist der Typus des Lernens, der in Laborversuchen als Konditionierung erforscht wird: Ein Reiz (Signal) wird in Beziehung zu einem Kontext gesetzt, so daß eine bestimmte Reaktion erfolgt. Ein klassisches Beispiel dafür ist das Experiment von Pawlow, das zeigt, daß man einen Hund konditionieren kann, indem man ihm immer nach einem Klingelzeichen ein Stück Fleisch anbietet. Nach einiger Zeit setzt die Speichelabsonderung des Hundes sofort ein, wenn er das Klingelzeichen hört, auch wenn er das erwartete Fleisch noch nicht sehen oder riechen kann. Es ist der Prozeß der Gewöhnung, der jedoch von einem Prozeß der »Abgewöhnung« (Umkonditionierung) abgelöst werden kann.

Im *Lernen 2* wird »Lernen gelernt«: Während im Lernen 1 ein Signal mit einer bestimmten Reaktion gekoppelt wurde, wird im Lernen 2 die Reiz-Reaktions-Kopplung durch Versuch und Irrtum modifiziert, das heißt in verschiedenen Umständen (Kontexten) verschieden »interpunktiert« oder interpretiert. Auf dieser Ebene des Lernens 2 kann umdefiniert werden, was als Reiz und was als Reaktion zu betrachten ist. Zum Beispiel kann die trotzige Reaktion eines Kindes als Auswirkung eines »trotzigen Charakters« oder als sinnvolle Antwort auf eine aus seiner Sicht nicht gerechtfertigten Anforderung der Umwelt gesehen werden.

Lernen 3 findet auf einer Metaebene statt, auf der die Grundannahmen, die Lernen 2 vermittelte, in Frage gestellt werden können oder müssen. Hier kommen Paradoxien und Doppelbindungen mit ins Spiel. Doppelbindungen entstehen aus der Verwebung von Kontexten und Mitteilungen über den Kontext. Psychotisches Verhalten zum Beispiel ist der mißglückte Versuch von Lernen 3 in einem Kontext, in dem eine Mitteilung über den Kontext nicht richtig verstanden werden kann oder darf. Zum Beispiel kann ein Kind, das den wütenden Gesichtsausdruck der Mutter wahrnimmt, während sie ihm gleichzeitig verbal versichert, daß sie es liebe, nicht wissen, daß ihre Wut einer ganz anderen Person (beispielsweise dem Vater) gilt. Das Kind wird, wenn es dieser Situation

sehr häufig ausgesetzt ist, in den Augen der Mutter »unverständliche« Verhaltensweisen zeigen. Dies ist die Ebene, auf der sich wirkungsvolle Psychotherapie abspielt, wenn der »Koan der therapeutischen Situation«[4] erfolgreich gelöst wurde.
Lernen 4 wird nur möglich, wenn sich die organische Grundlage des Lernens ändert. Es findet nicht bei Individuen statt, sondern bezieht sich auf Gattungen von Lebewesen, bei denen sich die genetische Ausstattung ändert.
Lernen innerhalb einer Ebene bedeutet einen Wandel erster Ordnung. Er findet allmählich durch Erweiterung der Erfahrungsbasis statt. Ein Wandel zweiter Ordnung, der in Sprüngen erfolgt, spielt sich auf der jeweils übergeordneten Ebene ab und hat eine Strukturveränderung zur Folge.[5]

Der systemtheoretische Ansatz

Für Bateson besteht das Ich (der Charakter) aus Verhaltensgewohnheiten und Sichtweisen. Diese »Charakterbildung« findet auf der Stufe des Lernens 2 statt. Kommt es durch Lebensereignisse, therapeutische Interventionen oder spirituelle Schulung zum Lernen 3, so wird das Ich irrelevant, und »der Begriff des Selbst wird nicht mehr als zentrales Argument in der Interpunktion von Erfahrung fungieren«[6]. Statt dessen tritt das »Zwischen« in den Vordergrund.

Bateson beschäftigt sich mit den Pathologien und Paradoxien systemischer Entwicklungen, die durch den Gegensatz zwischen dem Überlebenswillen des einzelnen und der Evolution bestehen können, die großräumige Veränderungen notwendig machen, und auf diesen Überlebenswillen häufig keine Rücksicht nehmen. Dabei kommt er zu einer »Ökologie des ›Geistes‹, dessen Grenzen nun nicht mehr mit der Haut der beteiligten Individuen zusammenfallen.«[7]

Watzlawick und die »pragmatische Paradoxie«

Wie schon erwähnt, lautet ein von Paul Watzlawick stammender Satz: »Du kannst nicht nicht kommunizieren.« Das bedeutet: Alles, was getan und gesagt – oder nicht getan oder nicht gesagt – wird, wird in einem Beziehungszusammenhang getan oder nicht getan, gesagt oder nicht gesagt. Watzlawick stellt fest, daß die psychoanalytische Therapie von einem egozentrischen Standpunkt aus formuliert sei, in der es zwar ein Ich, ein Über-Ich und ein Es, aber kein Du gäbe. Aus diesem Grund lernt man in einer systemischen Therapie, auch Symptome und andere individuell erscheinende Probleme in einen Beziehungszusammenhang zu stellen und als Mitteilungen zu verstehen. Und deshalb dient der Beziehungszusammenhang, und nicht die individuelle Biographie als Verständnishintergrund systemtherapeutischen Vorgehens.

An anderer Stelle wird das Verständnis der »pragmatischen Paradoxien« – wie Watzlawick die Doppelbindungs-Situation nennt – vertieft und weiter ausgeführt. Wie schon Bateson stellt auch Watzlawick fest, daß diese Situation ein Existenzproblem aller Lebewesen sei: Denn der Wille oder Trieb zu überleben oder sich selbst zu bewahren, tritt immer wieder in Widerspruch mit der Notwendigkeit oder Sehnsucht nach Hingabe an einen größeren Zusammenhang. Im zwischenmenschlichen Bereich hat diese »pragmatische Paradoxie« häufig mit der Tatsache zu tun, daß reine Logik und Vertrauen sich widersprechen: »Vertrauen würde mich verletzbar machen, daher muß ich auf meine Sicherheit bedacht sein ... der andere würde mich sonst ausnützen.«[8] Damit wird eine paradoxe Voraussage, das heißt eine sich selbst erfüllende Prophezeiung gemacht, die eine starke Tendenz hat, sich in »Wirklichkeit« umzusetzen, da der Kommunikationspartner sich beargwöhnt fühlt und ebenfalls mit Mißtrauen antwortet. Die Verletzung ist also vorprogrammiert. Was logisch schien, schlägt in sein Gegenteil um: Die als Schutz gedachte Haltung fordert neue Verletzung heraus.

Deshalb sieht man in der systemischen Therapie eine Aufgaben darin, in einem solchen Fall den Beteiligten zu helfen, durch eine

»Änderung der Interpunktion« (das heißt: der Sicht von Ursache und Folge) den Ausstieg aus diesem Spiel ohne Ende zu ermöglichen. – Watzlawick zitiert in diesem Zusammenhang C.G. Jung, der dieses Heraustreten aus einer paradox verstrickten Beziehungsstruktur als die »transzendente Funktion« bezeichnet, die im Aushalten der energiegeladenen Spannung zwischen zwei gegensätzlichen Polen ein lebendiges Drittes erzeugt.[9]

Berühmt geworden ist auch Watzlawicks Untersuchung der paradoxen Situation in der psychotherapeutischen Behandlung, in der – explizit ausgesprochen oder nicht – die Aufforderung »Sei spontan«! an den Klienten ergeht. Ob es sich nun um »freies« Assoziieren, »unvoreingenommenes« Beobachten von Träumen oder um »spontanen« stimmlichen und bewegungsmäßigen oder gestalterischen Ausdruck handelt: diese Aufforderung stellt eine »Beziehungsfalle« dar, derer sich Therapeut und Klient zwar nicht immer bewußt sind, die aber gleichwohl zwischen ihnen wirkt und die Chance zum Lernen 3 enthält. Denn der Klient kommt mit der Hoffnung, Hilfe zu erhalten, obwohl er weiß, daß die entscheidenden Schritte von ihm selbst getan werden müssen. Insofern ist eine Haltung wie »Helfen Sie mir, aber reden Sie mir nicht drein« der Situation im Grunde genommen angemessen.

Ebenso paradox ist das Angebot des Therapeuten, der genau weiß, daß er letztlich kein Mittel hat, sein Gegenüber ohne dessen Kooperation zu verändern, sich jedoch gleichwohl als »Helfender« zur Verfügung stellt. Es sind andere Metaphern erfunden worden – wie etwa »therapeutische Begleitung« oder »therapeutische Zusammenarbeit« –, durch die diese Situation aber nur verharmlost, nicht grundsätzlich geändert wird. Das Paradox, daß ein Mensch in Not einen anderen Menschen zu seiner Hilfe benötigt, letztlich sich jedoch ausschließlich sich selbst verantwortlich ist und seinen Weg allein gehen muß, bleibt bestehen. Trotzdem – oder gerade deswegen – kann aus dieser Situation heraus Lernen 3 oder das Dritte, von dem C.G. Jung spricht, entstehen. Auf der spirituellen Ebene besteht dieselbe paradoxe Situation zwischen dem Ich des Menschen und derjenigen inneren oder äußeren Instanz, die mit Gott oder dem Göttlichen bezeichnet wird. Auch angesichts dieses

Gegenübers sind wir hin- und hergeworfen zwischen Selbstbewahrung und Hingabe.

Mit dem Begriff »existentieller Nexus« spricht Watzlawick die Tatsache an, daß man nicht über die Grenzen des eigenen Erlebens und Denkens hinausgehen kann, obwohl das obengeschilderte Paradox die Notwendigkeit eines »dritten Standpunktes« zeigt. Man steht vor einer Aufgabe, die notwendig, aber unmöglich ist und in Selbstrückbezüglichkeit endet: »Subjekt und Objekt sind ... identisch; das Seelische untersucht sich selbst«[10]. Hier tritt dasselbe Paradox auf, das sich in den Untersuchungen von Gerhard Roth als »Hirnforschungs-Paradox« zeigt.[11] Aber im Gegensatz zu Roth bemüht sich Watzlawick nicht, dieses Paradox aus der Welt zu schaffen, sondern erkennt es als eine zentrale Gegebenheit unserer Existenz und als wesentliches Element menschlicher Entwicklung.

So verbindet Watzlawick die Kommunikations- und Therapieforschung mit der Existenz- und Sprachphilosophie Wittgensteins.

Die Beziehung der systemischen Schulen zu Erickson, Bateson und Watzlawick

Während für Hypnotherapeuten wie Rossi, Zeig, Gilligan, Cheek und Lankton Milton Erickson zu seinen Lebzeiten der bestimmende Einfluß gewesen ist, waren Bandler und Grinder sowohl dessen Schüler als auch mit Bateson und seinen Mitarbeitern verbunden. DeShazer dagegen ist kein persönlicher Schüler Ericksons, er stand auch Bateson nicht nah. Er hat sich jedoch mit dem Gedankengut beider auseinandergesetzt. Außerdem bezieht er sich auf Sprachphilosophen wie Wittgenstein und Derrida. Für die Mailänder und die Heidelberger Schule wiederum sind Bateson und Watzlawick die eigentlichen Gewährsmänner ihrer Arbeit. Sie erwähnen Erickson nur am Rande und mit Vorbehalt. Virginia Satir hat das genannte MRI mitgegründet, war über lange Zeit in engem Kontakt mit seinen Mitarbeitern und setzte die dort gewonnenen Forschungsergebnisse am schnellsten in die Praxis um. Bert Hellinger erwähnt, daß er aus den Schriften Ericksons viel gelernt habe.

In den 60er und 70er Jahren bestand die »systemische Gemeinde« also einerseits aus den unmittelbaren Ericksonschülern wie Rossi, Haley, Gilligan, Zeig und Lankton andererseits aus der obenbeschriebenen Gruppe des MRI, und es gab immer wieder Kontakte und Berührungspunkte, aber natürlich auch Abgrenzungsbestrebungen. Man kann jedoch insgesamt sagen, daß das Zusammenwirken der Beobachtungsgabe und des therapeutischen Einfallsreichtums Ericksons zusammen mit den weitgespannten theoretischen Überlegungen Batesons und den kommunikationstheoretischen Untersuchungen Paul Watzlawicks zur theoretischen Grundlage der systemischen Therapien geworden ist.

Darstellung der Schulen

Wie bereits erwähnt, hat Erickson zwei entscheidende Beobachtungen gemacht: erstens, daß das Unbewußte nicht nur aus Träumen, sondern auch aus der Diskrepanz zwischen verbalem und nonverbalem Verhalten spricht; und zweitens, daß man nicht nur – wie im analytischen Verfahren üblich – seine Botschaften empfangen, sondern dem Unbewußten auch Botschaften zukommen lassen kann. Das heißt, daß es möglich ist, durch einen in der Sprache der Bilder geführten Dialog mit dem Unbewußten zu kommunizieren. Diese Erfahrungen haben dazu geführt, daß Erickson die Psychotherapie über den analytischen Ansatz hinaus weiterentwickelte: Statt individuelle Schicksale, Ursachen, Probleme und Traumen wie die analytischen Therapien fokussieren systemische Therapien Beziehungszusammenhänge, Ziele, Lösungen und Ressourcen. Außerdem tritt an die Stelle des kausalen das systemische oder zirkuläre Denken, das heißt, das Denken in Wechselwirkungsprozessen. Psychische Prozesse sind somit nie »Einbahnstraßen«, kausal determiniert, sondern immer Wechselwirkungen.

Warum »kurz«?

Im Gegensatz zu den aus psychoanalytischen Erkenntnissen abgeleiteten Kurztherapien, die sich nur notgedrungen auf die Bearbeitung eines Problems beschränken, sind systemorientierte Kurztherapieverfahren keine Therapien »zweiter Wahl«. Sie zielen auf einen »diskontinuierlichen Wandel«, also auf eine Änderung der Sicht.

Dies ist der Grund, warum sie kurz oder zumindest sehr viel kürzer sein können als die analytisch orientierten: Statt auf einen langsam sich auf- und durch Bewußtmachung und Deutung wieder abbauenden Übertragungsprozeß, oder eine kontinuierliche Traumanalyse über längere Zeit setzt diese Art des therapeutischen Vorgehens auf die Gewinnung einer neuen Perspektive des Beziehungszusammenhanges oder der eigenen Biographie. Außerdem spielt das »Aufweichen« oder »Verflüssigen« von Verhaltensweisen, Überzeugungen und Krankheitskonzepten eine wesentliche Rolle. Letztlich mündet dieser Prozeß ebenfalls in eine »Änderung der Sicht«, die auf dem konstruktivistischen Hintergrund von besonderer Bedeutung ist: Wirksam ist, was als »wirk-lich« wahrgenommen wird, und die Erfahrung bestätigt, daß auf diese Weise häufig psychische Veränderungen in Gang kommen.

Eigene Erfahrungen

Obwohl ich mich um Vollständigkeit und »Allparteilichkeit« bemüht habe, ist dieser Überblick selbstverständlich von eigenen Erfahrungen geprägt: Meine erste systemische Fortbildung war ein NLP-Seminar in den 70er Jahren. Danach war ich mir sicher, daß diese Vorgehensweise nicht mit meinem bisherigen Arbeitsstil zu vereinbaren sei. Später jedoch habe ich in Seminaren mit Lankton, Zeig, Carter, Rossi, Gilligan, Dilts und DeShazer diese Ansicht revidiert: Erfahrungen bei der Anwendung in der therapeutischen Praxis haben mich langsam vom Gegenteil überzeugt. Eine mehrjährige Fortbildung bei Gunther Schmidt, der Mitglied des Heidelberger Teams ist, trug ebenso dazu bei wie Fortbildungen und Supervisionsgruppen bei Bert Hellinger in verschiedenen Phasen seiner therapeutischen Entwicklung.

Hypnotherapie nach Milton H. Erickson

»Das Unbewußte ist sehr viel weiser als das bewußte Denken.«
(Milton H. Erickson)

Geschichtlicher Überblick

Erickson lehrte, indem er Kolleginnen und Kollegen an seiner therapeutischen Arbeit teilnehmen ließ. In seinen späten Jahren, in denen er durch seine Krankheit ganz an den Rollstuhl gefesselt war, versammelte sich in seinem Praxisraum täglich eine Runde von Menschen, die seine Hilfe suchten oder von ihm lernen wollten. Er arbeitete mit einer Person unmittelbar, während die anderen den Prozeß verfolgten, indem sie sich innerlich mehr oder weniger beteiligten, je nachdem, wie stark er ihr eigenes Problem berührte.

Es wird erzählt, daß Erickson, ehe er zu arbeiten anfing, wegen seiner körperlichen Schmerzen jeden Morgen selbst mehrere Stunden benötigte, um sich durch Selbsthypnose in einen arbeitsfähigen Zustand zu versetzen. Das bedeutet: Er war durch sein Leiden gezwungen, ständig in Kontakt mit dem Bewußtseinszustand der Trance zu sein, der die Voraussetzung für einen Zugang zum Unbewußten ist. Man kann sich vorstellen, daß in diesem Zimmer eine Atmosphäre starker Präsenz vorhanden gewesen sein muß, in der sein persönlicher und beruflicher Erfahrungsreichtum und sein therapeutisches Können wirksam zum Tragen kamen.

Was als »Hypnotherapie nach Milton Erickson« heute weitergegeben wird, beinhaltet im wesentlichen zwei Aspekte: Ein Teil seiner Schüler – wie zum Beispiel Rossi, Zeig und Gilligan – betonten die »kooperative«, mit indirekten Suggestionen[12] arbeitende Art therapeutischen Vorgehens. Dabei werden vom Therapeuten dem Unbewußten Lösungsvorschläge in Form von Metaphern angeboten; und es bleibt dem Unbewußten des Klienten überlassen, welche dieser Lösungsvorschläge es annimmt, oder ob es seinen eigenen Weg suchen will. Das Wichtigste ist, daß ein innerer Suchprozeß ausgelöst wird, in dem die »Weisheit des Unbewußten« wirksam werden kann.

Der zweite Aspekt Ericksonscher Hypnotherapie wurde besonders von Jay Haley betont. Er sah vor allem die bei Erickson (gleichzeitig mit der kooperativen) stark entwickelte »strategische« Seite therapeutischen Vorgehens. In diesem Arbeitsstil plant der Therapeut seine Vorgehensweise voraus und ist immer darauf bedacht, die Führung in der Sitzung zu behalten, also »one-up« zu bleiben.

Haley ist ein scharfsinniger Kritiker analytischen Vorgehens, er hat eng mit Erickson zusammengearbeitet, und in Amerika hatte er auch einen guten Ruf. Die von ihm vertretene Therapierichtung der »strategischen Familientherapie« hat sich jedoch in Deutschland meines Wissens nicht als eigene Schule – vergleichbar mit der Heidelberger Schule – durchsetzen können.

Kurzbeschreibung

Die Hypnotherapie nach Milton Erickson eignet sich vor allem für die Einzeltherapie in Situationen, in denen sich weder für den Klienten noch für den Therapeuten eine Richtung abzeichnet, in der nach einer Lösung gesucht werden kann – in einem Zustand der Ratlosigkeit also. Dabei ist es die Aufgabe des Therapeuten, dem Klienten zu helfen, in eine mehr oder weniger tiefe Trance zu kommen, in der er dem Klienten durch das Erzählen passender Geschichten Lösungsmöglichkeiten anbietet. So hilft er dem Klienten, Zugang zu unbewußten Ressourcen und stimmigen Zielvorstellungen zu finden und Verhaltensalternativen zu entwickeln.

Andererseits ist es auch durch Selbsthypnose möglich, die durch therapeutische Erfahrung erworbene Fähigkeit zur Tiefenentspannung zur Selbsthilfe – zum Beispiel in der Schmerzkontrolle oder im Umgang mit Konflikten – anzuwenden.

Im Abschnitt über Ernest L. Rossi am Ende des Kapitels (Seite 134) wird beschrieben, daß leichte Trancezustände ein ganz natürlicher Bestandteil unseres Alltags sind. Erickson hat deshalb von »Alltagstrance« gesprochen und selten auf formale »Trance-Induktion«[13] zurückgegriffen. Leicht veränderte Bewußtseinszustände oder Trance sind ein natürlicher Bestandteil unseres Lebens, die nach einer Phase äußerer Aktivität von selbst eintreten und mit dem physiologischen Rhythmus unseres Organismus zusammenhängen. Dieser natürliche Vorgang, der der Erholung und »Selbstbesinnung« dient, wird in der Hypnosesitzung vertieft und therapeutisch genutzt.

Die Selbstheilungskraft des Unbewußten als wichtigste Grundannahme

Erickson kam immer wieder darauf zurück, daß jeder von uns eine Instanz besäße, die auch in verzweifelten Situationen aus vorhandenen Fähigkeiten Neues entstehen lassen könne. Dies war sein Konzept vom Unbewußten. In dem Refrain »The unconscious mind is so much wiser than the conscious mind« (Das Unbewußte ist sehr viel weiser als das bewußte Denken) war er unerbittlich, obwohl – oder womöglich gerade weil – er genau wußte, daß es auch unbewußte Selbstzerstörungstendenzen gibt. Ebenso unerbittlich war er in seiner Ansicht, daß die Vergangenheit – wie katastrophal sie auch gewesen sein mag – »eine Vorratskammer nützlicher Erfahrungen« sei, und keine Kette traumatisierender Ereignisse. Er wußte aus eigener Erfahrung, daß sich in hoffnungslos erscheinenden Situationen Lösungen und Auswege ergeben können, wenn es gelingt, eine neue Sicht zu gewinnen. Und aus dem Munde eines so schwer von körperlichen Leiden Geschlagenen muß diese Unerbittlichkeit ein besonderes Gewicht gehabt haben.

Hypnose als Zugang zum Unbewußten

Eine Ausbildung in klassischer Hypnose stand sowohl bei Freud als auch bei Erickson am Anfang ihrer psychotherapeutischen Arbeit. Wie schon erwähnt, wurde Erickson während seiner Ausbildung auch mit der Freudschen Analyse bekannt, und diese beiden Ansätze wurden für ihn die Basis der von ihm entwickelten therapeutischen Methode. In seinen Schriften der 30er Jahre fällt auf, wie stark er einerseits in Freudschen Bahnen denkt, gleichzeitig aber neue Schlüsse zieht und ungewöhnliche Vorgehensweisen entwickelt, die sich als sehr wirksam erwiesen. Er hat – im Gegensatz zu Freud – die Hypnose nicht verworfen, sondern weitergeführt, indem er das Prinzip der »indirekten Suggestion« herausarbeitete.

Sowohl Freud wie auch Erickson konnten durch die Erfahrungen mit Hypnose zu grundlegenden Einsichten kommen, da bei dieser Methode gezielt mit den Trancezuständen gearbeitet wird, die die Grundlage psychischer und psychosomatischer Veränderung sind.[14] Denn in diesem Zustand haben wir Zugang zu unseren inneren Bildern, ob sie nun dem Gedächtnis oder der Einbildungskraft entstammen, oder ob sie spontan entstanden oder bewußt visualisiert werden. Das heißt, wir haben Zugang zu unserer inneren Wirklichkeit, die im Wechselspiel zwischen Wahrnehmung und Vorstellung unsere äußere Wirklichkeit in hohem Maße bestimmt.

Es ist allerdings kaum möglich, diesen Zustand genau zu definieren. Erickson selbst beschrieb ihn als »focus within«. Allgemein gesprochen ist Tiefenentspannung oder leichte Trance der Zustand, in dem Einfälle, Intuitionen, Ideen oder wie immer man es nennen mag, vermehrt auftreten. Außerdem ist es der Zustand, in dem sich »Veränderungen der Sicht« oder »Zielvisionen« einstellen. Man ist »offen für Neues«, von innen und von außen, kreativ, aber auch leichter beeinflußbar. Deshalb sollte man nur mit einem Menschen in dieser Weise arbeiten, dem man voll vertraut. Dies ist jedoch im Grunde genommen bei allen Therapien der Fall, da ein tranceartiger Zustand – wie er zum Beispiel über eine formale Induktion der klassischen Hypnotherapie, aber auch durch Körperarbeit oder Massage, Rückerinnerung, freie Assoziation, aktive Imagination oder spontane Darstellung erreicht werden kann – eine notwendige Voraussetzung therapeutischer Veränderung ist. So bleibt die Zusammenarbeit zwischen Therapeut und Klient immer ein Wagnis. Das Sprichwort sagt uns, daß man keine Omeletts machen könne, ohne Eier zu zerbrechen: Jeder kreative Vorgang, auch der der Heilung, ist mit einem Risiko verbunden.

Das Für und Wider um die Hypnose

Die Möglichkeiten der Hypnose werden immer wieder kontrovers diskutiert, und im Verlauf der Therapiegeschichte wurden ihre Möglichkeiten abwechselnd gepriesen und wieder als gefährlich verworfen. Wenn es um dieses Thema geht, ist auch bei vielen Klienten eine starke Ambivalenz zu spüren. Manche setzen große Hoffnungen auf die Hypnose, als könne man mit ihr alles erreichen. Für andere ist sie der Inbegriff einer manipulativen Therapiemethode, und für wieder andere Scharlatanerie, geeignet, auf der Bühne oder im Fernsehen Aufsehen zu erregen. Mit dem Wunsch, Erfahrungen mit Hypnose zu sammeln, paart sich häufig die Furcht, »so etwas mit sich machen zu lassen«: »Ich kann mir nicht vorstellen, daß das bei mir funktioniert!« hört man immer wieder, wobei meist die Hoffnung mitschwingt, daß es trotzdem möglich sei. Manche fürchten, zu Handlungen gezwungen zu werden, die sie gar nicht wollen, oder in eine Abhängigkeit zum Therapeuten zu geraten. Andere wiederum haben die Vorstellung, daß man ihnen etwas »weghypnotisieren« könnte, als wäre Hypnose einer Art seelische Operation. Das heißt, sie wollen in einen tief unbewußten Zustand versetzt werden, in dem der Therapeut an ihnen den zur Gesundung notwendigen »seelenchirurgischen Eingriff« vornimmt, mißtrauen aber gleichzeitig dieser Möglichkeit. Sie wollen geführt sein, und sich gleichzeitig nicht führen lassen.

Dieses innere Hin-und-Her hat damit zu tun, daß man es bei der Hypnose mit einer paradox wirkenden Methode zu tun hat. Aussagen über sie oder Beschreibungen haben vielfach die Eigenschaft, daß sie richtig und unrichtig zugleich sind. Das trifft zum Beispiel auch bei der entscheidenden Frage zu, ob Hypnose Manipulation sei oder lediglich das Wirksamwerden der Selbstheilungskräfte ermögliche. Bekannte Hypnotherapeuten wie die schon erwähnten Ericksonschüler Ernest L. Rossi und auch Stephen Gilligan überzeugen mit der Aussage, daß sie bei ihrem Vorgehen bewußt keinen Einfluß nehmen und nur Interventionen benutzen, die nach ihrer Erfahrung das Unbewußte des Klienten anregen, tätig zu werden. Andererseits wird klar, daß schon die Gegenwart eines so zentrierten Menschen, wie sie es beide sind, auf der nonverbalen Ebene einen mächtigen Einfluß ausübt, selbst wenn er sich bewußt jeglicher Manipulation enthält. Man kann den Eindruck gewinnen, daß gerade ihre Zurückhaltung diesen Einfluß noch verstärkt. Offenbar gilt hier die Abwandlung des Satzes von Paul Watzlawick: »Du kannst nicht nicht kommunizieren« in: »Du kannst nicht nicht manipulieren«!

Wie schon erwähnt, hat die Psychoanalyse – in Nachfolge der persönlichen Erfahrungen und Überzeugungen Freuds[15] – die Hypnose als ein suspektes Verfahren aus ihrem therapeutischen Repertoire gestrichen. Gleichwohl aber benutzt sie – wie auch alle anderen Verfahren, die von sich behaupten, Hypnose und Suggestion jeglicher Art zu vermeiden – verschiedene hypnotische Elemente.

Zusammenfassend kann man sagen, daß Hypnose als therapeutische Methode deshalb gleichzeitig gefürchtet und erwünscht ist, weil sie – wie oben schon angedeutet – offensichtlicher als andere Methoden mit einem Tatbestand arbeitet, der in allen wirksamen Psychotherapien auf die eine oder andere Weise wirksam ist, gleichgültig, ob dies nun reflektiert und gar geleugnet wird oder nicht. Mit dem Tatbestand nämlich, daß die Psyche gleichzeitig autonom und suggestibel, selbstregulierend und in hohem Maße von ihrer Umwelt abhängig, oder besser: in ständiger Wechselwirkung zwischen »innen« und »außen« entsteht und besteht.

Werkzeuge

Indirekte Suggestion und Strategie

Wie oben erwähnt, arbeitet die klassische Hypnose fast ausschließlich mit dem manipulativen Aspekt: Es wird »direkt suggeriert«, man erteilt dem Unbewußten Befehle.

Durch seine Erfahrung und durch die Kenntnis der Freudschen Analyse, entwickelte Erickson eine neue Vorgehensweise. Er ging davon aus, daß das Unbewußte von selbst alle vorhandenen Kräfte mobilisiert und Integration oder Selbstheilung anstrebt, wenn ihm Raum, Zeit und genügend Nahrung angeboten wird. Im Vertrauen auf die »Weisheit des Unbewußten« bot er dem Unbewußten des in einem Trancezustand befindlichen Klienten Lösungsmöglichkeiten zur Auswahl. Damit wird der von Freud entdeckten Autonomie des Unbewußten Rechnung getragen und die Wirksamkeit der Hypnose verbessert.

Andererseits standen Erickson die manipulativen Möglichkeiten dieser Methode in hohem Maße zur Verfügung. Er arbeitete mit »somnambulistischer Trance«[16], setzte bewußt Amnesien[17] ein und ging häufig stark »strategisch«[18] vor. Dies ist auch der Grund, warum sich sowohl kooperativ arbeitende Schüler wie Rossi und Gilligan als auch strategisch vorgehende wie Haley sich auf ihn als Gewährsmann beziehen können.

Offenbar konnte Erickson die beiden Pole therapeutischen Wirkens – den Bereich der Selbstregulation und den der Suggestion – sozusagen in einem Atemzug ständig hin- und herwechselnd einsetzen. Er arbeitete in so engem Kontakt mit der jeweiligen Situation des Klienten, war sich dabei seines Könnens so sicher, und damit in hohem Maße flexibel, daß es ihm offensichtlich gelang, mit seinem Vorgehen die »paradoxe Struktur der Psyche« zu spiegeln.

Vorstellungen als Medium eines Dialogs mit dem Unbewußten

Die Arbeit mit Vorstellungen, das heißt mit inneren Bildern oder auch mit Halluzinationen, hat in der Hypnotherapie eine neue Qualität. Denn sie werden nicht nur als »Botschaften des Unbewußten«, wie in der Freudschen Analyse, sondern als »wirk-lich« im Sinne von Wirklichkeit erzeugend erkannt und als »Botschaften an das Unbewußte« genutzt. Dabei kann in einem Dialog zwischen Bewußten und Unbewußten Wirklichkeit entstehen.

Der Konstruktivismus als Philosophie der »Wirklichkeitskonstruktion« ist für diese Art therapeutischen Vorgehens ein wichtiger Verständnishintergrund, weil er Hinweise dafür gibt, wie Vorstellungen die Bausteine von Wirklichkeit sind.

Ernest L. Rossi

Ernest L. Rossi ist heute einer der überzeugendsten hypnotherapeutisch arbeitenden Schüler Milton Ericksons, der zwei wesentliche Faktoren des therapeutischen Prozesses herausstellt und dabei ist, sie neurophysiologisch zu fundieren: das »zustandsabhängige Gedächtnis, Lernen und Verhalten« (SDMLB)[19] und den »ultradianen Rhythmus«[20]. Das Hauptanliegen seiner forscherischen Tätigkeit ist es, »die Kluft zwischen Körper und Geist zu überbrücken«[21] und die Modulationsfähigkeit der Gene durch Lernen zu beweisen.

Der ultradiane Rhythmus und das Streß-Phänomen

Rossi betont, daß es einen wellenförmig durch Tag und Nacht verlaufenden endokrinen Rhythmus gibt, in dem in Abständen von 10 bis 20 Minuten abwechselnd Streß-, Sexual- und Wachstumshormone ausgeschüttet werden. Diese Ausschüttung bedingt die Notwendigkeit einer Ruhephase, und zwar alle 45 bis 90 Minuten, und ruft physiologische Reaktionen hervor, die auch in Trancezuständen beobachtbar sind. Rossi schlägt vor, diese Zeit – in der der Fokus der Aufmerksamkeit ganz von selbst nach innen geht – zu nutzten, um den Selbstheilungskräften des »Geist-Körpers«[22] Aufmerksamkeit zu schenken, und damit den vielfältigen Gefahren eines Dauerstresses zu entgehen, den er für eine wichtige Ursache psychischer und psychosomatischer Störungen hält.

Die Verbindung von Ericksonschen und Jungschen Elementen

Rossi hat eine Jungsche Analyse gemacht, acht Jahre mit Erickson zusammengearbeitet und zahlreiche Bücher mit ihm und anderen Autoren publiziert. In seiner therapeutischen Arbeit verfolgt er konsequent den Ansatz der Eigentätigkeit und Selbstheilungsfähigkeit des Unbewußten. Es ist beeindruckend, wie er – während er sich selbst in einem hochkonzentrierten Trancezustand[23] befindet – über unwillkürliche Handbewegungen des Klienten in Kontakt mit dessen Unbewußtem arbeitet. Dabei kann man deutlich wahrnehmen, wie er sich an eine wirklich eigenständige Kraft wendet, die sich zwar Vorschläge machen, aber keine Befehle erteilen läßt – und die außerdem mit Respekt behandelt werden will. Rossi wird nicht müde, darauf hinzuweisen, daß das Unbewußte selbst entscheidet, worauf es sich einlassen kann und was es dem Alltagsbewußtsein zugänglich machen will. Ein hypnotherapeutischer Prozeß dieser Art bewegt sich auf der Schwelle zwischen bewußt und unbewußt, zwischen einem veränderten Bewußtseins- oder Trancezustand und dem, was man »Alltagsbewußtsein« nennt. Eine in dieser Weise durchgeführte Sitzung gleicht einer gemeinsamen Meditation, in der der Therapeut oder die Therapeutin seine oder ihre eigenen Trancefähigkeiten dem Klienten zur Verfügung stellt, um die gemeinsame Sammlung zu erhöhen.

Neurolinguistisches Programmieren (NLP)

»Die Bedeutung dessen, was wir mitteilen wollen, ergibt sich aus der Antwort, die wir erhalten.« (Richard Bandler)

Kurzbeschreibung

Der Name dieser Methode weist darauf hin, daß sie sich mit den neuronalen als auch mit den sprachlichen Voraussetzungen von Wirklichkeitskonstruktion befaßt, um sie zu verändern. Sie ist keine in sich geschlossene Vorgehensweise, sondern viel eher ein »Werkzeugkasten psychologischer Werkzeuge«. Diese wurden nach systemischen Grundprinzipien entwickelt, um häufig wiederkehrende, typische psychische Problemkonstellationen zu bearbeiten. Sie sind ursprünglich für die Einzeltherapie bestimmt, können aber auch in die Gruppenarbeit einfließen. Robert Dilts – heute einer der überzeugendsten Ausbilder und Weiterentwickler dieser Methode, der von Anfang an dabei gewesen ist – drückt es so aus: »NLP bietet Werkzeuge und Fähigkeiten an, die der persönlichen Entwicklung dienen. Es beruht auf einer Reihe von

Überzeugungen und Grundannahmen über das Wesen des Menschen, über das Wesen menschlicher Kommunikation und über das Wesen des Prozesses, der kreative Veränderungen ermöglicht.«[24]

Geschichte

Der Kommunikationswissenschaftler Richard Bandler und der Linguist John Grinder wollten keine neue Therapiemethode entwickeln, sondern ein Rüstzeug für therapeutisches Handeln schaffen, das leicht zu erlernen und mit jeder bekannten Therapie vereinbar ist. Zu diesem Zweck haben sie die Vorgehensweisen einiger besonders kreativer Therapeuten wie Milton H. Erickson, Virginia Satir, Gregory Bateson und Fritz Perls studiert. Sie haben Ähnlichkeiten der sprachlichen Techniken herausgearbeitet, indem sie linguistische Gesichtspunkte anwandten, die sie aus der Transformationsgrammatik Noam Chomskys[25] übernahmen.

Bandler und Grinder hatten beobachtet, daß Therapierichtungen sehr verschiedener Art erfolgreich sind. Sie wollten die den verschiedenen Therapien gemeinsame Methode durch ein einziges Begriffssystem beschreiben, damit die Ähnlichkeiten herausgearbeitet und so für Therapeuten jeder Schule erlernbar gemacht werden. Sie hatten sich also zum Ziel gesetzt, Regeln menschlichen Verhaltens herauszufinden, durch deren Kenntnis man die Fähigkeit entwickeln kann, Verhaltensänderungen zu bewirken. Der Begriff »Verhaltensregel« bedeutet jedoch nicht, daß Verhalten determiniert und voraussagbar sei. Determiniertes Verhalten wäre festgelegt, während regelgeleitetes Verhalten zwar begrenzt ist, aber immer Auswahlmöglichkeiten bietet.

NLP ist diejenige der systemtherapeutischen Methoden, die am häufigsten in andere Bereiche – wie Pädagogik, Logopädie und Managementtraining – hineinwirkt. Außerdem können Elemente des NLP wie beispielsweise die Arbeit mit der Lebenslinie und der Rechts-Links-Ausgleich in andere Therapien übernommen werden.

Die Grundannahmen des NLP

Die Landkartenmetapher

Die ursprünglich von Korzybsky[26] stammende und von Chomsky übernommene Landkartenmetapher ist ein Bild für die Art und Weise, wie wir unsere Wirklichkeit »konstruieren«. Sie veranschaulicht die von den Transformationsgrammatikern formulierte Erkenntnis, daß wir nicht direkt auf die Welt einwirken. »Wir schaffen eine Landkarte oder ein Modell, welches wir für die Gestaltung unseres Verhaltens verwenden. Unsere Repräsentation der Welt bestimmt weitgehend, wie unsere Erfahrung in der Welt sein wird, wie wir die Welt wahrnehmen werden und welche Wahlmöglichkeiten wir für unser Leben in der Welt sehen werden.«[27] Es gibt also ein Substrat, eine »Landschaft«, von der Teile auf die Karte kommen oder auch weggelassen werden können, mit der die Karte mehr oder weniger übereinstimmen kann. Das heißt: Unsere Wirklichkeit gleicht einer Landkarte, mit deren Hilfe wir uns in der dahinter- oder darunterliegenden Wirklichkeit der Landschaft mehr oder weniger gut zurechtfinden. Therapie wird notwendig, wenn sich herausstellt, daß unsere Landkarte zu sehr von der Landschaft abweicht und uns einschränkt oder in die Irre führt.

Neurologisch-genetische Einschränkungen oder Filter

Die Funktionen des Gehirns, des Nervensystems und der Sinnesorgane werden als »hauptsächlich eliminativ und nicht produktiv«[28] gesehen. Dadurch wird das Gehirn zu einem »Reduktionsventil« (Aldous Huxley), das uns vor der Überschwemmung mit einer unendlichen Fülle von Informationen schützt. Die Tatsache, daß wir alle ein Gehirn besitzen, das in einer bestimmten Weise beschaffen und tätig ist, bewirkt, daß es eine allgemeine, neuronal bestimmte, menschliche Wirklichkeit gibt, die uns verbindet.

Wie die Landkartenmetapher schon zeigte, vertreten Bandler und Grinder nicht das Konzept eines »radikalen Konstruktivismus« – nach dem das Gehirn die Wirklichkeit von Grund auf »konstruiert«. Sie sehen das Gehirn vielmehr als ein » Auswahlinstrument«.

Aber auch die Auswahl aus einer Fülle von Möglichkeiten ist eine Gestaltung, die allerdings von einem schon vorhandenen Material ausgeht und nicht alles von Grund auf selbst »erfindet«.

Aus der Sicht des radikalen Konstruktivismus sind Vorstellungen also Bausteine, aus denen Wirklichkeit »konstruiert« wird. Der gemäßigte Konstruktivismus, den Bateson und seine Mitarbeiter vertreten, sieht innere Bilder oder andere mentale Muster wie »Glaubenssätze« als Filter oder Siebe, die unpassendes oder (ver)störendes aussondern.

Sozial-genetische[29] Einschränkungen oder Filter

Damit sind verschiedene Arten der Wahrnehmung und alle sozial vereinbarten Fiktionen, die Verständigung ermöglichen, gemeint, unter anderem die Sprache. Im Gegensatz zu den neurologisch-genetischen Einschränkungen sind diese leichter zu überwinden. Denn man kann zum Beispiel mehr als eine Sprache sprechen oder sich Sichtweisen eines anderen Kulturkreises aneignen.

Weitere »Filter« sind zum Beispiel die weiter unten besprochenen Überzeugungen und Werte.

Flexibilität

Menschen, die ein vielschichtiges und variables Modell ihrer Wirklichkeit besitzen, haben in problematischen Situationen Handlungsalternativen zur Verfügung. Es ist eines der zentralen Anliegen des NLP, Klienten zu helfen, das Modell ihrer Wirklichkeit zu erweitern und Wahlmöglichkeiten zu »erfinden«.

Sprache

Durch die Sprache bilden wir ein Modell der Welt und können mit ihrer Hilfe mit anderen kommunizieren. Wortwahl und Strukturierung sind uns dabei nicht bewußt. »Sprache füllt unsere Welt so aus, daß wir uns durch sie hindurchbewegen, wie ein Fisch durchs Wasser schwimmt.«[30]

Man kann an der Wortwahl ablesen, welcher Sinnesbereich von einer Person bevorzugt wird. Zum Beispiel wählen visuell Veranlagte hauptsächlich Worte, die aus dem visuellen Bereich stammen wie etwa:»Das ist sonnenklar!«für:»Das stimmt genau.« Da aus der Sicht des NLP neurotische Störungen und Kommunikationsschwierigkeiten damit zu tun haben können, daß ein Sinnesbereich ausgeschaltet ist, kann der Therapeut unter anderem auch durch seine eigene Wortwahl versuchen, den Klienten in den vermiedenen Sinnesbereich hinüberzuführen.

Überzeugungen oder Glaubenssätze

Glaubenssätze oder »beliefs« oder auch »belief-systems« sind Überzeugungen von früher, die dem gegenwärtigen Beziehungszusammenhang angepaßt werden müssen, wenn sie einschränkend oder gar lebensbedrohend wirken. Zum Beispiel kann die in der Jugend gemachte Erfahrung, daß man verlacht wird, wenn man seine Gefühle ausspricht, die Überzeugung hervorbringen: »Gefühle darf man nicht zeigen«. Es ist leicht ersichtlich, daß diese Überzeugung in bestimmten Situationen des späteren Lebens schlimme Folgen haben kann.

Feedback

Fehler, die man macht, werden aus der Sicht des NLP immer als Rückmeldung verstanden, daß man das nächste Mal anders vorgehen sollte, und nicht als Beweis von Unfähigkeit.

Die positive Absicht

Eine zentrale Grundannahme im NLP ist, daß innerhalb eines Familiensystems hinter jedem Verhalten eine positive Absicht steht, die auf ihre Weise zum Erhalt des Ganzen beitragen soll. Das gleiche gilt für die verschiedenen Teile der »inneren Familie« einer Einzelperson. In manchen Fällen ist diese Sicht für den Betroffenen relativ leicht zugänglich, in anderen jedoch scheint sie fast unmöglich. Wenn es jedoch zum Beispiel gelingt, ein Erlebnis der Jugendzeit, das mit einer für das Kind verletzenden Verhaltensweise eines Elternteils zusammenhängt, durch die Augen dieser Person zu sehen, beginnt man wahrzunehmen, auf welche Weise es diese Person auf ihre Weise »gut gemeint« hat. Dadurch erhält das Erinnerungsbild eine andere Qualität und verändert seine Wirkung. Auch eigene Verhaltensweisen, die man als destruktiv erlebt, haben oder hatten »ihr Gutes«. Hinter ihnen stehen oft Überzeugungen, die durch früheres Erleben entstanden. Und wenn man fähig wird, dies zu sehen und damit den dieses Verhalten erzeugenden Persönlichkeitsteil in seiner positiven Absicht anzuerkennen, ist es meist leichter möglich, dieses Verhalten durch ein anderes zu ersetzen. Dreht es sich jedoch offensichtlich um destruktives Verhalten wie die aktive Schädigung eines anderen, so kann diese Sicht kein Leitfaden für die Praxis sein. Es müssen Grenzen gesetzt werden. Andererseits bringt die Anwendung dieser Sicht auf solche Situationen oder traumatische Erinnerungen manchmal die Möglichkeit, das Ganze zu sehen, wobei eine Lösungsmöglichkeit aufscheint. Im Falle einer Erinnerung an Inzest in der Kindheit zum Beispiel kann die Situation des Täters und der Anteil, den andere Familienmitglieder daran haben, in das innere Bild einbezogen werden. Als »positive Absicht« erscheint beispielsweise die Suche nach Nähe und Zuwendung. Wenn die oder der Betroffene dies anerkennen kann, tun sich Möglichkeiten innerer Ablösung auf. Andernfalls bleiben Opfer und Täter verstrickt.

Es muß betont werden, daß sich das oben Gesagte nur auf Erinnerungen an Inzesterfahrungen der Kindheit bezieht, die in den Therapien der letzten Jahre häufiger auftauchen. Es stellt nur einen Aspekt der insgesamt äußerst komplexen Inzestproblematik dar.

Die Suche nach der positiven Absicht hat eine ähnliche Qualität wie die Suche der im Familiensystem natürlicherweise immer vorhandenen Kraft, die Bert Hellinger »Primärliebe« nennt. Im NLP geschieht dies jedoch aus der Sicht einer Einzelperson und des in der Situation entscheidenden Beziehungspartners heraus,[31] während bei Hellinger und Satir der ganze Familienzusammenhang in Betracht gezogen wird.

Weitere Grundannahmen im Überblick

- Kraftquellen sind wichtiger als Traumen.
- Ziele sind wichtiger als Ursachen.
- Symptome können zu Kraftquellen werden.
- Wenn Veränderungen anstehen, sind die notwendigen Kraftquellen immer vorhanden.
- Die Teile einer Persönlichkeit stehen in Wechselwirkung; keiner davon kann ausgeschlossen werden.

Vergangenheit, Gegenwart und Zukunft bilden ebenfalls ein »System«, das heißt, auch sie stehen in Wechselwirkung. Denn wenn ich mir ein anderes Bild meiner Zukunft gestalte, verändere ich dadurch die Art und Weise, in der meine Vergangenheit auf mich einwirkt. Wenn ich die Sicht meiner Vergangenheit ändere, ändere ich meine Zukunftsperspektive und häufig auch mein Befinden in der Gegenwart.

Psychologische Werkzeuge

Die »psychologischen Werkzeuge« des NLP sind darauf abgestimmt, den Kognitionsprozeß – die Art und Weise, wie unser Gehirn mit den Inhalten umgeht – so zu verbessern, daß er flexibler gegenüber äußere Umstände wird. Denn das menschliche Gehirn gleicht insofern dem Computer, als es die Tendenz hat, programmartige Wahrnehmungs- und Verhaltensmuster aufzubauen, auf seiner Landkarte zu verzeichnen und einmal begangene Straßen wieder und wieder zu gehen. Von der Fähigkeit zur Umstellung und einer den Umständen gemäßen Neubahnung hängt jedoch die Lebens- und Überlebensfähigkeit sowohl des einzelnen als auch der ganzen Spezies ab.

Diese zur »Anpassung der Landkarte an die Gegend« entwickelten »psychologischen Werkzeuge« sind präzise geformt für häufig auftretende, typische Konflikt- oder Problemsituationen. Ich begnüge mich hier mit der Erwähnung und Kurzbeschreibung der wichtigsten Elemente. Bei eingehenderem Interesse steht eine große Auswahl von NLP-Lehrbüchern zur Verfügung.[32]

Die Positionen

Man unterscheidet im NLP drei Positionen: eine assoziierte (Wie nehme ich mich in einer Situation von innen wahr?), eine dissoziierte (Wie nehme ich mich von außen oder durch die Augen einer anderen Person wahr?) und die Metaposition (Was nehme ich wahr, wenn ich mich auf eine neutrale Position außerhalb des Beziehungszusammenhanges begebe?). Der Wechsel zwischen diesen Positionen kann zur Erarbeitung einer Lösung vielfach eingesetzt werden.

Ankern

Ankern bedeutet das Verknüpfen einer Vorstellung oder eines inneren Zustandes mit einem äußeren Reiz. Es ist eines der »Werkzeuge«, das im NLP eine zentrale Rolle spielt. Meist wird mit Berührung geankert, das heißt zum Beispiel, daß der Therapeut den Klient auf einem Fingerknöchel berührt, wenn er an seinem Gesichtsausdruck ablesen kann, daß eine Vorstellung diesem wirklich gegenwärtig geworden ist. So kann man Vorstellungen verbinden, mischen oder in den Vordergrund holen. Letzteres kann beispielsweise bei Heilungsbildern sinnvoll sein, die man sich über einen Anker immer wieder ins Bewußtsein ruft, um den Heilungsprozeß zu fördern.

Reframing

Reframing[33] ist ein wichtiges Mittel, um eine Änderung der Sicht zu erreichen. Zum Beispiel gewinnt die Erinnerung an ein schweres Erlebnis eine ganz andere Bedeutung, wenn man sich die positiven Auswirkungen vor Augen führt – selbst wenn sie nicht leicht zu sehen sind –, statt nur die Schädigung wahrzunehmen. Das eigene Leben betrachten, um sich positive Schritte ins Gedächtnis zu rufen, die man in der Vergangenheit getan hat, kann zu einer neuen Einstellung dem Leben gegenüber führen.

Veränderung von Überzeugungen oder Glaubenssätzen

NLP hat vielerlei Vorgehensweisen entwickelt, um Überzeugungen zu verändern, die den heutigen Umständen nicht mehr entsprechen und so der Problemlösung und Heilung im Wege stehen.

Beobachtung der Augenbewegungen

Bandler und Grinder gehen davon aus, daß man – ähnlich wie an der Wortwahl – auch an den Bewegungen der Augen ablesen kann, welcher Sinnesbereich beim Abrufen einer Vorstellung aktiv ist oder in welcher Reihenfolge die verschiedenen Sinnesbereiche bei Vorstellungsprozessen tätig werden. Deshalb arbeitet man zum Beispiel daran, die Reihenfolge, die bei der Vorstellung einer beherrschten Tätigkeit beobachtbar ist, auf die Vorstellung einer Tätigkeit, die man erlernen möchte, zu übertragen.

Trance

Im NLP wird im allgemeinen auf eine formelle Tranceinduktion, wie sie teilweise die Hypnotherapie benutzt, verzichtet. Leichte oder tiefere Trancezustände stellen sich von selbst ein, wenn der Klient oder die Klientin aufgefordert wird, sich auf Erinnerungsbilder oder andere Vorstellungen zu konzentrieren, wie das im NLP üblich ist.

Ecological cheque

Der Sinn der »ökologischen Überprüfung« ist, sich zu vergewissern, ob die angestrebten Ziele dem bisher bestehenden System aus Persönlichkeitsteilen und persönlichen Erfahrungen gemäß sind. Leider wird gerade dieser wichtige Schritt von NLP-Anwendern häufig nicht beachtet. Die Folge ist ein illusionäres In-den-Vordergrund-Rücken des persönlichen Erfolges ohne Berücksichtigung der Beziehungszusammenhänge.

Drei wesentliche therapeutische Elemente

Die Lebenslinie als Ressourcensuche

Die Arbeit mit der Lebenslinie dient vorwiegend dazu, die Ressourcen oder Kraftquellen ausfindig zu machen, die zum Erreichen eines Zieles oder zur Lösung eines Konfliktes notwendig sind. Dazu erinnert man sich wichtiger Schritte, die man in der Vergangenheit getan hat und die sich positiv auswirkten, außerdem an Erlebnisse, in denen das Eingebundensein in einen größeren

Zusammenhang erfahren wurde. Diese Art von Rückschau hat eine ganz andere Auswirkung, als wenn die Lebenserinnerungen auf Defizite und Traumen hin abgesucht werden, wie das in analytisch orientierten Therapien üblich ist.

Vergangenheit, Gegenwart und Zukunft werden in dieser Übung als wechselwirkender Zusammenhang gesehen: nicht nur die Vergangenheit beeinflußt die Gegenwart, sondern auch die Zielvorstellung – oder Zukunftserwartung – wirkt auf Gegenwart und Vergangenheit zurück. Und je nachdem, welches Bild der Zukunft man in sich trägt, treten verschiedene Elemente der Vergangenheit in den Vordergrund und werden dadurch auch in der Gegenwart wirksam.

Änderung der Sicht durch Reimprinting

In dem von Robert Dilts vermittelten Reimprinting werden Überzeugungen, die in der Vergangenheit entstanden, der heutigen, veränderten Situation anpaßt. Man geht zurück in den damaligen Beziehungszusammenhang und versucht, die Situation auch aus der Sicht der anderen an dem Geschehen beteiligten Personen zu sehen und ihre positive Absicht zu erleben. Gelingt dies, so wird eine Ablösung auch im Fall tieferer Verletzungen möglich.

Die Arbeit an einer Ambivalenz mit Rechts-links-Ausgleich

In der Arbeit mit Ambivalenz wird versucht, unvereinbar erscheinende Pole in einen Dialog zu bringen. Ob es sich bei diesen Polen nun um innere Anteile, verschiedene Möglichkeiten, Einflüsse verschiedener Personen oder um etwas anderes handelt, es geht immer darum, beide Pole zu Wort kommen zu lassen, ihre positive Absicht für das Ganze wahrzunehmen und dies in der Lösung zu berücksichtigen. Dazu eignet sich zum Beispiel der »Rechts-links-Ausgleich«, bei dem der eine Pol der Ambivalenz in der einen Hand, der andere in der anderen vorgestellt wird und der Therapeut den Klienten anleitet, beide Pole über unbewußte Handbewegungen miteinander kommunizieren zu lassen,[34] denn eine wirksame Lösungsvorstellung ergibt sich nur, wenn alle Teile gesehen werden und zu ihrem Recht kommen.

Es gibt vielerlei NLP-Vorgehensweisen, die teilweise in Büchern beschreiben sind, jedoch sinnvollerweise in einer einschlägigen Fortbildung erlernt werden sollten.

NLP zwischen Kommunikation, Manipulation und Hybris

NLP wird – wie schon gesagt – häufig kontrovers diskutiert. Vor allem Richard Bandler wird – und sicher nicht ganz zu Unrecht – der Vorwurf des manipulativen Vorgehens gemacht. Und in der Tat hinterläßt einiges, was man über NLP liest oder in manchen NLP-Workshops hört und lernt, einen schalen Nachgeschmack. Das Wort »Strategie« bekommt hier eine ausschließlich negative Bedeutung, und es herrscht eine kühle, geschäftsmäßige Atmosphäre. Die Illusion, daß mit entsprechend geschickter, trickreicher »top-communication« alles zu erreichen sei, wird in zum Teil marktschreierischen Superlativen verbreitet.

Auch Behauptungen wie »Alles kann von jedem erreicht werden, wenn die Aufgabe nur in entsprechend kleine Schritte aufgeteilt wird«[35], oder »Wenn einer etwas tun kann, so ist es möglich dies zu ›modellieren‹ und jedem anderen beizubringen«, tragen dazu bei, daß NLP von vielen Klienten wie Therapeuten als illusionäre Hoffnungen weckende Methode angesehen wird.

Andererseits zeigt die zunehmende Bekanntheit, daß es sich beim NLP um ein wirkungsvolles Instrument nicht nur für das therapeutische Vorgehen, sondern auch für die Alltagspraxis handelt, das man allerdings in sehr verschiedenem Geiste handhaben kann. Denn es gibt nichts Wirksames, das man nicht auch mißbrauchen könnte.

Das bedeutet, daß die Werkzeuge des NLP ganz sicher manipulativ, aber ebenso auch kooperativ eingesetzt werden können. Therapeuten, die der Überzeugung sind, daß sie einen besseren Kontakt zum Unbewußten des Klienten haben als der Klient selbst, können versuchen, ihn oder sie »umzuprogrammieren«, womöglich ohne daß er oder sie das merkt. Möglicherweise sind sie damit erfolgreich. Aber ich denke, daß dies nur in den Fällen funktioniert, in denen die Klientin oder der Klient innerlich dazu bereit ist. Eine Erfolgsgarantie – mit der allerdings häufig unterschwellig oder auch ganz offen geworben wird – gibt es selbstverständlich dabei genausowenig wie bei anderen psychologischen Verfahren, da das Unbewußte sich seine Autonomie meist vorbehält.

Damit ist die Tatsache angesprochen, daß man – in jeder Therapie genauso wie im täglichen Umgang mit anderen Menschen – ständig dem Einfluß anderer Personen ausgesetzt ist, wobei das Unbewußte seine Autonomie für kürzere oder längere Zeit verlieren, im Laufe einer Auseinandersetzung jedoch seine eigenen, neuen Möglichkeiten entwickeln kann. Bei einer Haltung wie der obengeschilderten besteht aber die Gefahr, daß eine Auseinandersetzung ausbleibt und eine länger dauernde Abhängigkeit entsteht. Andererseits bieten die therapeutischen Elemente des NLP große Möglichkeiten, kooperativ vorzugehen und die Autonomie des Unbewußten und damit die Integrität der Persönlichkeit zu achten.

Etwas kurz kommt bei einem nur mit NLP durchgeführten therapeutischen Prozeß der Aspekt, daß es noch andere Hemmnisse als nur mangelnde Flexibilität gibt, die verhindern, daß eine Alternative wahrgenommen und gelebt werden kann. – In der Beschreibung der Familienaufstellung von Bert Hellinger komme ich darauf noch einmal zurück.

Das Gehirn als Computer?

Die Annahme, daß das NLP davon ausgehe, daß das Gehirn wie ein Computer funktioniere, ist nur zum Teil richtig – selbst wenn die Bezeichnung »Neurolinguistisches Programmieren« diese Annahme nahelegt. NLP macht sich die Erfahrung zunutze, daß die Änderung von Einstellungen und Sichtweisen, die eine der wesentlichen Voraussetzungen für einen Weg in die Heilung sind, in mancher Hinsicht einem Umprogrammierungsvorgang gleicht.

Ein »autonomes Unbewußtes« paßt nicht in dieses Bild, gehört aber andererseits zu den Grundannahmen des NLP. Nur wird – wie oben schon angedeutet – die Autonomie des Unbewußten von manchen NLP-Trainern und Anwendern beiseite geschoben und tritt zugunsten eines illusionären Erfolgsdenkens in den Hintergrund. Illusionär insofern, als systemische Grundgedanken und Erfahrungen des Alltags dabei mißachtet werden: Denn »positiv gedacht« ist nicht automatisch auch systemisch gedacht. Positiv denken oder lösungsorientiert vorgehen bedeutet systemisch gesehen nicht, daß sich die Wunschträume einzelner Personen oder auch einzelner Teile der Persönlichkeit bedingungslos realisieren, sondern daß eine Lösung zustande kommt, die allen Teilen – auch den ausgeschlossenen oder abgelehnten – gerecht wird. Das heißt: Es gibt äußere und innere Faktoren, die man als wirksam anerkennen muß und nicht »wegprogrammieren« kann.

Robert Dilts

Robert Dilts war schon in der Entstehungszeit des NLP mit Bandler und Grinder bekannt und hat an dem 1980 erschienenen *Strukturen subjektiver Erfahrung* mitgearbeitet. Von ihm stammen folgende Formulierungen von Grundannahmen, die sich vor allem auf den psychosomatischen Bereich beziehen:

Kommunikation mit dem Unbewußten ist das Wesen von Gesundheit.

Das Unbewußte steuert die Heilung. Der Dialog von Therapeut und Klient, und der Respekt vor dem Unbewußten schaffen die Vorbedingungen.

Heilung kommt zustande, wenn unvereinbar scheinende Pole in Kommunikation miteinander treten können.

Es gibt keinen Ersatz für offene und aktive Sinne, so daß man sich der Antwort, die man erhält, bewußt wird.

Außerdem hat Robert Dilts mit seinem »Sechs-Ebenen-Modell der Persönlichkeit« die Methode des NLP ergänzt und fundiert.

Das Sechs-Ebenen-Modell der Persönlichkeit

Angeregt durch das von Bateson entwickelte Modell logischer Lerntypen unterscheidet Dilts sechs »neuro-logische« Ebenen der Persönlichkeit, die sich wechselseitig beeinflussen und in Wechselwirkung mit der Umwelt stehen:

Die Ebene der Umgebung. Sie erschließt sich durch die Frage: Wo oder wann tritt das Problem oder Symptom auf?

Die Ebene des Verhaltens. Sie erschließt sich durch die Frage: Was tun Sie, und was tun die anderen?

Die Ebene der Fähigkeiten. Sie erschließt sich durch die Frage: Welche Verhaltensmöglichkeiten oder Fähigkeiten stehen hinter den jeweils vorhandenen oder fehlenden Verhaltensweisen der Problemsituation?

Die Ebene der Überzeugungen und Werte. Sie erschließt sich durch die Frage: Warum wird so oder so gehandelt, oder konnten bestimmte Fähigkeiten entwickelt oder nicht entwickelt werden?

Die Ebene der Identität. Sie erschließt sich durch die Frage: Wer bin ich?

Die Ebene der Mission oder der Spiritualität. Sie erschließt sich durch die Frage: Wohin führt das? Oder: Was ist der Sinn meines Lebens?

Um die Lösung zu finden, ist es meist notwendig, auf eine höhere Ebene zu gehen. Das heißt zum Beispiel: Wenn ein Problem auf der Verhaltensebene vorliegt, muß nach der dahinterstehenden Überzeugung gefragt und mit ihr gearbeitet werden, anstatt ein neues Verhalten vorzuschreiben.

Diese Ebenen dieses Persönlichkeitsmodells bringt Dilts in Zusammenhang mit den verschiedenen Positionen auf der Zeitlinie (Vergangenheit, Gegenwart und Zukunft) und schafft somit einen »Lösungs-Raum«, in dem sich neue Sichten und Verhaltensweisen ergeben.

Hier kann leider nicht ausführlicher beschrieben werden, wie damit gearbeitet wird.[36] Das Modell macht jedoch deutlich, daß NLP von Dilts nicht in erster Linie als Technik der Erfolgsmaximierung, sondern als Möglichkeit der Persönlichkeitsentwicklung verstanden wird. Aus seiner Sicht gilt es nicht, irgendein wünschbares Ziel mit allen zur Verfügung stehenden Mitteln zu verfolgen, sondern es kommt darauf an, eine Richtung zu finden, die der Aufgabe entspricht, die man für dieses Leben schon erkannt hat oder die es noch zu erkennen gilt.

In den letzten Jahren hat sich die Arbeit von Robert Dilts stark auf den psychosomatischen Bereich konzentriert, und er ist dabei, auch in Deutschland eine Gruppe von Therapeuten und Therapeutinnen aufzubauen, die auf diesem Gebiet von ihm fortgebildet sind.[37]

Kurztherapie nach Steve DeShazer

»Es gibt kein Verständnis. Es gibt nur mehr oder weniger nützliche Mißverständnisse«. (Steve DeShazer)

Kurzbeschreibung

Steve DeShazers Ansatz der »Brief-Family-Therapy« (BFT) kann in der Einzeltherapie, aber auch in der Arbeit mit Paaren und Familien verwendet werden. DeShazer legt seinen Klienten nahe, so viele Personen mitzubringen, wie zur Lösung des Problems hilfreich sind.

Nach einem Gespräch, in dem es nicht um eine genaue Beschreibung des Problems, sondern um schon erlebte Lösungsmöglichkeiten oder um Ausnahmen vom Problem geht, macht der Therapeut aufgrund des Gehörten einen Vorschlag, den der Klient bis zur nächsten Stunde erproben kann. Diese »Hausaufgabe« besteht aus Handlungen, die mit der Lösungserfahrung verknüpft sind. Der Therapeut fragt zum Beispiel, unter welchen Umständen und wann ein bestimmtes Problem fast nicht vorhanden oder kaum wahrnehmbar ist. Außerdem forscht er nach, was der Klient oder die Klientin tut, wenn dies der Fall ist, und er schlägt vor, eine dieser Handlungen zu einer bestimmten Zeit durchzuführen, unabhängig davon, ob das Problem gerade im Vordergrund steht oder nicht.

Wenn etwa jemand unter Depression leidet und angibt, an Tagen, an denen er sich wohl fühlt morgens zu joggen, dann wird ihm nahegelegt, dies an einem oder mehreren Tagen der Woche zu tun, gleichgültig, wie er sich dann jeweils fühlt. Dies führt höchstwahrscheinlich mehr als einmal zu der Erfahrung der Besserung an depressiv begonnenen Tagen. Die mit Wohlbefinden assoziierte Handlung wird zum Anker, der den Problemzustand mit einer Lösungserfahrung verknüpft. Führte dies bis zur nächsten Stunde zu einer gewissen Besserung oder einfach zu der Erfahrung, daß man »etwas tun kann« und dem Symptom nicht völlig hilflos ausgeliefert ist, so werden weitere Handlungsvorschläge gemacht, die nach und nach den Fokus der Aufmerksamkeit immer weiter in den Lösungsbereich verlagern, also Entscheidungs- und Handlungsmöglichkeiten erschließen, die zur Besserung führen.

Bei diesem Ansatz werden systemtherapeutische Elemente auf das Wesentliche und Wirksame reduziert. Er ist daher in seinen Grundzügen leicht zu erlernen und anzuwenden und eignet sich gleichermaßen für die Therapie wie für den Beratungsbereich.

Theoretischer Hintergrund

Zusammen mit dem Team seines »Brief Family Therapy Centers« in Milwaukee hat DeShazer die systemtherapeutischen Elemente der Lösungs- und Ressourcenorientierung besonders konsequent herausgearbeitet. Er ist zwar kein persönlicher Schüler Eriksons gewesen, hat sich jedoch mit seinen Schriften wie auch mit einem großen Teil der einschlägigen psychologischen und philosophischen Fachliteratur auseinandergesetzt, um seine eigene praktische Arbeit zu fundieren. DeShazer bezieht sich in seiner letzten größeren Veröffentlichung *Das Spiel mit Unterschieden* auf Autoren des Poststrukturalismus wie Derrida, Foucault – und vor allem auch auf Wittgenstein. Es ist DeShazer gelungen, Wittgensteinsches Gedankengut in eine wirksame therapeutische Praxis umzusetzen. Dies wird jedem klar, der die *Philosophischen Untersuchungen* Wittgensteins liest und außerdem Erfahrungen mit DeShazers therapeutischer Vorgehensweise gesammelt hat. Man könnte in einem gewissen Sinne sagen, daß DeShazer etwas gelungen ist, was Wittgenstein unter anderem wollte: den Begriff »Sprachspiel« in therapeutische Wirksamkeit umzusetzen.

DeShazer vertritt einen radikaleren Konstruktivismus als das

Team des MRI, denn er sagt »Als Therapeut wird man geschult, nach dem zu suchen, was hinter dem Problem ist. Es könnte jedoch sein, daß da nichts ist.«[38] Er lehnt also – ganz im Sinne Wittgensteins, für den es die Begriffe des Unbewußten und der Metasprache nicht gibt – eine »Tiefenstruktur« ab, die sich hinter oder unter der »Landkarte unserer Wirklichkeit« befindet. Für DeShazer ist »Sprache die menschliche Welt, und die menschliche Welt konstruiert die gesamte Welt«[39]. Dabei betont er, daß es eine von einem Einzelindividuum wahrgenommene Welt nicht geben kann, sondern daß wir vom ersten Atemzug an im Austausch mit anderen menschlichen Wesen unser Weltbild gestalten. Gleichzeitig weist er durch seine Feststellung, daß es kein Verständnis, sondern nur mehr oder weniger nützliche Mißverständnisse gäbe, auf den paradoxen Sachverhalt hin, daß wir einerseits nur im Austausch mit anderen Menschen unser Bild der Wirklichkeit entwickeln, andererseits aber nicht fähig sind, das Problem eines anderen Menschen ganz zu verstehen. Denn man kann niemals völlig den Standpunkt eines anderen einnehmen, sonst wäre man dieser andere. Gespräche sind jedoch gleichwohl nützlich, wenn sie dazu führen, daß – etwa in der Kooperation zwischen Therapeut und Klient – Lösungen entstehen.

Folgendes Wittgenstein-Zitat, das DeShazer einem Fallbeispiel voranstellt, deutet die kreative Art und Weise an, in der er sich der Paradoxie menschlicher Wirklichkeit aussetzt: »Nur wo eine Methode der Lösung ist, ist ein Problem.«[40] Das heißt: Nur wo eine Lösung irgendwann einmal vorhanden war, kann ein Problem wahrgenommen werden, und es gilt, diese Methode der Lösung wieder in den Vordergrund zu rücken.

Diese Einsicht hat DeShazer zu seiner zentralen therapeutischen Maxime gemacht.

Co-Konstruktion

Wirklichkeit besteht in DeShazers Sicht aus »Co-Konstruktion«. Das heißt: Sie wird nicht gefunden, sondern – gemeinsam mit anderen Personen – »erfunden«. Wirklichkeit ist also einerseits eine »Gemeinschaftsleistung«, andererseits sieht sie für zwei verschiedene Menschen niemals ganz gleich aus, denn jeder hat einen anderen »Stand«- oder »Gesichtspunkt«. So muß Verständnis, auch wenn es sich auf eine gemeinsam konstruierte Wirklichkeit bezieht, doch immer unvollkommen bleiben. Das bedeutet, daß es nicht die Aufgabe des Therapeuten sein kann, das Problem eines Klienten genau zu verstehen. Denn verstehen heißt immer vom eigenen Standpunkt her zu deuten. Die Aufgabe ist vielmehr, die Ausnahme vom Problem oder die Vorstellung einer Problemlösung in den Vordergrund zu rücken, so daß die im Moment möglichen Handlungsalternativen sichtbar und in die Tat umgesetzt werden. Dies geschieht selbstverständlich nicht ohne Mitbeteiligung des Klienten – etwa durch eine gekonnte Intervention –, sondern nur durch sein volles Engagement. Deshalb prüft DeShazer zu Beginn der Therapie, ob er es mit einem echten »Klienten«, das heißt mit einem Menschen zu tun hat, der bereit ist, mitzuarbeiten, oder mit einem »Besucher«, der davon ausgeht, daß etwas mit ihm gemacht wird. Denn Therapie kann ohne Bereitschaft zur Mitwirkung nicht erfolgreich sein.

Kooperation

DeShazer sieht Interaktion stets als Kooperation. Das heißt, auch Aggression oder Widerstand sind für ihn ein Miteinander und kein Gegeneinander, solange ein Beziehungszusammenhang besteht. So konzentriert sich DeShazer auf die Frage: Wie kooperieren Partner, wie Therapeut und Klient und wie Therapeuten untereinander, so daß ein bestimmter Tatbestand oder ein Symptom als Problem interpretiert wird? Er meint dazu: »Die Metapher ›Kooperieren‹ ist nicht wahrer, aber nützlicher«[41]. Nützlicher nämlich als die Metapher »Widerstand«, die in der analytischen Richtung für genau die gleichen Tatbestände oder Konstellationen benutzt wird. Sie ist auch nützlicher als die Metapher »Rivalität« oder »Konkurrenz«, weil sie verhindert, daß die darunter verborgene »positive Absicht« der Partner gesehen werden kann, was allein zur Lösung führt.[42]

DeShazers Umdeutung von Beziehungsproblematik in Kooperation hat eine gewisse Ähnlichkeit mit der Sicht Bert Hellingers, der innerhalb der Familie den Aspekt der »Primärliebe« in den Vordergrund stellt und nur noch fragt, wie die Liebe unter den Familienmitgliedern fließt.

Beide – DeShazer und Hellinger – haben auf ihre Weise konsequent lösungsorientiert umgedacht, indem sie auf die »positive« Seite des Verhaltens blicken und auf das Zwischen-Bewußtsein achten. DeShazer fragt: »Wie wird kooperiert?«, während Hellinger dem Fluß der Primärliebe zwischen den Familienangehörigen nachgeht. Während DeShazer jedoch ausschließlich auf der sprachlichen und damit auditiven Ebene arbeitet, beschreitet Bert Hellinger mit seiner Familienaufstellung einen anderen Weg, der sehr stark den visuellen, aber auch den kinästhetischen Bereich mit einbezieht und in eine archaische Dimension der Beziehungswirklichkeit vorstößt.

So findet man – wie im Kapitel über das NLP schon angedeutet – Parallelen bei zwei systemischen Ansätzen, die äußerlich sehr verschieden anmuten. In der Praxis stellt sich jedoch immer wieder heraus, daß sich diese beiden Ansätze wirksam ergänzen können.

Unterschied

Der »Unterschied, der einen Unterschied macht« (Bateson), spielt auch in DeShazers Vorgehen eine wichtige Rolle. Für ihn ist ein Unterschied immer ein »Unterschied zwischen«; er ist der »Name für eine Beziehung«[43], oder noch klarer: für eine Wechselbeziehung. Unterschiede werden zu »Unterschieden, die einen Unterschied machen«, wenn sie als solche erkannt und dadurch therapeutisch wirksam werden. »Unterschiede, die dem Klienten wichtig sind, sind die Auswirkungen oder Zeichen eines Unterschieds, den man für sich hat arbeiten lassen.«[44] Gedacht ist dabei zum Beispiel an den Unterschied zwischen der Sicht einer Bezugsperson des Klienten und dessen eigener, zwischen der Sicht des Klienten und der des Therapeuten, oder zwischen zwei verschiedenen

Handlungsmöglichkeiten, die zu verschiedenen Konsequenzen führen. Das Erkennen solcher Unterschiede kann Verhaltensänderungen bewirken.

Werkzeuge

Die Ausnahme

Auf eine für jeden analytisch Geschulten schockierende Weise bleibt in diesem Ansatz kaum Zeit für die Schilderung der Natur und der Herkunft eines Problems. Denn DeShazer lenkt die Aufmerksamkeit seiner Klienten ausschließlich auf die Ausnahmen in Form von Handlungen, die erfahrungsgemäß schon einmal oder auch öfter zu einer Besserung oder zu Lösungen geführt haben. Und er zielt mit seinen Interventionen auf die Wiederholung bewährter oder auf die Erfindung neuer Verhaltensalternativen, die zu einem Wechsel der Sicht und zu neuartigen Erfahrungen führen. Außerdem läßt er den Klienten eine Art Zielvorstellung entwickeln, indem er ihm nahelegt, den Zustand zu beschreiben, in dem er sich befindet, wenn das Problem gelöst ist Damit wird schon vorhandenes problemlösendes Verhalten fokussiert, und Klienten finden im allgemeinen von sich aus bald heraus, was sie tun können, damit diese »Ausnahme« häufiger eintritt.

Daß »Lösungen häufig nichts mit den Problemen zu tun haben«[45], ist eine andere seiner verblüffenden Thesen. Dazu führt er erklärend die Erfahrung an, daß das Verhalten, das der Klient als problemlösend erfährt, in den Augen des Therapeuten häufig in keinem erkennbaren Zusammenhang mit dem geschilderten Problem steht.

Reframing

Wie im Zusammenhang mit dem NLP schon erklärt wurde, bedeutet »reframing«[46] eine Art »Deutung«, aber nicht im Sinne des Einfügens in einen Verständnishintergrund – wie in der Analyse –, sondern einzig zu dem Zweck, eine neue Sicht auf einen bestimmten Sachverhalt zu ermöglichen und Handlungsmöglichkeiten zu erschließen.

Bei Paartherapien etwa wird das »beklagte Verhalten« (complaint) in ein »Schutzverhalten für den anderen«[47] umgedeutet. Eifersucht zum Beispiel wird gedeutet als Bemühung, den anderen zu schonen, indem man sich ihm nicht mit Handlungen der Hinwendung zumutet: Man macht dem anderen offen oder heimlich Vorwürfe, statt ihm zu zeigen, wie man ihn liebt.

Tun als ob

Wie eingangs erwähnt, nutzt DeShazer die Erfahrung, daß bestimmte Handlungen einen bestimmten inneren Zustand erzeugen, therapeutisch in vielfältiger Weise. So wird dem Klienten manchmal empfohlen, in einem bestimmten Zusammenhang so »zu tun, als ob« das Problem gelöst sei. Dies lenkt den Fokus der Aufmerksamkeit auf die Lösungsmöglichkeiten, die schon einmal da waren oder sich neu bieten. Als »Handlungsmetapher« für die Möglichkeit einer Veränderung empfiehlt er auch (wenn das Problem sehr vage zu sein scheint), einfach jeden Tag etwas anderes zu machen als gewohnt.

Wirksamkeit in der Praxis

DeShazers Vorgehen – so einfach es auf den ersten Blick erscheinen mag – erweist sich in der Praxis häufig als sinnvoll und wirksam. Macht man diese Erfahrung in der eigenen Arbeit, dann beginnt man in Erwägung zu ziehen, ob DeShazer womöglich recht hat mit seiner Behauptung, daß alles, was »hinter« einem Problem stehen könnte – wie nicht gelöste Mutter- oder Vaterbindung, Aufträge früherer Generationen und anderes –, reine Interpretationssache sei.

Das Zwischen-Bewußte

DeShazer hat das Konzept des Unbewußten weitgehend durch ein Konzept des »Zwischen-Bewußten« ersetzt. Die gemeinsame Herstellung von Wirklichkeit durch Sprache steht im Mittelpunkt seiner Sicht. Dabei schaut er nicht auf das, was »hinter den Problemen steht«, sondern auf das, was sich zwischen den Beziehungspartnern abspielt, und deutet dieses Geschehen – selbst wenn es üblicherweise als Widerstand, Rivalität oder Einmischung gesehen werden könnte – als Kooperation.

Das Bestechende an dieser Methode ist die Verbindung von Pragmatik und philosophischer Verankerung. Er weist zwar selbst auf seine »simplemindness« hin, um sich für sein philosophisches Autodidaktentum zu entschuldigen. Es zeigt sich jedoch, daß DeShazer mit dieser »geistigen Schlichtheit« einen äußerst wachen Blick für therapeutisch relevante Erkenntnisse der modernen Philosophie verbindet.

Kooperation und Primärliebe

DeShazers Umdeutung von Beziehungsproblematik in Kooperation hat eine gewisse Ähnlichkeit mit der Sicht Hellingers, der innerhalb der Familie den Aspekt der »Primärliebe« in den Vordergrund stellt und nur noch fragt, wie die Liebe unter den Familienmitgliedern fließt.

Beide – DeShazer und Hellinger – haben auf ihre Weise konsequent lösungsorientiert umgedacht, indem sie auf die »positive« Seite des Verhaltens blicken und auf das »Zwischen-Bewußtsein« achten. Während DeShazer jedoch ausschließlich auf der auditiven Ebene der »Co-Konstruktion« von Wirklichkeit durch Sprache arbeitet, beschreitet Bert Hellinger mit seiner Familienaufstellung einen anderen Weg, der sehr stark den visuellen, aber auch den kinästhetischen Bereich mit einbezieht und in eine archaische Dimension der Beziehungswirklichkeit vorstößt.

So findet man – wie im Kapitel über das NLP schon angedeutet – Parallelen bei zwei systemischen Ansätzen, die äußerlich sehr verschieden anmuten. In der Praxis stellt sich jedoch immer wieder heraus, daß sich diese beiden Ansätze wirksam ergänzen können.

Die Heidelberger Schule

1974 übernahm Professor Helm Stierlin aus Amerika zurückgekehrt die Abteilung für psychoanalytische Grundlagenforschung und Familientherapie an der psychosomatischen Klinik der Universität Heidelberg. Mit ihm war nun Forschung und Lehre der systemischen Therapie an einer deutschen Universität vertreten. Seit seiner Emeritierung 1991 ist es fraglich, ob dies weiterhin der Fall sein wird, denn über die Neubesetzung des Lehrstuhls wurde immer noch nicht entschieden.

1984 gründete das Team, das sich um Stierlin gebildet hatte, die »Internationale Gesellschaft für systemische Therapie« und 1990 das »Heidelberger Institut für systemische Forschung, Therapie und Beratung«. Die Mitglieder dieses Instituts geben durch Fortbildungen und Kongresse, die im universitären und klinischen Rahmen Beachtung und Anerkennung finden, den therapeutischen Stil weiter, der sich in ihrer Zusammenarbeit entwickelt hat. Außerdem wird hier mit Untersuchungen der systemischen Therapie bei Krebs, Magersucht, Depression und Psychosen fundierte Forschung betrieben.

Seit 1984 haben über 1000 Teilnehmer an den Fortbildungen in systemisch-konstruktivistischer Kurzzeittherapie teilgenommen, die in freien Praxen oder im klinischen Rahmen mit dieser Methode weiterarbeiten. Fast jährlich finden internationale Kongresse zu verschiedenen Schwerpunkten der systemischen Therapie in Heidelberg statt.

Kurzbeschreibung

Die Familientherapie nach dem Heidelberger Konzept wird ursprünglich von einem Therapeutenteam durchgeführt: Zwei Therapeuten führen das Gespräch, während ein mehrere andere den Prozeß hinter einer Einwegscheibe beobachten. Es gibt jedoch auch Möglichkeiten, diese Vorgehensweise in die Einzelpraxis zu integrieren.[48] Alle Mitglieder der Familie werden eingeladen, zu den Sitzungen zu kommen, in denen das »zirkuläre Fragen«[49] im

Vordergrund steht. Dies ist eine Gesprächsmethode, die den Klienten anregt, Alternativen der Sicht und des Verhaltens zu finden und damit zu experimentieren. Vor Beendigung der Sitzung zieht sich das Team zur Beratung zurück, um Hypothesen zur Beziehungsdynamik zu bilden und über das weitere Vorgehen zu beraten. Die Art des Fragens und die Verhaltensvorschläge, die dabei implizit gemacht werden, zielen darauf ab, Familien behilflich zu sein, eine sich wiederholende verfahrene Art der Lebensbewältigung zu verändern.

In der nächsten Sitzung, die meist nach sechs bis acht Wochen vereinbart wird, zeigen sich meist schon neue Sicht- und Verhaltensweisen und andere Beziehungsmöglichkeiten, aus denen – nach einem wiederum zirkulär geführten Gespräch – neue Hypothesen gebildet und durch entsprechend gewählte Fragen der Weg zu Handlungsalternativen eröffnet werden. In diesem Prozeß lernt die Familie etwas darüber, wie alle Mitglieder gemeinsam ein Problemgewebe schaffen und welche Lösungswege sich auftun.

Erfahrungsgemäß bedarf es ungefähr zehn Sitzungen innerhalb von eineinhalb Jahren, um zu einem dauerhaften Erfolg zu kommen.

Entwicklung und Einflüsse

Helm Stierlin – ursprünglich ausgebildeter Analytiker – lernte in Amerika den führenden Schizophrenieforscher Lyman Wynne und Ivan Boszormenyi-Nagy, den Begründer der Kontextuellen Familientherapie, kennen. Er begann sich für Familiendynamik und -therapie zu interessieren. 1974 nach Deutschland zurückgekehrt, arbeitete Stierlin anfänglich noch nach einem psychoanalytischen Konzept mit Familien, ging jedoch Ende der 70er Jahre zum »Heidelberger familientherapeutischen Konzept« über, das sich innerhalb seines Teams entwickelte. Seit 1977 stand das Heidelberger Team in lebhaftem Austausch mit dem Mailänder Team um Mara Selvini Palazzoli, das aus der Idee Gregory Batesons, daß Information sich in Kreisläufen fortpflanzt, die therapeutische Methode des »zirkulären Fragens« herausgearbeitet hatte. In der Arbeit mit schweren psychosomatischen Störungen und Psychosen baute das Heidelberger Team diesen Ansatz weiter aus und betrieb gleichzeitig Forschung.

In den 80er Jahren wurden die Ideen des radikalen Konstruktivismus (Ernst von Glasersfeld), die Ideen zu lebenden Systemen (Humberto Maturana), der Kybernetik zweiter Ordnung[50] (Heinz von Foerster) und die Theorie sozialer Systeme (Niklas Luhmann) für das Team wichtig. Auch der lösungsorientierte Ansatz des Milwaukee-Teams um Steve DeShazer wurde in den Heidelberger Ansatz integriert und variiert. Durch Gunther Schmidt ist die Hypnotherapie Milton Ericksons und durch Gunthard Weber die systemische Psychotherapie Bert Hellingers im Team vertreten.

Grundannahmen

Realitätskonstruktionen oder Landkarten und Verhaltensmuster sind im Heidelberger Konzept die wichtigsten Faktoren, die das Beziehungsgeschehen bestimmen.

Es gibt sowohl Landkarten, die der ganzen Familie, als auch solche, die nur einzelnen Mitgliedern zu eigen sind.

Ebenso gibt es Verhaltensmuster der ganzen Familie wie des einzelnen.

Die Landkarten und Verhaltensmuster der Familie und der Einzelpersonen bestimmen sich wechselseitig.

Es gibt Landkarten der Weltdeutung (zum Beispiel: Die Umwelt ist feindlich gesinnt) und Landkarten des Verhaltens (zum Beispiel: Man geht nie auf andere zu), nach denen der einzelne und/oder die ganze Familie sich richten (= Spielregeln).

Es gibt zu starre und zu weiche Beziehungsrealitäten. Zu starr sind sie, wenn die geltenden Regeln dem einzelnen keinen Platz für eine persönliche Entwicklung lassen. Sind sie zu weich, findet der einzelne keinen Halt und keine Grenze, innerhalb derer (und im Widerstand gegen sie) er sich entwickeln kann.

Beschäftigung mit der Vergangenheit führt zur Suche nach Ursachen und damit zu Schuldzuweisung, die den Sinn für Eigenverantwortung schwächt und Lösungen erschwert oder unmöglich macht.

Beziehungsveränderungen ergeben sich durch Veränderungen der Verhaltensmuster.

Sowohl physische wie auch psychische Symptome oder Krankheiten sind Kommunikationsfiguren und/oder Verhaltensbeiträge im Beziehungszusammenhang.

Auch Charaktereigenschaften sind Verhaltensmuster im Beziehungszusammenhang.

In welcher Weise Symptome »Verhaltensbeiträge zur Organisation eines Systems« sein können, macht das Beispiel der magersüchtigen Tochter verständlich, die durch ihr Verhalten die Eltern, die Probleme miteinander haben, wieder zusammenbringt, – ein bei Magersucht häufiges Phänomen. Das heißt: Sie bringt die Eltern in gemeinsamer Sorge um sie zusammen, indem sie ihre eigene Entwicklung »opfert« und mit diesem Verhalten zur Stabilisierung der Ehe beiträgt.

Durch Krankheitssymptome kann ein Familienmitglied auch unbewußt etwas mitteilen, was es auf andere Weise nicht ausdrükken kann oder will, weil es schlimme Folgen fürchtet oder sich eines Bedürfnisses gar nicht bewußt ist, wie zum Beispiel dem Wunsch nach Zuwendung oder Abstand. In beiden Fällen schwindet häufig das Symptom, wenn dieser Hintergrund bewußt wird, und die oder der Betreffende lernt, sich auf andere Weise verständlich zu machen und zu verhalten.

Fragen, die innerhalb der Familie einen Suchprozeß in dieser Richtung anregen, lauten etwa: »Wann wird X. sich Ihrer Meinung nach entschließen, wieder depressiv zu reagieren?« Oder: »Wann und wem gegenüber wird N. wieder in den Hungerstreik treten?« In diesem Sinne werden auch Charaktereigenschaften nicht als feststehende Strukturen, sondern als im Beziehungskontext wechselnde Verhaltensmöglichkeiten gesehen.

Dies alles dient dazu, eine neue Sicht des als Problem betrachteten Tatbestandes zu gewinnen und Handlungsalternativen und Wahlmöglichkeiten aufzuzeigen.

Auch Krankheitssymptome können nicht nur als Mitteilungen, sondern auch als Handlungsmöglichkeiten und damit als Aktivität betrachtet werden. Damit wird das Konzept, daß das Symptom eine Krankheit sei, auf die man keine Einwirkungsmöglichkeit besäße, in Frage gestellt, und der oder die Betroffene verwandelt sich vom hilflosen Opfer zum Mitgestalter des Geschehens.

Eine ausgedehnte Befragung[51] behandelter Familien, in denen ein Mitglied ein gravierendes psychisches Problem hatte, ergab, daß eine solche »Aufweichung von Krankheitskonzepten« oder eine Relativierung des »Mythos Krankheit« nach Meinung der Mehrzahl der Mitglieder die wesentlichste Hilfe zur Überwindung des Problemes war.

Dazu ein von Gunthard Weber geschilderter Fall:[52]

Einer Familie, in der der Sohn als schizophren diagnostiziert war, wurden in einer elf Sitzungen dauernden Therapie viele Fragen gestellt, die die Annahme, daß es sich bei dem Verhalten des Sohnes um eine Krankheit, eventuell sogar um die Symptome einer biologisch begründeten Psychose handelte, in Zweifel zogen. Ganz im Gegenteil wurde nun vermutet, daß er und die anderen Familienmitglieder Einfluß auf dieses Verhalten hätten, es in Zukunft noch stärker haben könnten, und daß es möglich sei, daß es völlig verschwinde. Diese Mitverantwortung sagte dem Sohn jedoch nicht zu, und als er sich zu Hause dem Psychiater vorstellte, fragte er ihn, ob es möglich sei, daß seine Schizophrenie keine Krankheit, sondern eine Verhaltensweise sei, für oder gegen die er sich entscheiden könnte. Der Psychiater verneinte dies und warnte seinen Patienten, einem derartig abenteuerlichen Konzept zu glauben. Darauf befragte der Sohn noch seinen Musiktherapeuten und erhielt von ihm eine ähnliche Antwort. Nun erzählte der Sohn dies alles seinem Vater. Der meldete sich daraufhin in der Sprechstunde des Psychiaters an, um ihn zu beschwören, sich auf keinen Fall mehr seinem Sohn gegenüber in dieser Weise zu äußern: »Sie nehmen uns sonst alle Hoffnung.«

In einem Katamnese-Gespräch fünf Jahre später – der Sohn hatte inzwischen sein Studium beendet und geheiratet – berichtete der Vater, die Therapeuten hätten die Krankheitspersönlichkeit seines Sohnes »zerstört«. Er erklärte auf Nachfragen, die Therapeuten hätten immer nahegelegt, daß es sich nicht um eine Krankheit handelte, der man ausgeliefert sei.

Wie die Forschung belegt, ist dieses therapeutische Vorgehen gerade bei schweren psychiatrischen Störungen besonders erfolgreich.

Das Team plant eine weitere, umfangreiche Katamneseforschung zur systemischen Therapie bei psychotischem Verhalten.

Werkzeuge

Die therapeutischen Verhaltensrichtlinien der Neutralität, Zirkularität und des Hypothetisierens hat das Heidelberger vom Mailänder Team übernommen und teilweise modifiziert.

Neutralität

Der Therapeut verhält sich beispielsweise dadurch neutral, daß er sich als »Anwalt der Ambivalenz« versteht. Das heißt: Er drängt nicht auf Veränderung und arbeitet heraus, wie der als Problem gesehene Tatbestand Vorteile aufweist, auf die es zu verzichten gilt, falls tatsächlich Veränderungen eintreten. So entsteht ein Freiraum, in dem die Verhaltenskreativität der Familienmitglieder leichter aktiviert werden kann, als wenn der Therapeut vorgibt, was getan werden sollte (was er vor einem konstruktivistischen Hintergrund auch gar nicht kann). Außerdem wird vermieden, daß jemand einseitig zum »Täter« abgestempelt wird und der Anteil der anderen Familienmitglieder unberücksichtigt bleibt. Zum Beispiel wurde beim Inzest eines Vaters mit seiner Stieftochter vom Therapeuten erfragt, wie das Verhalten seiner Frau, seiner Stieftochter und Erinnerungen aus seiner Kindheit dazu beitrugen, daß er dieses Verhalten noch nicht aufgeben konnte. Dadurch fühlte der Vater sich wirklich gesehen, er wurde dadurch offener und schilderte, wie er immer wieder an den Rand des Selbstmordes getrieben wurde. So konnte der Therapeut ihm – im Zusammenwirken mit der Familie – helfen, unangemessene Sicht- und Verhaltensweisen zu verändern.[53]

Zirkuläres Fragen

Zirkuläres Fragen dient dazu, Information zu erhalten und die Familie gleichzeitig zu alternativen Sicht- und Verhaltensweisen anzuregen. Zum Beispiel werden die Familienmitglieder reihum nach Beziehungs- oder Verhaltensunterschieden zwischen anderen Angehörigen befragt. Ein Sohn wird etwa gefragt: »Angenommen, Ihre Schwester wird demnächst ihr Examen ablegen und ausziehen, wer wird besser damit zurechtkommen, Ihr Vater oder Ihre Mutter?«Auf diese Weise werden die Familienmitglieder angeregt, in Wechselwirkungsprozessen zu denken und die eigenen Verhaltensmuster zu erkennen. Die Therapeuten erhalten unter anderem Aufschluß darüber, wer auf wessen Seite steht und wer rivalisiert, und sie können aufgrund dieser Informationen ihre Verhaltensvorschläge unterbreiten. Außerdem ist dies ein Weg, sowohl Charaktereigenschaften wie Krankheitskonzepten die Qualität des unabänderlich Feststehenden zu nehmen, das heißt zu »erweichen«[54]. Dabei ist das Vorgehen der Therapeuten von Hypothesen geleitet.

Hypothetisieren

Aufgrund des zirkulären Beziehungs- und Handlungsmodells werden »zirkuläre Hypothesen« gesucht, die die Wechselwirkung der Familienmitglieder untereinander berücksichtigen. Es handelt sich also nicht um Hypothesen über Ursachen, sondern um Beziehungshypothesen. Sie dienen als Grundlage zu einem zirkulär durchgeführten hypothetischen Durchspielen verschiedener Wahlmöglichkeiten und damit zum Einbringen einer neuen Sicht in das Beziehungsgeschehen, um die von der Familie stillschweigend angenommenen Voraussetzungen eines Problems in Frage zu stellen. Außerdem sind sie Grundlage der vom Therapeuten am Ende der Sitzung gegebenen Anregungen zu Beobachtungs- oder Verhaltensexperimenten, zu Ritualen, So-tun-als-ob-Aufgaben usw., die das Ziel haben, Verhaltensmuster zu stören und Konzepte »aufzuweichen«.

Reframing

Die positive Deutung von Symptomen spielt auch im Heidelberger Ansatz eine große Rolle: Dazu gehört die obenerwähnte Umdeutung eines Symptoms oder einer Krankheit in einen beziehungsstabilisierender Faktor oder auch die Möglichkeit, Symptome als Mitteilungen zu verstehen. Die Erfahrung hat gezeigt, daß sich Lösungen innerhalb des Familienzusammenhangs nur ergeben, wenn gesehen wird, inwiefern ein bestimmtes zum Problem gewordenes Symptom oder Verhalten auch einen kooperativen Aspekt besitzt. Diese positiven Umdeutungen sind eine der wesentlichen Voraussetzungen dafür, daß eine neue Sicht entsteht und sich Lösungsmöglichkeiten ergeben, in die jedes Familienmitglied einbezogen ist.

Das »Verflüssigen oder Aufweichen« von Krankheitskonzepten ist eine Art von Reframing, auf das man in der Heidelberger Schule besonders gern und erfolgreich zurückgreift.

Stärkung der Selbstverantwortung

Wie oben dargestellt, wird durch das »Aufweichen« von Krankheitskonzepten die Eigenverantwortung des einzelnen gestärkt. Denn es stellt sich häufig heraus, daß der Bereich der Selbstverantwortung größer ist als zum Teil durch bestehende Krankheitskonzepte der Schulmedizin bisher angenommen.

Ressourcenorientierung

Aus dem Bisherigen geht auch hervor, wie in diesem Konzept auf verschiedenste Weise innerfamiliäre Ressourcen, Ziele und Wahlmöglichkeiten »erfunden« und damit wirksam gemacht werden.

Beziehungen sind fließende Prozesse

Die genannten Grundannahmen und Vorgehensweisen beruhen auf der Vorstellung, daß Familien in einem ständig fließenden Prozeß der Selbstorganisation die jeweils umwelt- und zeitgemäße Art der Kooperation der Mitglieder untereinander finden. Wie oben dargestellt, werden Symptome und Charaktereigenschften als dynamisches Geschehen in einem Beziehungszusammenhang gesehen, wobei sich jedes Mitglied mit jedem anderen in Wechselwirkung befindet. Daraus ergibt sich die Möglichkeit einer »Verflüssigung« oder »Erweichung« problematischer psychischer oder psychosomatischer Tatbestände. Als Therapeut sollte man daher »keine normativen Vorstellungen, wie eine Familie zu sein hat, durchscheinen lassen und keine bestimmten Verhaltensweisen fordern«[55], sondern Wirklichkeiten eröffnen und Wahlmöglichkeiten erzeugen, indem man Anstöße gibt statt systematisch durcharbeitet. »Es geht darum, daß sich die Familienmitglieder in ihrer Eigenart und Individualität gegenseitig anerkennen, ihre unterschiedlichen Vorstellungen und Eigenarten gegenseitig respektieren und ihre Beziehungsrealitäten aushandeln können«[56]. Diesen Prozeß nennt Stierlin »Co-Individuation«.

Jedes Familiensystem hat eine nur ihm eigene Ordnung, die sich durch die Zeit hin ändern muß. Der Beziehungszusammenhang und die Orientierung auf die Zukunft hin stehen ganz im Vordergrund. Dementsprechend wird die Einzelperson als »Parlament von Selbsten« gesehen, und der Therapeut versteht sich als »Anwalt von Ambivalenz«, der dazu beiträgt, daß alle Teile zu ihrem Recht kommen und in einem demokratischen Prozeß des Aushandelns und Abstimmens Lösungen entstehen.

Familienrekonstruktion nach Virginia Satir

»Wir alle haben einen Nabel.« (Virginia Satir)

Sehr viele Familientherapeuten haben in den 70er und 80er Jahren Fortbildungen mit Virginia Satir besucht, die damals als Pionierin dieser Richtung galt. Ihr therapeutischer Stil unterscheidet sich – obwohl er eindeutig den systemischen Vorgehensweisen zuzuordnen ist – deutlich von denen der anderen Systemiker. Ich selbst war nie bei ihr persönlich und kenne nur Teile ihrer Arbeit aus einer kurzen Fortbildung. Sie hat jedoch einen zu großen Einfluß auf die Familientherapie gehabt, als daß sie im Rahmen dieses Buches fehlen dürfte. Aus diesem Grunde habe ich meinen Kollegen Peter Nemetscheck – der längere Zeit von Satir lernte und zu den von ihr selbst autorisierten Fortbildern gehört – gebeten, mir behilflich zu sein, dieses Kapitel zu verfassen.

Kurzbeschreibung

Virginia Satirs Fortbildungen fanden bevorzugt in Großgruppen von 90 Teilnehmerinnen und Teilnehmern statt, und der größte Teil der Arbeit bestand in »Familienrekonstruktionen«. Das heißt: Jedes Problem wurde im Beziehungszusammenhang gesehen und immer sofort sinnlich wahrnehmbar gemacht, niemals nur besprochen. Zum Beispiel ließ sie, wenn ein Problem bearbeitet werden sollte, von Rollenspielern aus der Gruppe darstellen, wie sich die Großeltern väterlicherseits kennen- und liebengelernt hatten. Sie ließ sich einiges über dieses Paar erzählen, sagte dann etwa: »Ich bekomme ein Bild von diesen jungen Menschen«, und stellte eine Skulptur, durch die sichtbar und spürbar wurde, wie der Vater ein Kind der Liebe gewesen sein mußte. Diese positive Grundstimmung benutzte sie als Hintergrund, wenn sie dann nach den belastenden Lebenssituationen fragte, in denen die Ursprungsfamilie eine Überlebensmöglichkeit in einer »Lebensregel« (rule) fand. Dabei wurde die damalige gesellschaftliche und politische Situation berücksichtigt. Diese »Regel« wird von jüngeren Familienmitgliedern weitergetragen und kann unter veränderten Umständen für sie zum Problem werden.

Die Klientin oder der Klient sah – emotional meist stark betroffen – von außen zu, wie aus der übermächtigen Vaterfigur das kleine Kind mit »einem Nabel« wurde. Plötzlich erschien der wirkliche Vater in einem neuen, versöhnenden Licht.

Ähnlich wurden die Ressourcen der mütterlichen Ursprungsfamilie und das Kennenlernen der jungen Menschen, die später als Eltern den Klienten in einem Liebesakt zeugten, herausgearbeitet.

An besonders berührenden Punkten holte Virginia Satir den Klient oder die Klientin in die Skulptur und initiierte einen versöhnlichen Dialog mit dem Tenor: Lebensdrama als Komödie.

Auf diesem Hintergrund lud sie innerhalb der Ausbildungsgruppe eine Familie von außen mit einem akuten Symptom ein. Nach einem kurzen Gespräch stellte sie die Familienmitglieder selbst in eine Skulptur: die Mutter zum Beispiel in eine beschwichtigende und den Vater in eine anklagende Position (siehe die »Satir-Kategorien« weiter unten). Sie berührte den Betroffenen in der Herzgegend am Rücken, schaute ihm in die Augen und fragte dann etwa: »Siehst du die Sehnsucht in den Augen deiner Eltern?« Ähnlich wie in der Familienrekonstruktion entstand bei allen Beteiligten ein Strom positiver Bilder. – Dies ist ein Beispiel für die Art und Weise, wie Virginia Satir in Familien einen Prozeß in Gang brachte, durch den aus dieser Kraft der Liebe Heilung und Wachstum entstehen konnten.

Lebenslauf und Werdegang

Virginia Satir hat ursprünglich als Lehrerin gearbeitet und nebenbei eine Sozialarbeiterausbildung und eine Lehranalyse absolviert. 1951 ließ sie sich in freier Praxis nieder und begann sehr bald, intuitiv systemisch zu arbeiten, indem sie die Eltern vehaltensschwieriger Kinder und Verwandte erwachsener Klienten von vornherein mit in die Behandlung einbezog. 1959 gründete sie mit Don Jackson und Jules Riskin zusammen das Mental Research Institute von Palo Alto. In den folgenden Jahren hielt sie sich viel im Kreis um Bateson (Watzlawick, Fish, Weakland, Haley) auf. Sie setzte die hier erarbeiteten Erkenntnisse über menschliche Kommunikation immer sehr schnell in die Praxis um. Ihre große Begabung war die Arbeit mit unmittelbarer Kommunikation: Augen, Hände, Körpergefühle und Stimmungen. Sie hat eine sehr »weibliche« systemtherapeutische Vorgehensweise entwickelt, in der Berührung wichtiger ist als Sprache.

1964 wurde sie Mitarbeiterin des Easelen-Institutes (Big Sur, Kalifornien). 1968 leitete sie das Institut als Direktorin. In den späteren Jahren wurde sie weltweit zu Fortbildungen gerufen und war daher ständig unterwegs, was ihrem Bewußtsein, eine Mission zu haben, entsprach. 1977 gründete sie das AVANTA NETWORK, und vom selben Jahr bis zu ihrem Tod 1988 leitete sie regelmäßig Workshops in Deutschland.

In den lezten zehn Jahren ihres Lebens war Satir fast ausschließlich in der Fortbildung von Familientherapeuten tätig. Sie arbeitete dabei weltweit – zum Beispiel auch in Rotchina und in der Tschechoslowakei. Sie war von den humanistischen Idealen der 60er Jahre durchdrungen und von dem Glauben beseelt, daß man durch Auflösung überlebter und erstarrter Formen der Liebe und dem Frieden in der Welt zum Durchbruch verhelfen könne.

Grundannahmen

Wachstum (growth) ist ein zentraler Begriff in der Arbeit Virginia Satirs.

Ein lebendiges System hat alles, was es braucht, um wieder in Bewegung zu kommen.

Es gibt vielfältige Lebensregeln, von denen man immer die geeigneten herausgreifen und modifizieren kann.

Die Erstarrung in alten Regeln oder Mustern ist das Problem.

Ganzheit besteht im Zusammenspiel der verschiedenen Kräfte der Familie.

Menschlicher Kontakt, Liebe und Humor sind die eigentlich heilsamen und lebenserhaltenden Kräfte.

Integration erfolgt als Erfahrung in allen Sinnesbereichen und durch den Austausch im Familiensystem. Zum Beispiel liebte Virginia Satir es, jemanden an der Stirn, am Herzen und am Bauch zu berühren und zu fragen: »Während du das denkst und deinen Partner siehst, was sagt dein Herz dazu, und wie fühlt sich das im Bauch an?«

Die Triade Vater, Mutter Kind ist die Ureinheit menschlicher Beziehung. Deshalb legte Satir in ihren Gruppen Wert auf eine durch drei teilbare Zahl von Teilnehmern.

Darstellen und Tun bewirken mehr als Reden.

Werkzeuge

Skulpturen stellen (sculpting)

Statt über das Beziehungsgeschehen zu reden, stellte Virginia Satir ein Bild der Beziehung mit Rollenspielern oder den wirklichen Personen im Raum dar, was eine unmittelbare Betroffenheit auslöste.

Satir-Kategorien

Um Skulpturen zügig aufzubauen, benutzte sie ihre fünf »Satir-Kategorien«: Berater oder Beschuldiger, Beschwichtiger, Intellektualisierer oder Computer, Ablenker oder Inkongruenter. Sie sah darin kommunikative Überlebensstrategien, die sich in Familien bei Streß verfestigen. Dadurch wird die Lösung später – unter veränderten Bedingungen – zum Problem. Beispielsweise will der »Beschuldiger« einen Rat geben. Er wird aber von der Partnerin beschwichtigend abgewiegelt und muß um so nachdrücklicher seinen Rat wiederholen. Er wird in seinem Insistieren schließlich nicht mehr gehört, so daß er dazu übergeht, ständig zu beschuldigen.

Satir verstand sich in ihrer Arbeit als »middle-man«, als Vermittlerin, die hilft, daß die Beziehungsbotschaft wieder gehört, gesehen und gespürt werden konnte.

Doppeln

Die Therapeutin oder der Therapeut spricht für eine Person zur Familie und drückt dabei die tiefen, elementaren Bedürfnisse, Sehnsüchte und Motive aus.

Berührung

Virginia Satir hielt oft bis zu einer Viertelstunde die Hände eines Paares, bis sie spürte, daß sie wieder zu einer Berührung fähig waren. Dann legte sie deren Hände ineinander und machte Aussöhnung, seelische Nähe, Zärtlichkeit und damit echten Austausch wieder möglich. Während sie dies tat, erzählte sie konstruktive Geschichten, zum Beispiel aus ihrem eigenen Leben, über Kindererziehung oder über andere Kulturen.

Augenkontakt

Häufig erinnerte sie Paare daran, wie sie sich als Verliebte tief in die Augen gesehen haben. Und sie nutzte ihre eigenen Augen, Hände und ihre körperliche Nähe wie eine Mutter.

Lebensphasen

Wachstumsorientiert half sie als eine Art Geburtshelferin der Familie, den Prozeß des Übergangs von einer Lebensphase zur nächsten zu vollziehen, wo auch immer die Familie stand: in der Phase der Faszination (du bist mein Prinz, meine Prinzessin), der Umerziehung (du sollst anders sein!), der Ablösung oder Akzeptanz.

Auflösung von Projektionen

Der Unterschied der Situation, in der man mit dem Partner steht und mit den Eltern einst gestanden hat, wird in der Skulpturarbeit durch Vergleichen herausgearbeitet und humorvoll aufgelöst.

Wachstum als Mut zum Risiko

Dieser Aspekt entspricht in Satirs Augen der Lösung: »Take a risk« heißt bei ihr, das Risiko des Wachstums einzugehen.

Reframing

Reframing bedeutet, die positive Seite aller Lebenszusammenhänge der Familie rückspiegeln. Dies war eines der wichtigsten therapeutischen Werkzeuge Satirs.

Würdigung und Einfluß

Virginia Satir berührte die Menschen im wörtlichen wie im übertragenen Sinn. Dadurch wurde die Familie an ihre eigene natürliche Berührungs- und Beziehungsfähigkeit erinnert.

Sie hat aus den verschiedensten Methoden wie Psychodrama, Gestalt- und systemische Therapien eine lebendige Neuschöpfung hervorgebracht, die heute in vielen Schulen und bei zahlreichen Therapeutinnen und Therapeuten nachwirkt: Bandler und Grinder haben viel von ihr übernommen, was schließlich ins NLP einfloß. Außerdem lebt ihre Arbeit fort bei vielen, die Skulpturarbeit anwenden und weiterentwickeln.

Die systemische Psychotherapie Bert Hellingers

»Für mich ist Wahrheit etwas, was mir der Augenblick zeigt und durch das er die Richtung weist für den nächst fälligen Schritt ... es ist aber keine bleibende Wahrheit, die ich verkünde«.

Kurzbeschreibung

Die Aufstellung des Familienbildes, wie sie Bert Hellinger entwikkelt hat, findet in einer Gruppe statt. Dabei wird das Bild der Ursprungs- oder Gegenwartsfamilie mit Hilfe von Gruppenteilnehmern dargestellt und so lange verändert, bis alle Mitglieder ihren Platz gefunden haben und die Ordnung dieses Beziehungszusammenhanges sichtbar und spürbar wird. Wenn es die Situation erfordert, kann man mit dieser Methode auch – mit gewissen Modifikationen – in der Einzeltherapie arbeiten. In diesem Fall werden verschiedene Symbole zur Darstellung des Familienbildes benutzt. Der Klient, der sich selbst in die Positionen hineinbegibt, die er den einzelnen Familienmitgliedern zugeteilt hat, erlebt, wie sie sich an diesem Platz fühlen. Es fehlt hier zwar die Rückmeldung durch die Wahrnehmung anderer Personen, die einer Aufstellung in der Gruppe ein besonderes Gewicht verleiht. Die Erfahrung zeigt jedoch, daß ein derartiges Vorgehen ebenfalls lösend wirken kann. Die Rolle des Therapeuten ist es dabei, aus seiner Erfahrung heraus gemeinsam mit dem Klienten die ausgleichende Ordnung zu finden.

Dieser Prozeß der Aufstellung, der Verstrickungen sichtbar und spürbar macht und der danach folgende Prozeß der Umstellung, bei dem ein Lösungsbild entsteht, wirkt sich erfahrungsgemäß klärend und heilend auf den Aufstellenden aus. Allerdings nur, wenn es ihm gelingt, die entstandene Ordnung anzunehmen und zu verinnerlichen. So kann das innere Bild der Familie, das – solange es »ver-rückt« ist – wie ein störender Herd auf einen Menschen wirkt, »zurechtgerückt« zu einer Kraftquelle werden, die ihn auf seinem Lebensweg begleitet.

Der Werdegang

Bert Hellinger studierte Philosophie, Theologie und Pädagogik, und war im kirchlichen Rahmen pädagogisch tätig. Unter anderem leitete er eine Schule für Schwarzafrikaner in Natal. Dabei beschäftigte er sich mit Gruppendynamik und lernte – wie er sagt – viel von den Zulus. Als er 1969 nach Deutschland zurückkehrte, bot er gruppendynamische Trainings an und machte eine psychoanalytische Ausbildung, ehe er sich als Psychotherapeut niederließ. Danach nahm er an Fortbildungen in Primärtherapie, Transaktionsanalyse, Ericksonscher Hypnotherapie, Neurolinguistischem Programmieren und Kontextueller Familientherapie teil.

Der phänomenologische Ansatz

Bert Hellinger eröffnet der systemischen Sicht eine neue Dimension: An die Stelle der »Konstruktion von Wirklichkeit« tritt die »Wahrnehmung von Ordnung«. Er betont, daß sein Ansatz phänomenologisch sei, denn »die Wahrnehmung dessen, was ist«, bestimmt die Arbeit an und mit den Vorstellungen. »Das, was ist, ist aber keine objektive Wahrheit oder ein unumstößliches Gesetz, sondern lebendige Wirklichkeit; und Wahrnehmung ... ein schöpferischer Prozeß, der etwas bewirkt«[57].

Freiräume für Veränderung gibt es nur innerhalb der Grenzen der Zugehörigkeit zu einer bestimmten Familie und den Konsequenzen, die sich daraus ergeben. Jeder ist Teil seines Beziehungszusammenhanges und hat dadurch Teil an seinen Verstrickungen. Lösungen ergeben sich aus der Wahrnehmung und Anerkennung der Ursprungsordnung, in der die primäre Liebe ihren Platz findet. Das heißt: »In Gedanken kann ich spielen, da habe ich Freiheit. Sobald ich wahrnehme und die Interessenlage des anderen mit einbeziehe, gibt es die Freiheit nicht mehr«[58]. Diese Art bewußter Wahrnehmung, die Hellinger als »Schauen« bezeichnet, hat Ähnlichkeit mit dem geistigen Akt, den Wittgenstein meint, wenn er die Leser seiner *Philosophischen Untersuchungen* auffordert: »Denk nicht, sondern schau!«[59] Diese Wahrnehmung hat den Beziehungs- und Handlungszusammenhanges als Ganzes im Blick;

und es geht dabei »immer darum: was tue ich jetzt, was ist möglich ... was ist jetzt gemäß«[60].

In diesem Sinne ergänzt Hellinger den konstruktivistischen Ansatz der systemischen Therapie durch eine phänomenologische Sicht, denn bei ihm hat die Wahrnehmung Vorrang vor der Vorstellung. Wie schon betont, ist das Wahrgenommene jedoch keine »objektive Wahrheit«, selbst wenn Hellinger es – um der therapeutischen Wirkung willen – gelegentlich so präsentiert. Mißverständnisse entstehen, wenn diese Einsichten als Moral verstanden und so angewandt werden. Es handelt sich bei diesen Einsichten ausschließlich um Wahrnehmungen von »Wirkungsweisen des Gewissens«. Sie können durch Wahrnehmungen anderer Art verändert werden. Es geht dabei ausschließlich darum, den nächsten Schritt zu ermöglichen.

So bedeutet der Satz »Die Frau folgt dem Mann, und der Mann muß dem Weiblichen dienen«[61] nicht, daß gegenteiliges Verhalten moralisch verwerflich wäre. Sondern er weist nur auf die Konsequenz hin, daß die Partnerschaft häufig gefährdet ist, wenn man sich anders verhält. Zum Beispiel belastet es die Ehe nach Hellingers Beobachtung, wenn ein Mann in den Betrieb seines Schwiegervaters eintritt und in diesem Sinne der Frau folgt, statt umgekehrt. Solche Einsichen können jedoch durch Gegenbeispiele immer modifiziert werden. Sie beziehen sich auf psychische Wirkungen, wie sie in unserer Kultur zu beobachten sind.

Der systemtherapeutische Konstruktivismus – dem alle bisher besprochenen Schulen angehören – sieht Therapie als ein »auszuhandelndes, konsensuelles und kooperatives Unternehmen, worin der lösungsorientierte Therapeut und der Klient gemeinsam Sprachspiele spielen«[62]. In Hellingers phänomenologischer Methode der Familienaufstellung dagegen geht es um die Veränderung des Familienbildes durch die Wahrnehmung der Grundordnung. Das neu entstehende Bild der Familie entwickelt sich aus der zusammenwirkenden Wahrnehmung des Therapeuten und der als Familienmitglieder aufgestellten Personen. Die Beliebigkeit oder Willkür innerer Bilder hört damit auf, und der Mensch wird frei zu handeln.

Ziel-Bilder, wie sie zum Beispiel im NLP verwendet werden, sind vielfach in Gefahr, bloße Wunschvorstellungen und kein »gemäßes Ziel« zu sein. Das Lösungsbild einer Familienaufstellung dagegen repräsentiert die durch unmittelbare Wahrnehmung anderer Personen gefundene Ordnung, die die Konsequenzen verstrickender Handlungen deutlich macht. Denn Lösungen gibt es nur innerhalb dieser Ordnung, und »die kann man sich nicht wählen. Die wirkt von selbst.«[63]

Es geht also nicht in erster Linie um Flexibilität, die das Wirksamwerden der vorhandenen Ressourcen ermöglicht, wie in den bisher beschriebenen systemischen Therapien. Es geht auch nicht um Selbstfindung oder um persönliches Wachstum wie in der Humanpsychologie. Es geht um die aus dem Erleben wachsende Erkenntnis des Eingebundenseins in einen Zusammenhang, der über den einzelnen hinausgeht. Und die Familie ist der primäre Beziehungszusammenhang, in dem dies schicksalhaft erfahren wird. »Manche meinen, sie selber suchten nach der Wahrheit ihrer Seele. Doch die große Seele denkt und sucht durch sie. Wie die Natur kann sie sich sehr viel Irrtum leisten, denn falsche Spieler ersetzt sie mühelos durch neue. Dem aber, der sie denken läßt, gewährt sie manchmal etwas Spielraum, und wie ein Fluß den Schwimmer, der sich treiben läßt, trägt sie ihn mit vereinter Kraft ans Ufer.«[64]

Anziehungskraft und Wirksamkeit dieser Methode

In den letzten Jahren hat die systemische Psychotherapie Bert Hellingers zunehmend an Bedeutung gewonnen. Seine Workshops haben großen Zulauf, und auch Schülerinnen und Schüler von ihm, die Gruppen mit Familienaufstellungen anbieten, können erleben, wie gefragt sie sind. In Fachkreisen wird seine Methode der Familienaufstellung sehr viel, zum Teil auch heftig und kontrovers diskutiert.

Es wird immer wieder gefragt, wie es zu dieser unleugbaren Wirkung kommt; was es sein könnte, was die Menschen so anzieht. Was veranlaßt sie beispielsweise, in einer Familienaufstellung

Gesten auszuführen – wie eine tiefe Verbeugung vor einem Familienmitglied, das nicht anerkannt wurde –, die sie in einem anderen Zusammenhang als eine Zumutung weit von sich weisen würden? In anderen Kulturen, in denen der »aufklärende« westliche Einfluß dies noch nicht verhindert, gehört es zu deren Umgangsformen, sich vor den Eltern in Ehrfurcht zu verneigen. Es ist noch nicht allzu lange her, daß dies auch bei uns noch selbstverständlich war. Bei der Arbeit mit Familienaufstellungen kann man den Eindruck gewinnen, daß diese Handlung einem menschlichen Grundbedürfnis Rechnung trägt. Die heute übliche mehr oder weniger starke Kritik an den Eltern, die unter anderem auch durch analytisch orientierte Therapien unterstützt wird, verstellt den Weg zur Befriedigung dieses Grundbedürfnisses. In der systemischen Psychotherapie wird dieses Grundbedürfnis in einen Zusammenhang gebracht, in dem es erfüllt werden kann und lösend wirkt. So scheint mir ein Teil der Anziehungskraft und Wirksamkeit der systemischen Psychotherapie darin zu liegen, daß sie Grundbedürfnisse und Ordnungen erlebbar macht und wirksam werden läßt, die in unserer Kultur gar nicht mehr oder zumindest zuwenig berücksichtigt werden, die aber gleichwohl zu den Bedingungen menschlicher Entwicklung und menschlichen Zusammenlebens gehören. Gleichzeitig gibt sie Hinweise und schafft Voraussetzungen, wie diesem Mangel abgeholfen werden kann. –

Die erwähnte Verneigung vor dem Vater oder der Mutter ist davon nur ein Beispiel. Die bewußte Einbeziehung Verstorbener in den Familienzusammenhang, die in den Aufstellungen immer wieder eine Rolle spielt, ist ein anderes Beispiel dafür, wie diese Arbeit offensichtlich einem Mangel unserer Kultur abhilft.

Ein anderer Teil der Anziehungskraft und Wirksamkeit liegt meiner Ansicht nach darin, daß viele Menschen spüren, daß die Periode der Individuation und Emanzipation ihrem Ende zugeht und daß es für den vereinzelten und orientierungslosen Mitteleuropäer nicht mehr in erster Linie darum geht, die eigene Biographie durchzuarbeiten, um persönliche Entwicklungsmöglichkeiten zu finden, wie das zu Freuds und Jungs Zeiten noch ein wichtiges

Anliegen gewesen ist. Viele Menschen spüren heute offenbar, daß es heilend wirkt, einen primären Zusammenhang und die Ordnung der naturgegebenen und existentiell notwendigen emotionalen Kraft, die in der Familie wirkt, zu erleben und gleichzeitig zu lernen, sich ihr zu stellen und gemäß zu verhalten. Der Beziehungsarmut, Strukturlosigkeit und Beliebigkeit wird in dieser Methode die Erfahrung einer uns allen gegebenen Ordnung primärer Beziehungen entgegengesetzt: die Erfahrung einer Ordnung der Liebe.

Grundlegende Beobachtungen und Einsichten

Bert Hellinger legt seiner Arbeit Einsichten zugrunde, die er aus Beobachtungen psychischer Wirkungen in den Familien von Ratsuchenden und bei seiner Arbeit mit Aufstellungen gewonnen hat. Er betont, daß diese Einsichten revidiert werden müssen, sobald andersartige Beobachtungen gemacht wurden. Es sind also lebendige, im Fluß der Zeit sich verändernde Wahrheiten. Andererseits beruht die Wirkung seines ganz persönlichen therapeutischen Stils zu einem beträchtlichen Teil darauf, daß er diese Einsichten mit der ihm eigenen Autorität in den Raum stellt und den oder die Betroffene zum Teil hart konfrontiert – mit der Absicht, die zur Lösung notwendige psychische Energie freizusetzen.

In der letzten Zeit wird zunehmend die Besorgnis laut, was geschehen könnte, wenn andere Therapeutinnen oder Therapeuten seinen persönlichen Stil nachahmen sowie die damit verbundenen Einsichten, die sich jenseits von Moral auf die Wirkungsweisen des Gewissens beziehen, allzu unbekümmert als gegebene »Wahrheiten« benutzen, ohne den Prozeß der Einsicht mitvollzogen und ihre Intuition entsprechend geschärft zu haben.

Es ist sehr wahrscheinlich, daß dadurch weder Nutzen noch Schaden entsteht. Es mag jedoch auch Fälle geben, in denen die oder der Betroffene auf eine falsche Fährte gerät und seine oder ihre Situation sich damit eher verschlechtert als löst. Nach meiner Einschätzung ist dieses Risiko jedoch nicht höher als bei anderen Therapiemethoden, eher sogar geringer, da die Wahrnehmung und die Interventionen des Therapeuten durch die Anwesenheit und Wahrnehmungsfähigkeit der Gruppe ergänzt werden. Im allgemeinen spiegelt die Gruppe dem Therapeuten klar wider, wenn er mit einer Intervention zu weit geht, danebenliegt, oder wenn es ihm nicht gelungen ist, ein stützendes Umfeld zu schaffen, in dem der Betroffene die Botschaft an sich heranlassen kann.

In jeder Methode muß sich der therapeutisch Tätige durch Erfahrung den für seine Person stimmigen Stil erarbeiten. Andererseits gehört es zu dem nicht aus der Welt zu schaffenden Risiko jeder Therapie, daß aus der Zusammenarbeit auch Schaden erwachsen kann. Es gibt Menschen, die nicht zusammenpassen, und es gibt Menschen, die Machtpositionen mißbrauchen.

Im folgenden wird nun ein knapper Überblick über die grundlegenden Erkenntnisse und die Arbeitsweise Hellingers vermittelt. Dabei wird auf Beispiele, die in den Veröffentlichungen von und über diese Arbeit reichlich vorhanden sind, weitgehend verzichtet. Eine größere Zahl von Anmerkungen ermöglicht es, daß man sich anhand dieser Bücher leicht selbst eingehender informieren kann.

Liebe statt Anmaßung

Einmischung und Anmaßung waren die wichtigsten Gesichtspunkte in der ersten Gruppe mit Familienaufstellungen, die ich vor einigen Jahren bei Bert Hellinger mitmachte. Damals konfrontierte er die Teilnehmerinnen und Teilnehmer mit der »Hybris«, die sie als Kind veranlaßte, sich in die Angelegenheiten der früheren Generation einzumischen. Ein anderer Gesichtspunkt war, daß Ablösung von den Eltern mit Auflehnung, das heißt mit einer notwendigen Schuld zu tun hat.

Offenbar hat Hellinger in den darauffolgenden Jahren erkannt, daß es nur zu einer bleibenden Lösung führt, den gleichen Tatbestand von der anderen Seite her zu sehen: Heute ist er der Ansicht, daß es in der Therapie gilt, »den Punkt [zu] finden, an dem Liebe sich sammelt«.[65]

Anmaßung und Primärliebe sind also zwei Seiten derselben Medaille, die Verstrickung heißt: Einmischung, Hybris und Rivalität werden nun als Opfer, Nachfolge und Liebe gesehen. Denn Einmischung erfolgt aus Liebe, und wirkliche Ablösung, das heißt Lösung aus der Verstrickung, geschieht nur über die Anerkennung der Ordnung, in die sich diese Liebe einfügt, und über den Dank.

Gefühle
Durch die Primärtherapie lernte Hellinger den therapeutischen Umgang mit »großen Gefühlen« kennen. Er entdeckte aber, daß sie – auch wenn sie als Wut oder Haß auftreten – »fast alle ein anderes Gefühl überdecken: nämlich die Urliebe zur Mutter und zum Vater«[66].

Er sieht viele der Verhaltensweisen, die als neurotisch bezeichnet werden, wie Ängste, Zwänge, Phobien usw., als Folge einer »unterbrochenen Hinbewegung«. Das heißt: Durch die Unterbrechung einer frühen Hinbewegung zu den Eltern, wenn sie zum Beispiel abwesend oder schwer krank sind, schlägt die Liebe um in Schmerz, der bei späteren Hinbewegungen zu anderen Menschen – vor allem zu einem Partner – wieder hochkommt und diese hemmt. Heilung ist hier möglich durch Hypnotherapie, Festhaltetherapie oder dem Nachvollzug der Hinbewegung innerhalb einer Familienaufstellung.

Als primäre oder Bindungsliebe bezeichnet Hellinger das zwischen Eltern und Kindern immer vorhandene existentielle Grundgefühl des Aufeinander-Bezogenseins. »Es gibt Liebe, die will und muß besitzen, weil sich bei ihr die Überlebensfrage stellt ... Und es gibt eine Liebe, die erst besitzt, und die dann gehen läßt zur rechten Zeit. So lassen Eltern ihre Kinder ziehen, Kinder ihre Eltern und auch Partner ihre Partner, wenn die Zeit dafür gekommen ist.«[67]

Liebe ist ein Teil der Ordnung und kann sich nur im Rahmen der Ordnung entwickeln. In einer gestörten Ordnung wirkt die Primärliebe als Teil der Verstrickung, denn sie stellt sich in den Dienst des im Familiensystem herrschenden Bedürfnisses nach Ausgleich: Es besteht die Tendenz eines Nachgeborenen, demjenigen, der Platz gemacht hat, ins Unheil zu folgen. Stirbt zum Beispiel eine Mutter bei der Geburt eines Kindes oder erlebt sie sehr Schweres, so wird das Kind häufig durch seine Schuldgefühle in eigenes Leid getrieben und folgt so unbewußt der Mutter ins Unheil oder gar in den Tod. Es ist eine Nachfolge um den Preis der Selbstzerstörung, die aus Liebe geschieht und das Unheil abwenden will, es jedoch statt dessen vermehrt.

Hellinger ist zu der Überzeugung gekommen, daß die entscheidenden Verhaltensweisen aus Liebe geschehen, fügt dem aber hinzu, daß das »natürlich nur eine grobe Hypothese«[68] sei.

Es werden vier Arten von Gefühl unterschieden:

Primäre Gefühle, die stark machen, zu lösendem Handeln führen und dann vergehen. Sie sind einfach und undramatisch.

Sekundäre Gefühle, die zum Zweifel führen und Handeln verhindern. Sie sind daran zu erkennen, daß sie nicht aufhören. Sie sind Ersatz für Handlungen und werden übertrieben, weil sie andere überzeugen sollen, daß man nicht handeln kann. Sie schwächen den, der sie hat, während ein primäres Gefühl stärkt.

Aus dem System übernommene oder Fremdgefühle, die in der durch systemischen Ausgleich bedingten Identifizierung mit einem anderen Familienmitglied entstehen. Das heißt: Der Haß, den Kinder gegen ihren Vater zeigen, kann der Haß der Mutter sein, den diese nicht zu äußern wagte. Nach dem Gesetz des Ausgleichs verschont das die Kinder aber nicht vor den Folgen, denn sie werden den Vater später in seinem Verhalten nachahmen.

Meta-Gefühle sind Gefühle ohne Emotion. Sie sind gesammelte Kraft, wie zum Beispiel Mut, Gelassenheit und Demut – als Zustimmung zur Welt, wie sie ist. (Es gibt auch Meta-Aggression: wenn jemand jemandem etwas antut, weil es die Situation erfordert, ohne ihm dabei böse zu sein.) Das höchste der Meta-Gefühle ist die Weisheit. Mit ihr kann man unterscheiden, was zählt und was nicht.

Die Gesetze von Bindung und Ausgleich und Ordnung

Bindung, Ausgleich und Ordnung sind drei Kräfte, die in menschlichen Beziehungszusammenhängen allgemein, vor allem aber in der Familie wirksam sind.

Durch die Primärliebe ist die Bindung in der Familie besonders stark, und sie bewirkt, daß die Schwächeren die Stärkeren festhalten wollen, damit sie nicht gehen, weil der Überlebenstrieb sie dazu zwingt. Dies ist ein unbewußt wirkendes Bedürfnis, das zum Beispiel auch dazu führen kann, daß ein Kind, das Mutter oder Vater oder beide Eltern verloren hat, ihnen – triebhaft – nachfolgt.

Die durch die Primärliebe entstehende *Bindung* kann auch dazu führen, daß diejenigen, die den Vorteil haben, denen, die im Nachteil sind, ähnlich werden wollen. Denn sie hoffen, daß sie durch den Verzicht auf eigenes Glück die Schicksalsgemeinschaft der Familie retten können. Dies ist das Bedürfnis nach *Ausgleich von Geben und Nehmen,* Gewinn und Verlust, das auf einer unbewußten Ebene zum Ausgleich durch Schlimmes führt. Der Druck, diesem Trieb nachzugeben, ist nach Hellingers Beobachtung ungeheuer stark. Um zur Lösung zu kommen, gilt es einen Ausgleich auf einer höheren Ebene durch Achtung und Liebe zu finden. In Familienaufstellungen dient dazu häufig die obenerwähnte Verneigung vor dem Mißachteten oder das Aussprechen eines lösenden Satzes.

Neben dem Bedürfnis nach Ausgleich gibt es ein Recht auf Zugehörigkeit und eine Gleichwertigkeit aller in der Familie. Es gibt keinen Grund, jemand auszuschließen, es sei denn, er oder sie wurde innerhalb der Familie zum Mörder. Ausschlüsse wirken sich auf die Nachgeborenen noch verhängnisvoller aus als unterlassene Anerkennung und Dank. Beides führt zur Identifikation eines Kindes mit dem Ausgeschlossenen oder Verachteten, das heißt zur Nachahmung seines Schicksals.

Folgende Zitate zeigen, wie Hellinger in diesem Zusammenhang *Ordnung* definiert: »Die rechte Ordnung ist schwer greifbar, und man kann sie nicht verkünden, ... der Ordnung ist es völlig egal, wie ich mich verhalte. Sie steht immer da«[69].

Die Ursprungsordnung im Familiensystem ist durch die Zeit begründet: Das Frühere hat Vorrang vor dem Späteren. Das heißt, daß die Eltern Vorrang haben vor den Kindern, und die älteren Geschwister vor den jüngeren. Ordnung darf aber nicht zu Lasten irgend jamandes gehen. Alle zahlen gleich und haben den gleichen Vorteil.

Immer wieder gibt es die Hoffnung, man könne die Ordnung durch Liebe überwinden. Liebe kann sich aber nur im Rahmen der Ordnung entwickeln, denn Ordnung geht der Liebe voraus. »Der Kampf der Liebe gegen die Ordnung ist Anfang und Ende jeder Tragödie«[70].

Die primäre Liebe des Kindes zu seinen Eltern und die der Eltern zu ihrem Kind muß festhalten, denn es geht ums Überleben. Dieselbe Liebe, wirkt sie innerhalb der Ordnung, die von der Zeit bestimmt ist, kann jedoch auch lassen, wenn die Zeit gekommen ist. Sie hat Einsicht in die Ordnung und fügt sich ihr. Im ersten Fall geschieht dies triebhaft, im zweiten Fall aus Einsicht.

Es gibt keine Bindung ohne Ausgleich und Ordnung, und keinen Ausgleich ohne Bindung und Ordnung, und keine Beziehung ohne alle drei Elemente.

Lösung

In einem Beziehungszusammenhang, in dem die Ordnung gestört ist, führt der blinde, triebhafte Zwang zum Ausgleich als Verstrikkung. Hier muß der triebhafte Zwang durch einen Ausgleich aus Einsicht ersetzt werden. Es ist der Ausgleich durch Dank und Anerkennung gemäß einer höheren Ordnung der Liebe. Nur so kann man das eigene Schicksal und das Schicksal eines Familienmitglieds, mit dem man identifiziert ist, als voneinander getrennt erleben und sich ablösen.

Gewissen

Für Freud war das Gewissen die Wirkung des Über-Ichs auf das Ich, das durch hohe Ansprüche grausam werden kann, und er sah es als eine intrapersonale Instanz. Für Hellinger ist das Gewissen ein der Willkür überlegener Gleichgewichtssinn, der im Dienst von Bindung, Ausgleich und Ordnung innerhalb der Familie steht und uns durch die Gefühle von Schuld oder Unschuld regiert. Es wirkt als Trieb, Bedürfnis und Reflex und bedingt den Ausgleich zwischen den Familienmitgliedern über die Generationen hinweg.

Das Gewissen ist häufig im Zwiespalt, denn es steht vor vielen

Richtern. Wir haben jeweils ein anderes Gewissen dem Vater oder der Mutter oder den Geschwistern oder dem Partner gegenüber, ein anderes im Beruf, ein anderes der Kirche und ein anderes dem Vaterland gegenüber. Das heißt: Das Gewissen gleicht einer Gruppe, in der jeder seine Gesichtspunkte bezüglich Schuld und Unschuld hat, die sich nur teilweise mit denen der anderen decken. Deshalb kann man sich nicht auf das Gewissen verlassen, wenn es um die Erkenntnis von Gut und Böse geht. »Das Gute, das versöhnt und Frieden stiftet, muß daher die Grenzen überwinden, die uns das Gewissen durch die Bindung an die Einzelgruppe setzt. Es folgt einem anderen, verborgenen Gesetz, das in den Dingen wirkt, nur weil sie sind«[71]. Vielfach bedarf es eines Mutes zur Schuld und zur Einsamkeit, um den Weg der Lösung gehen zu können.

Von der analytischen zur systemischen Sicht

Eine der zentralen Einsichten Sigmund Freuds war, daß die Verdrängung des Sexual- und Aggressionstrieb zur Ursache psychischer Störungen werden kann und daß Schuldgefühle die Wurzel dieser Verdrängung sind.

Wenn man dem nachgeht, was Schuldgefühl und Verdrängung bei Freud genauer bedeutet, ist man erstaunt, in welchem Ausmaß er systemisch gedacht hat. Denn das Es, dessen triebhafte Regungen verdrängt werden, ist für ihn »erblich und beherbergt die Reste ungezählter Ich-Existenzen«[72]; und das Über-Ich – das hinter Gewissen und Verdrängung steht – ist eine stammesgeschichtlich erworbene Repräsentanz unserer Elternbeziehungen.[73] Das Ich andererseits wird in großer Abhängigkeit vom Es und Über-Ich dargestellt: Einerseits setzt es den Willen des Es in Handlungen um, andererseits ist es den Ansprüchen des Über-Ich ausgeliefert. Es und Über-Ich sind, wenn man so will, die Brücken des Ich zu Familie und Sippe. Auf der intrapersonalen Ebene gesehen ist das Ich eine Art Koordinationsstelle zwischen den vitalen und den mentalen Aspekten unserer Existenz.

Freud hat – wie im Kapitel »Von Freud zu Erickson« geschildert

– mit seiner *Traumdeutung* wesentlich dazu beigetragen, daß die Überlegenheit des bildhaft-analogen gegenüber dem begrifflich-logischen Denken im psychischen Bereich mehr und mehr gesehen wird. Gleichwohl war er als Wissenschaftler seiner Zeit ursachenorientiert, und er hoffte, »daß die Psychoanalyse dem Ich die fortschreitende Eroberung des Es«[74] ermöglicht. Dies erklärt, warum die Technik der Deutung bei ihm eine so große Rolle spielt: Die besonnene Vernunft des Ich sollte die blinde Leidenschaft des Es überwinden.

Bei Erickson haben wir gesehen, daß für ihn die Weisheit des Unbewußten über der Weisheit des Bewußtseins stand: Er ging nicht mehr davon aus, daß die Einsichten der Vernunft im psychischen Bereich weiterhelfen. Deshalb hat er unter anderem auf Deutungen verzichtet und den Dialog mit dem Unbewußten an deren Stelle gesetzt.

Auch Hellinger hat nicht mehr die Illusion, daß begriffliches Denken fähig sei, Destruktivität in Lebenskreativität zu verwandeln. Er wendet sich statt dessen an die Fähigkeit zur Ein-Sicht in eine Ordnung, die nicht verstanden, sondern nur aus dem »Zwischen-Bewußten« heraus wahrgenommen und vom Bewußtsein »geschaut« werden kann. Aus diesem Grund wird in seiner Methode die Deutung von Trauminhalten und das Bewußtmachen der Übertragung durch die Arbeit mit dem Familienzusammenhang ersetzt, und das Forschen nach der Ursache durch das Erarbeiten eines lösenden Bildes.

Schuld und Unschuld

Freud sah das Gewissen als die Spannung zwischen Ich und Über-Ich, und er machte die Erfahrung, daß »unbewußte Schuldgefühle« krank machen können.

Bei der Wahrnehmung, was in Familien wirkt, kommt Hellinger ebenfalls auf die Schuldfrage, er findet einen neuen Zugang: Jedes Leben und jede Entwicklung findet in Beziehung statt, und ist mit Schuld verbunden. So kommt es nicht darauf an, daß wir unschuldig sind, denn Lösungen haben häufig damit zu tun, daß man sich schicksalhafter Schuld stellt. Es kommt vielmehr darauf an, den

Umständen gemäß zu handeln. Schicksalhafte Schuld wird so zum Motor und zur Kraft für das Leben. Dies schließt jedoch persönliche Schuld nicht aus, die zum Beispiel darin besteht, daß ein Mensch einen anderen bewußt schädigt. Wer das tut, trägt auch persönlich die Verantwortung und die Konsequenzen. Wenn man sich dieser Verantwortung stellt und handelnd einen Ausgleich findet, kann auch sie zu einer Kraft werden, aus der Gutes entsteht. Wenn dagegen jemand – wie das durch die Wirkung des Gewissens häufig unbewußt geschieht – für einen anderen die Schuld und die Folgen der Schuld trägt und sühnt, so macht ihn das schwach und verstärkt die Verstrickung.

Das Problem ist jedoch, daß die Übernahme von Schuld und die Sühne durch die Nachfolge ins Unglück sich »mit einem Gefühl von Unschuld und von Treue verbinden, und die Lösung und das Glück verbinden sich mit einem Gefühl von Verrat und von Schuld. Daher sind Glück und Lösung nur möglich, wenn man sich dieser Schuld stellt«[75].

Es gibt dreierlei Gefühle von Schuld und dreierlei Gefühle von Unschuld:

Gegenüber dem Bindungsbedürfnis ist Unschuld als Gefühl von Zugehörigkeit und Schuld als Angst vor Ausgeschlossen-Sein spürbar. Bindungsschuld wird als die schwerste Schuld empfunden. Sie betrifft das Selbstwertgefühl.

Gegenüber dem Bedürfnis nach Ausgleich bezieht sich das Gewissen auf Geben und Nehmen. Es entsteht das Gefühl von Verpflichtung und von Minderwertigkeit, falls man dieser Verpflichtung nicht nachkommt. Unschuld wird hier als Freiheit von Verpflichtung erfahren.

Gegenüber der Ordnung wird das Schuldgefühl zu Furcht vor Strafe und das Gefühl der Unschuld zu einem Gefühl von Treue und Gewissenhaftigkeit. Diese Schuldgefühle treffen nicht das Zentrum. Sie können am leichtesten ertragen werden und sind häufig eine notwendige Begleiterscheinung von Ablösung.

Schuld und Unschuld treten also immer gemeinsam auf, und es ist hoffnungslos, auf die Unschuld zu bauen. Das einzige, was das Leben nicht verzeiht, ist es nach Hellingers Beobachtung, nicht bereit zu sein, es anzunehmen und es zu leben, wie es ist.

Wie oben schon angedeutet, bedarf es – um zu einer Lösung zu kommen – des schauenden Gewissens. Denn »das Gute, das versöhnt und Frieden stiftet, muß die Grenzen überwinden, die uns das Gewissen durch die Bindung an die Einzelgruppe setzt. Es folgt einem anderen Gesetz, das in den Dingen wirkt, nur weil sie sind. Im Gegensatz zur Art und Weise des Gewissens wirkt es still und unauffällig, wie Wasser, das verborgen fließt. Wir nehmen seine Gegenwart nur an der Wirkung wahr«[76].

Tod

Natürlicherweise spielen der Tod und die Toten eine Rolle im Familiensystem. Zum Beispiel müssen Tote, die Platz gemacht haben – etwa für nachgeborene Geschwister oder andere Partner –, anerkannt werden. Geschieht das nicht, so besteht die Gefahr, daß ihr Schicksal von später Geborenen übernommen wird. Diese Dynamik steht oft hinter schweren psychosomatischen Erkrankungen oder tödlichen Unfällen. Hier wirkt unbewußt ein Satz der »Ich folge dir nach!« heißt.

Eine andere schwerwiegende Dynamik ist die des stellvertretenden Opfers: Ein Kind, dessen Eltern dabei sind, auseinanderzugehen, hat die Tendenz, dies zu verhindern, indem es sich durch Krankheit stellvertretend zum Gehen anschickt. Dabei lautet der Satz: »Lieber ich als du!«[77] Hier wirkt die magische Vorstellung, daß das Leid eines anderen durch eigenes Leid gesühnt werden kann. Dies ist aber keine Lösung, sondern belastet auch noch denjenigen, für den gesühnt wird.

Sätze, die lösen

Um einer derartigen (aus der Konstellation der Ursprungsfamilie stammenden, aber in der Gegenwart des Aufstellenden immer noch bestehenden) Dynamik entgegenzuwirken, benutzt Hellinger Sätze, die eine Umkehr bedeuten. Zum Beispiel wird im obengeschilderten Fall der Nachfolge der Satz: »Ich folge dir nach!«

umgewandelt in »Du bist tot. Ich lebe noch (ein Weilchen), dann sterbe ich auch.« Im zweiten Fall des stellvertretenden Opfers heißt der lösende Satz sinngemäß: »Sei freundlich, wenn ich bleibe.« Oder: »Ich sehe deinen Stern und folge meinem.«

Der zur Situation jeweils passende Satz wird den besonderen Umständen gemäß vom Therapeuten formuliert und vom Aufstellenden angesichts der Person, die das entsprechende Familienmitglied repräsentiert, ausgesprochen. Dies verstärkt die Wirkung des Lösungsbildes.

Die Familie: Mann, Frau und Kinder

Es gibt Klienten, bei denen im Gespräch klar wird, daß sie im Begriffe sind, eines ihrer Familienmitglieder auszuschließen, indem sie sich von ihm lossagen wollen. Bei manchen stößt man auf Unverständnis, wenn man sie auf die verstrickenden Folgen hinweist: »Wieso soll die Beziehung zu meinen Eltern von anderer Art sein als die zu anderen Personen? Ich sehe nicht ein, warum ich mich nach so vielen Verletzungen nicht von ihnen lossagen kann!« Dabei werden manchmal auch spirituelle Gesichtspunkte genannt, nach denen es notwendig oder möglich sein sollte, endgültig aus dem ursprünglichen Beziehungszusammenhang herauszutreten und mit der Familie zu brechen. Oder es werden rationale Gründe angeführt, aufgrund derer sich Verwandtschaftsbeziehungen in keiner Weise von anderen unterscheiden und deshalb auch beendet werden können. Während sie das aussprechen, geben die meisten dieser Klienten jedoch gleichzeitig nonverbal zu verstehen, daß sie genau wissen, daß das, was sie sich da vorgenommen haben, letztlich nicht möglich ist.

Anscheinend ist es für manche schwer anzunehmen, daß das Faktum der Vater- oder Mutterschaft gleichzeitig eine seelische Bindung erzeugt, die durch noch so schwerwiegende Erlebnisse nicht aufgehoben werden kann, und eine grundsätzlich andere Qualität hat als die Bindung zu Nicht-Verwandten, gleichgültig, ob die Beziehung gut oder schlecht ist. Verwandte sind und bleiben auf einer genetischen und unbewußten Ebene immer ein Teil von uns. Für manche noch schwerer zu akzeptieren ist die Erfahrung, daß diese primäre Bindung in einer Ordnung sein oder in eine Ordnung gebracht werden muß und nur so die Grundlage zu einer Weiterentwicklung bildet oder auch zur Befreiung von destruktiven Verhaltensmustern oder psychosomatischen Symptomen führen kann. Offenbar ist es für diese Menschen kaum annehmbar, daß die biologische Tatsache der Eltern- und Verwandtschaft Vorrang haben soll vor seelisch-geistigen Faktoren wie Freundschaft, Zugehörigkeit zu einer Gemeinschaft oder ähnlichem; andere dagegen sind davon sofort überzeugt.

Es beeindruckt mich immer wieder, welcher Ernst aus den Augen der meisten Menschen abzulesen ist, wenn man auf diese Zusammenhänge zu sprechen kommt. Es wird ihnen klar, daß man über etwas spricht, was uns alle zutiefst berührt, und dessen Wirksamkeit die meisten schon erfahren haben: über einen Bereich des Unbewußten nämlich, der jeden von uns in einen umfassenderen Zusammenhang einbindet.

Männer und Frauen sind für Hellinger unterschiedlich, aber gleichwertig. Ihre Aufgaben sind verschieden, aber gleich wichtig. Anders als im Jungschen Konzept der Individuation, in dem Männer ihren weiblichen Teil und Frauen ihren männlichen Teil zu integrieren suchen, muß aus Hellingers Sicht der Mann auf seinen weiblichen Teil und die Frau auf ihren männlichen Teil verzichten, um ihn im Partner jeweils anzuerkennen oder ihn sich vom Partner – in einem Ausgleich von Geben und Nehmen – schenken zu lassen. Denn »was ist ein Mann ohne eine Frau, und eine Frau ohne einen Mann?«[78]

Den ersten Rang in der Familie nimmt ein, wer für die äußere Sicherheit sorgt. Im allgemeinen ist dies in unserem Kulturkreis der Mann; unter bestimmten Umständen kann es auch die Frau sein. Kindern geht es am besten, wenn die Eltern sich wechselseitig in ihnen achten. Eine häufige Verstrickung zwischen Eltern und Kindern ist die Identifikation mit dem früheren Partner. Dabei rückt zum Beispiel – wenn sich die Eltern getrennt haben – der älteste Sohn an die Stelle des ehemaligen Partners, was unter anderem die spätere Ablösung sehr erschweren kann. Davon zu unterscheiden ist die »Parentifizierung«. Sie findet statt, wenn Eltern ihre Kinder anstelle ihrer eigenen Eltern nehmen. Dann überträgt zum Beispiel die Mutter die Wut, die sie auf ihren Vater hatte, auf ihren Sohn, der dadurch nicht Kind sein kann.

Ein Satz, den Hellinger beispielsweise benutzt, wenn jemand aus einer schwerverstrickten Familie stammt, oder kein Familienleben im eigentlichen Sinn erlebt hat, lautet: »Die Eltern geben ihren Kindern das Leben, und alles andere ist Dreingabe.«[79] Das bedeutet: Eltern geben ihren Kindern das Leben weiter, als etwas, was nicht ihnen gehört; und die Kinder geben es weiter an ihre eigenen Kinder. Der Strom des Lebens fließt nur in eine Richtung, und der Ausgleich findet von der früheren zur späteren Generation statt. So können Eltern keinen Dank erwarten. Andererseits können Kinder ihre Eltern nur anerkennen und nehmen, wie sie sind. Wenn dies nicht gelingt, wird Ablösung unmöglich.

»Die Eltern ehren heißt, sie nehmen und lieben, wie sie sind, und die Erde ehren heißt, sie nehmen, so wie sie ist: mit Leben und Tod, Gesundheit und Krankheit, Anfang und Ende.«[80]

Das Zwischen-Bewußte

Das »Zwischen-Bewußte«, von dem DeShazer spricht, ist im Bereich der sprachlichen Kommunikation und Co-Konstruktion angesiedelt. Das Zwischen-Bewußte, das in der systemischen Psychotherapie Bert Hellingers erlebt wird, wirkt auf der vorsprachlichen Ebene innerer Bilder bis in die Körperebene hinein. Denn auf eine rational nicht erfaßbare Weise gibt die Körperwahrnehmung Aufschluß über Verstrickungen und über die Ordnungsstruktur des familiären Beziehungszusammenhanges. Ebenso unerklärlich ist es, daß dies durch »stellvertretende Einfühlung«, also durch die Körperwahrnehmung eines anderen Menschen geschieht. Die Anwendung in der Praxis jedoch überzeugt unmittelbar. Denn dieses Zwischen-Bewußte, das mit dem Gewissen identisch ist, wirkt auf einer archaischen Ebene und verleiht dieser Arbeit ihre elementare Kraft.

Manchmal taucht die Frage auf, warum es nicht möglich sein sollte, ohne eine Aufstellung und ohne die Zusammenarbeit mit einem Therapeuten, einfach aus der Bekanntheit mit Hellingerschen Erkenntnissen heraus, in der eigenen Vorstellung das lösende Bild und den Satz der Kraft zu finden. Dies ist selbstverständlich nicht ausgeschlossen, vor allem, da es im psychischen Bereich immer vielerlei Möglichkeiten gibt, zu einer Lösung zu kommen, genauso, wie immer vielerlei mögliche Ursachen zu einem Problem vorhanden sind. Trotzdem ist eine Aufstellung häufig eine wesentliche Hilfe, und nur in der eigenen Vorstellung erarbeitete Lösungen bleiben oft unwirksam.

Sicherlich hat dies einerseits damit zu tun, daß der Prozeß in der Gruppe oder auch in der Einzelsitzung die Trancewirkung vertieft, die zu einer Veränderung innerer Bilder und deren Wirkung nötig ist. Wichtiger noch ist jedoch, daß – wie oben erwähnt – in der Aufstellung auf zweierlei Weise auf das Zwischen-Bewußte zurückgegriffen wird: Einerseits wird zur visuellen Wahrnehmung die kinästhetische oder Körperwahrnehmung zu Rate gezogen, um Intuition zu begünstigen. Andererseits wird bei einer Aufstellung in der Gruppe durch »stellvertretende Wahrnehmung« mit einer Instanz gearbeitet, die über den einzelnen hinausgeht.

Die Aufstellung des Familienbildes

Wie eingangs schon angedeutet, stellt einer der Gruppenteilnehmer das innere Bild seiner Familie auf, indem er andere Teilnehmer und Teilnehmerinnen als Repräsentanten seiner Familienmitglieder auswählt. Unter Einbeziehung der körperlichen und emotionalen Reaktionen der Aufgestellten wird dieses Bild durch den Therapeuten so lange verändert, bis alle Beteiligten in eine Beziehung zueinander gekommen sind, jeder sich gut fühlt, und niemand ausgeschlossen bleibt. (Es gibt allerdings Fälle, in denen ein Mitglied die Zugehörigkeit verspielt: Etwa wenn er ein schwerwiegendes Verbrechen innerhalb der Familie begeht.) Emotionen und psychosomatische Symptome werden häufig korrekt nachempfunden.

Wie weiter oben erwähnt, spielt neben der Erarbeitung eines lösenden Familienbildes auch das Bewußtmachen von bindenden und das Finden und Aussprechen von lösenden Sätzen eine bedeutsame Rolle.

Meist muß man eine gewisse Zeit verstreichen lassen, bis man die Wirkung des verinnerlichten Bildes erfährt,[81] und nicht immer sind äußere Handlungen notwendig oder überhaupt möglich. Denn nicht jeder hat »den Schlüssel«. Das heißt: Nicht jedes Familienmitglied kann – obwohl der Druck des Gewissens dazu häufig sehr groß ist – tatsächlich etwas tun, ohne sich dabei in die Dinge anderer einzumischen und zu sühnen oder zu übernehmen, was andere tun sollten. In diesem Fall besteht das Handeln im Nicht-Handeln, das bedeutet im Wirkenlassen des Bildes, was einer inneren Handlung gleichkommt. Zum Beispiel berichten Teilnehmer und Teilnehmerinnen von Gruppen immer wieder, daß sich Familienmitglieder ihnen gegenüber anders verhalten oder eine Beziehung sich plötzlich verbessert habe, nachdem sie eine Aufstellung gemacht hatten. Sie waren sich dabei nicht bewußt, sich selbst nun anders verhalten zu haben als vorher.

Das Bild der Ursprungsfamilie, das wir in uns tragen, kann sowohl als Kraftquelle wie als Störungsherd wirken. Das Familienbild, das die gefundene Ordnung darstellt, ist eine Art »Basis-Ressource« und häufig wirksamer als die Ressourcen der persönlichen Biographie.

Hellinger sagt über seine Arbeit, daß es nicht sein Ziel sei, bestimmte Symptome zu beseitigen, sondern die Menschen wieder mit den guten Kräften ihrer Familie zu verbinden. Denn ist die Ordnung wiederhergestellt, so wirkt sie stärkend und heilend und der Mensch wird frei für seinen eigene Weg.

Das Zwischen-Bewußte und das kollektive Unbewußte

Wie angedeutet, geht es beim Aufstellen der Familie um ein in stellvertretender Einfühlung erarbeitetes Bild des Familienzusammenhanges, und dies als Basis lösender Handlungen. »Stellvertretende Einfühlung« ist die über die Körperwahrnehmung bestehende Möglichkeit einer Person, die nicht in den Familienzusammenhang gehört, den rechten Platz für ein Familienmitglied zu finden. Diese Wahrnehmung ergibt sich aus dem Zusammenhang der aufgestellten Personen. Es ist ein therapeutisches Phänomen, eine Erfahrung, die in der Praxis gefunden und immer wieder neu gemacht wird, daß die in dieser Weise erarbeiteten Konstellationen befreiend und stärkend wirken. Wenn man eine Erklärung dafür sucht, kann man auf Konzepte wie »das kollektive Unbewußte« C.G. Jungs oder das »morphogenetische Feld« Rupert Sheldrakes zurückgreifen. Dabei sollte man sich jedoch fragen, ob solche Erklärungsmöglichkeiten die Wirksamkeit der Praxis erhöhen. Denn: Die Theorie kann die Praxis stören und unmittelbare Wahrnehmung verhindern. Hellinger selbst sieht zwar diese Analogien, lehnt jedoch eine Erklärung dieses Phänomens ab.

Tatsache scheint zu sein, daß wir über die Körperwahrnehmung alle Zugang zu den »Wirkungsweisen des Gewissens« besitzen und daß Menschen durch dieses Wissen auf einer tiefen Ebene verbunden sind.

Die Familie ist eine lebendige und unmittelbar wirksame Metapher für den großen Zusammenhang, in den wir alle eingebunden sind: Jeder ist unentrinnbar Teil dieses Zusammenhangs, aber auch als Einzelperson mit seinem eigenen Schicksal konfrontiert. Wir erleben die Gebundenheit an die Familie zusammen mit der Notwendigkeit, den eigenen Weg zu gehen, sowohl als schmerzlichen Widerspruch, aber auch als Herausforderung an unsere Lebenskreativität. Und manches, was unvereinbar scheint, löst sich durch das Mitgehen mit der Zeit und durch die Anerkennung des Endes. »Andere haben ihr Leben und ihren Tod, so wie Du Dein Leben hast und Deinen Tod. Hier ist jeder für sich und jeder allein.«[82]

Gegensätze und Gemeinsamkeiten

Gesellschaftlicher Hintergrund

Die Heidelberger Schule arbeitet schwerpunktartig auf der verbal-kognitiven Ebene des zirkulären Fragens und unterbreitet teilweise Handlungsvorschläge, während Virginia Satir im wesentlichen nonverbal vorgeht. Körperliche Darstellung der psychischen Sachverhalte und Körperkontakt sind dabei ihre wichtigsten Werkzeuge. So kann man den Satirschen und den Heidelberger Ansatz unter dem Begriff »systemisch-konstruktivistisch« zusammenfassen und diesen dem »systemisch-phänomenologischen« Ansatz Bert Hellingers gegenüberstellen. Dabei wird wiederum deutlich – wie dies schon im Kapitel »Von Freud zu Erickson« dargestellt wurde –, wie eng die Entwicklung therapeutischen Vorgehens mit gesellschaftlichen und geistesgeschichtlichen Veränderungen verknüpft ist. In der Aufbruchssituation der 70er Jahre war in vielen gesellschaftlichen Bereichen der Impuls, alte Formen abzuschaffen und Grenzen zu beseitigen, mit der Hoffnung auf schnelle und tiefgreifende Veränderungen verknüpft. Dies spiegelt sich in den damals entstandenen konstruktivistischen Therapiekonzepten wieder, auf die man zurückgriff, weil sie der damaligen gesellschaftlichen Situation besonders entsprachen.

Wenn ein Ansatz wie der von Bert Hellinger solchen Zuspruch findet, so zeigt dies, daß heute andere Notwendigkeiten bestehen: Vieles weist darauf hin, daß die Menschen gegenwärtig vermehrt eine Erfahrung suchen, deren heilende Kraft in der Gewinnung vom Auffinden einer lebendigen Ordnung besteht, weil eine weiter gehende Verunsicherung und Auflösung nicht mehr als Lösung, sondern als Problem erlebt wird. Unter der fließenden, sich wechselwirkend ständig verändernden Ebene des handelnden Miteinanders wird ein Untergrund sichtbar, ähnlich wie man in einem Flußbett die am Grunde liegenden Steine wahrnehmen kann, wenn man mit Aufmerksamkeit hinschaut. Damit wird der Unter- und Hintergrund der Gefahren der Oberfläche, der Schnellen und Wirbel mit einem Mal klar; und man erkennt und erlebt, daß der

Fluß denjenigen trägt, der diesen Untergrund »schaut« und anerkennt.

Der konstruktivistisch-systemische und der phänomenologisch-systemische Ansatz

Die systemisch-konstruktivistischen Familientherapien wie die Heidelberger Schule und die Familientherapie nach Virginia Satir gehen davon aus, daß in einem Familiensystem alle zur Überwindung eines Problems notwendigen Ressourcen vorhanden sind und daß Selbstregulation stattfindet, wenn Verfestigungen und Erstarrungen beseitigt werden. Sobald dies geschehen ist, wird »Aushandeln« möglich, und es ergeben sich auf Einsicht und Bewußtwerden beruhende Lösungen, in denen die einzelnen Familienmitglieder notwendige Entwicklungsschritte vollziehen und Verantwortung übernehmen können. Der Kontextbezug, also die Einbeziehung des Familienzusammenhangs, schützt bei diesem Vorgehen vor Beliebigkeit.

In dem systemisch-phänomenologischen Ansatz Bert Hellingers wird das Auftreten von Problemen im Zusammenhang mit einem »verrückten« Familienbild gesehen und nach einer Ordnung gesucht, in der die Primärliebe, die den familiären Beziehungszusammenhang charakterisiert, wieder fließen kann. Zur Lösung genügt es aus dieser Sicht nicht, bestehende Verhaltens- und Beziehungsmuster zu verflüssigen und auf die Selbstregulationsfähigkeit zu vertrauen. Sondern es muß noch etwas dazukommen: Um das archaisch-triebhafte Bedürfnis nach Bindung und Ausgleich, das in einem verstrickten Familienzusammenhang häufig destruktiv wirkt, zu überwinden, wird der Klient mit Hilfe des Therapeuten und der Wahrnehmung der Gruppe auf die Ebene des »schauenden Gewissens« gebracht, das die Grundordnung findet. Es gibt kein gemeinsames »Aushandeln«. Denn diese Ordnung wirkt unabhängig davon, ob sie gesehen wird oder nicht. Man kann sie nur anerkennen oder leugnen und die entsprechende Konsequenz tragen. Persönliche Varianten oder Gestaltungsmöglichkeiten bestehen auf dieser Ebene allenfalls in dem Ausmaß, in dem man bereit ist, das lösende Bild, das die Aufstellung ergab, in sich wirken zu lassen und danach zu handeln. Oder aber, wenn keine Lösung gefunden wurde, sich dieser Tatsache zu stellen. Statt um eine gemeinsame Neugestaltung wie in den konstruktivistisch-systemischen Therapien geht es bei Hellinger um die Wahrnehmung und Anerkennung einer Kraft, die zwischen den Menschen auf einer archaischen Ebene wirkt. Sie liegt außerhalb des Bereiches von Beliebigkeit, kann aber zur Basis von Entscheidungen werden.

Trotz dieser Gegensätzlichkeiten ergänzen sich der systemisch-konstruktivistische und der systemisch-phänomenologische Ansatz. Zum Beispiel eignen sich Ansätze wie etwa der der Heidelberger Schule oder bestimmte Elemente des NLP nach Robert Dilts besonders dazu, eine Familienaufstellung vorzubereiten oder in darauffolgenden Sitzungen zu vertiefen und auf der Basis der gefundenen Ordnung Handlungs- oder Gestaltungsmöglichkeiten freizusetzen.

Auf einen einfachen Nenner gebracht kann man festhalten, daß im konstruktivistisch-systemischen Vorgehen die Auflösung eingefahrener Muster und die Erweichung von Konzepten im Vordergrund steht. Die Lösung in Form einer Alternative der Sicht oder des Verhaltens ergibt sich dann aus der jedem lebendigen System innewohnenden Selbstregulationsfähigkeit.

In Hellingers systemischer Psychotherapie dagegen wird – um die lösende Neuordnung zu finden – auf eine archetypisch in uns angelegte Fähigkeit, die Ursprungsordnung zu erspüren, zurückgegriffen. Dabei spielt die Wahrnehmung unbewußt gesteuerter körperlicher Veränderungen und psychosomatischer Reaktionen, die die stellvertretenden Personen beitragen, zusammen mit der Wahrnehmung und dem Erfahrungswissen des Therapeuten die entscheidende Rolle. Deshalb handelt es sich hier um einen phänomenologischen Ansatz. Denn phänomenologisches Vorgehen nimmt an, daß der Schwerpunkt des Kognitionsprozesses, der sich wechselwirkend zwischen den Polen Wahrnehmen und Vorstellen vollzieht, auf der Wahrnehmung liegt, während der konstruktivistische Ansatz die Vorstellung in den Vordergrund rückt. Die durch phänomenologisches Vorgehen gefundene – nicht »erfundene«(!) – lebendige Ordnung hat eine andere Qualität als die aus der Selbstorganisationsfähigkeit eines Familiensystems sich ergebenden Verhaltensalternativen, die im Heidelberger Modell zur Lösung führen.

Wenn man einen Vergleich aus der Computersprache heranziehen möchte, so könnte man sagen, daß das konstruktivistisch-systemische Vorgehen die »Software« eines Computers betrifft, während man sich im phänomenologisch-systemischen Vorgehen mit der »Hardware« befaßt – dies auch als Hinweis, inwiefern sich beide Methoden nicht ausschließen, sondern ergänzen.

Wie oben erwähnt, stammt das Bild der Ordnung, das in der Arbeit mit dem Familienbild am Ende steht, aus einem Bereich, den C.G. Jung das kollektive Unbewußte genannt hat und den man aus systemischer Sicht das Zwischen-Bewußte nennen kann. Jung selbst, der für diesen Bereich im allgemeinen die Metapher der Tiefe als treffend empfand und deshalb den Begriff »Tiefenpsychologie« benutzte, hat einmal gesagt: »Wir träumen nicht so sehr aus dem, was in uns, sondern aus dem, was zwischen uns ist«[83]. Womit er darauf hinweist, daß es auch für ihn etwas gab, was über uns hinaus- oder durch uns durchgeht und im Zwischen wirkt.

»*Kunst ist eine Art Versuchslabor, wo jemand das Leben ausprobiert.*«
(John Cage)

Neuro-imaginatives Gestalten (NIG)

Um interessierten Leserinnen und Lesern die Möglichkeit systemischer Erfahrungen zu geben, stelle ich in diesem Kapitel einige Beispiele des von mir entwickelten Neuro-imaginativen Gestaltens (NIG) vor. Unter bestimmten – weiter unten erklärten – Bedingungen können diese Übungen auch ohne therapeutische Begleitung zum Zweck der Selbsthilfe durchgeführt werden.

(Eine ausführlichere Darstellung der Entstehung, Wirkungsweise und Anwendungsmöglichkeiten bleibt einer späteren Veröffentlichung vorbehalten. Für interessierte Kolleginnen und Kollegen biete ich in Zist, Zist 3, 82377 Penzberg, eine Fortbildung an.)

Kurzbeschreibung

Im NIG werden Elemente der systemischen Kurztherapie durch Elemente der KunstTherapie[1] (Art Therapy) ergänzt. Das heißt: Neben dem Gespräch über innere Bilder, die für den therapeutischen Prozeß wichtig sind, dient die spontane Farbskizze als Medium der Darstellung dieser Vorstellungen. Denn die bildliche Darstellung zeigt im Sinne Wittgensteins, was nicht gesagt werden kann; und im Gespräch über die Skizze wird gesagt, was nicht verständlich gezeigt wurde.[2] Häufig sind diese Skizzen nicht nur für den Therapeuten, sondern auch für den Klienten selbst aufschlußreich, zumal sie mit der nicht-dominanten Hand angefertigt werden, über die sich Unbewußtes häufig wie »von selbst« darstellt.[3] Darüber hinaus wird durch die Verwendung dieser Farbskizzen als »Bodenanker« der Körper als Sensor in den therapeutischen Prozeß einbezogen, was die Aspekte der Eigenbestimmung und Kooperation verstärkt. Dieses Vorgehen bedeutet einen Schritt in Richtung bewußter Körperorientierung denn es wird körperlich spürbar, wie stark unser Befinden durch Vorstellungen bestimmt ist.

Wie eben erwähnt, werden im NIG Farbskizzen, die innere Bilder darstellen, etwa in einer NLP-Übung oder in einer Familienaufstellung als »Bodenanker« verwendet.[4] Durch die Verwendung von spontanen Skizzen als »Bodenanker« erhält der Prozeß eine neue Qualität der Selbstorganisation, und das NLP-Konzept des »Gehirns als Computer« und der »Umprogrammierung« wird durch das Konzept des »inneren Künstlers« und der »Neugestaltung« und »Selbstorganisation« ersetzt. Diese Technik der spontanen Skizze kann auch zum selbständigen Weiterarbeiten, unabhängig vom Therapeuten, verwendet werden. Außerdem läßt sie sich mit allen obengenannten systemischen Vorgehensweisen vielfältig verbinden. Dies führt die Bestrebungen einiger Erickson-Schüler (zum Beispiel Gilligan und Rossi) fort, die dabei sind, die Aspekte der Kooperation und Selbstheilung im hypnotherapeutischen Prozeß weiterzuentwickeln.

Sobald man dazu übergegangen ist, Farbskizzen und Bewegungen im Raum als wichtigen Bestandteil des therapeutischen Vorgehens zu benutzen, ergibt es sich zwanglos, daß man sie mit den verschiedensten Elementen systemischer Kurztherapie verbindet und als Erweiterung des verbalen Prozesses benutzt. Die Konkretisierung der Vorstellung durch ein bildnerisches Medium und Bewegung bietet Möglichkeiten und Anregung zu therapeutischer Kreativität.

Zwei Beispiele

Es werden im folgenden zwei Beispiele dieser Vorgehensweise gegeben, die die Möglichkeit der Erfahrung systemischer Grundstrukturen vermitteln. Sie sind so konzipiert und ausgewählt, daß sie unter gewissen Voraussetzungen auch zur Selbsthilfe verwendet werden können. Welche Wirkung von der selbständigen Durchführung einer solchen Übung ausgeht, hängt sehr davon ab, ob eine Dringlichkeit dafür besteht, und ob man imstande ist, sich mit Konzentration auf diesen Prozeß einzulassen. Ein »Dialog mit dem Unbewußten« kann nur unter bestimmten Bedingungen gelingen.

Der Begriff »Übung« bezeichnet hier keinen Vorgang des Einübens oder Lernens durch Wiederholung. Er kennzeichnet statt dessen ein für bestimmte Situationen entworfenes – aus dem NLP und aus anderen systemischen Methoden stammendes – »therapeutisches Werkzeug« das heißt einen Prozeß, der eine Änderung der Sicht bewirken soll.

Das Zur-Verfügung-Stellen therapeutischer Vorgehensweisen zum Zweck der Selbsthilfe soll keiner »Selbstbedienungs-Therapie« das Wort reden. Der Austausch mit oder einfach die Gegenwart einer anderen Person ist für die meisten Menschen eine wesentliche Hilfe, den Dialog mit dem Unbewußten zu eröffnen, selbst wenn es nicht die einzige Möglichkeit darstellt. Dadurch, daß im NIG die Elemente der Selbstgestaltung oder Selbstregulation durch die Einbeziehung von spontaner Skizze, Körperwahrnehmung und Bewegung verstärkt werden, eignen sich diese einfachen Übungen auch zur Selbsthilfe. Dabei ist es sinnvoll, sich von einem Freund oder einer Freundin insofern begleiten zu lassen, als man ihn oder sie bittet, die einzelnen Punkte der Reihe nach vorzulesen, wann immer einer der Schritte abgeschlossen ist. Auf diese Weise muß man nicht immer wieder aus der Konzentration auf den Prozeß herausgehen.

Selbstverständlich können die Übungen auch für Kolleginnen und Kollegen als Ergänzung ihrer Praxis aufgegriffen werden.

Die Lebenslinie als Ressourcensuche

Die Arbeit mit der Lebenslinie ist geeignet, am Anfang einer Sequenz von Einzelsitzungen oder Beratungsstunden zu stehen, weil sie die Lösungs- und Ressourcenorientierung des systemtherapeutischen Vorgehens beispielhaft aufzeigt und erfahrbar macht. Für viele Menschen stellt sie eine radikale Änderung der Sicht dar, weil sie den Fokus der Aufmerksamkeit weg von den Ursachen von Problemen und hin zu den Lösungsmöglichkeiten und Kraftquellen verschiebt. Die Lebenslinie dient dazu, die Ressourcen ausfindig zu machen, die in der jetzigen Situation benötigt werden, um ein stimmiges Ziel zu erreichen, wie etwa eine Krankheit zu überwinden, einen Konflikt zu lösen oder eine Fähigkeit zu erwerben.

Die Übung kann aber auch sehr viel weiter gefaßt werden, um sich mit der Frage nach einer Lebensaufgabe oder einem möglichen Lebenssinn zu befassen. Zu diesem Zweck kann man sie auch wiederholt durchführen. In meiner eigenen Praxis verwende ich auf diese Übung meist zwei bis drei Sitzungen, so daß die Klientin oder der Klient dazwischen Zeit hat, sich mit dem möglichen Ziel und den Kraftquellen seines Lebens intensiver zu befassen.

Eine bestimmte Situation oder auch das ganze Leben »vom Ende her«, also unter dem Aspekt des Zieles oder Sinnes zu betrachten, ist ein zentrales Element systemtherapeutischen Vorgehens. Die Suche nach einem gemäßen Ziel stellt die Frage nach dem inneren Zusammenhang des eigenen Lebens; und das Sichtbar- und Spürbar-Werden der Lebenslinie ergibt neue Perspektiven. Zeit wird zu Abstand im Raum, und die Möglichkeit des Hin- und Hergehens zwischen Gegenwart, Zukunft und Vergangenheit wirkt als lebendige Metapher für die in der systemischen Arbeit gültige zirkuläre Sicht von Zeit: Nicht nur die Vergangenheit wirkt auf Gegenwart und Zukunft, auch unsere Zukunftsvorstellungen wirken zurück auf unser Befinden in der Gegenwart und auf das Bild, das wir uns von unserer Vergangenheit machen.

Gegenüber der Lebenslinie, wie Dilts sie vermittelt, wurde die hier dargestellte Version durch die Einführung von Ressourcen aus dem Umfeld wie wichtige Personen, Orte, Tiere usw. erweitert. Dies dient vor allem der Kontext-Orientierung, die in der ursprünglichen Form nur schwach ausgeprägt ist. Diese erweiterte Fassung ist eher eine Anregung für Fachkollegen.

Zur selbständigen Durchführung ist die ursprüngliche Version (kursiv gedruckt) meistens geeigneter. Achten Sie darauf, daß Sie zur Herstellung der Farbskizzen die nicht-dominante Hand benutzen.

Die gemäße Zielvorstellung

Ein nicht gemäßes Ziel kann schlimme Folgen haben, während ein gemäßes Ziel psychische und physische Energien wachruft. Deshalb sollte auf die Erarbeitung der Zielvorstellung besondere Sorgfalt verwandt werden. Außerdem sollte man sich immer bewußt sein, daß Ziele sich auf dem Weg verändern können, daß sie – meistens – nichts unumstößlich Feststehendes sind. Wird die Lebenslinie wegen eines konkreten Problems durchgeführt, sollte man sich den Ziel- oder Lösungszustand als einen Zustand vorstellen, in dem Therapie oder Beratung überflüssig geworden ist.

Andere Kriterien eines gemäßen Zieles sind:

Ist das Ziel positiv formuliert? Heißt es: »Ich will ...!«, und nicht: »Ich will *nicht* mehr ...!«;

Ist es Ihre eigene Aktivität? Es sollte beispielsweise nicht lauten: »Ich möchte erreichen, daß mein Mann ...!«

Wie werden Sie merken, daß Sie am Ziel angekommen sind?

Ist es mit Ihren jetzigen Überzeugungen und Erfahrungen zu vereinbaren?

Stimmen Sie den Folgen zu?

Durchführung

1. *Stellen Sie eine Farbskizze dieses Zielzustandes her.*
2. *Erinnern Sie sich an wichtige Schritte, die Sie in Ihrer Vergangenheit getan haben, die Sie auf Ihrem Weg weiterführten und die sich positiv auswirkten. Fertigen Sie von jedem Schritt eine Farbskizze an (jeweils auf gesondertem Blatt).*
3. *Erinnern Sie sich an Personen, die dazu beitrugen, daß Sie diese Schritte tun konnten (jeweils eine Skizze anfertigen).*
4. *Welche dieser Personen würde Ihnen am ehesten zutrauen, daß Sie Ihr jetziges Problem überwinden werden? (= Ressourcenperson)*
5. *Gibt es auch Erinnerungen an Orte, Pflanzen, Tiere, die Ihnen geholfen haben, diese Schritte zu tun? (Skizzen herstellen)*

6. *Machen Sie sich ein Bild Ihrer Gegenwart, und skizzieren Sie es.*
7. *Legen Sie Ihre Zeitlinie mit Hilfe der Blätter (Gegenwart, Zukunft, Ressourcen) im Raum aus.*
8. Plazieren Sie die Personen, Orte usw. in bezug auf die Schritte und Sinnerlebnisse.
9. *Bestimmen Sie eine Stelle außerhalb der Lebenslinie, und markieren Sie sie mit einem Blatt (= Metaposition). Stellen Sie sich darauf, und sehen Sie Ihr Leben von dieser Außenperspektive an.*
10. *Stellen Sie sich in die Gegenwart. Wie fühlen Sie sich?*
11. *Gehen Sie vorwärts in Ihre Zielvorstellung: Wie fühlen Sie sich hier? Welche Unterschiede nehmen Sie wahr?*
12. *Drehen Sie sich um, schauen Sie zurück, und gehen Sie dann über die Gegenwart hinaus in die Vergangenheit. Stellen Sie sich auf jede Ihrer Ressourcen. Welche Unterschiede nehmen Sie wahr?*
13. *Drehen Sie sich um, wenn Sie bei der frühesten Ressource angelangt sind, und schauen Sie wieder in die Zukunft. Gehen Sie dorthin, und nehmen Sie Ihre Ressourcen mit (Blätter tatsächlich einsammeln!), während Sie die Blätter der Personen, Orte, usw. liegenlassen.*
14. *Halten Sie in der Gegenwart inne, und schieben Sie Ressourcen unter das Gegenwartsbild. Was hat sich verändert? Wie fühlen Sie sich im Vergleich zu vorher an dieser Stelle?*
15. Holen Sie die Ressourcenperson aus Ihrer Vergangenheit in die Gegenwart, und geben Sie Ihr hier einen Platz.
16. Nehmen Sie Ihre Position ein, und sehen Sie Ihre jetzige Situation durch Ihre Augen: Hat sie Ihnen etwas mitzuteilen? Führen Sie einen Dialog mit ihr, indem sie die Positionen wechseln.
17. *Gehen Sie in die Zukunft, indem Sie die Ressourcen mitnehmen und unter das Zukunftsblatt schieben. Schauen Sie auf Ihre Gegenwart zurück: Welche Schritte haben Sie getan, um hierher zu kommen? Welche Ressourcen haben Ihnen besonders geholfen?*

18. Treten Sie heraus in die Metaposition, und schauen Sie sich Ihre Lebenslinie von außen an. Hat sie sich für Sie verändert?
19. Tragen Sie die Ressourcen in der nächsten Zeit auf irgendeine Weise bei sich.
20. Wiederholen Sie die Übung nach einigen Monaten. Welche Schritte haben Sie getan? Wie sieht Ihre Ziel- oder Lösungsvorstellung heute aus? Hat sie sich verändert? Welche Ressourcen haben sich besonders bewährt? Welche neuen Ressourcen tauchen auf? Welche nächsten Schritte ergeben sich?

Fähigkeiten entwickeln

Diese Übung veranschaulicht ein anderes wichtiges systemtherapeutisches Element. Statt ein Problem zu bearbeiten, wird in dieser Vorgehensweise der Fokus der Aufmerksamkeit des Klienten auf den Erwerb einer oft ganz einfachen Fähigkeit gelenkt. Wenn dies gelingt, kann sich auch das Problem auf diese indirekte Weise lösen oder relativieren. Das dahinterstehende Konzept ist der zirkulär wechselwirkende Prozeß auch innerhalb der menschlichen Psyche: Positive Erfahrungen in einem Bereich beeinflussen die anderen Bereiche mit. Es sollte sich dabei um Fähigkeiten handeln, die der Klient oder die Klientin schon lange erwerben wollte, aus irgendwelchen Gründen bisher jedoch nicht dazu kam. Fähigkeiten, die er früher besaß und gerne zurückgewinnen würde, eignen sich auch für diese Übung.

Man kann diese Übung, auch wenn gerade kein dringendes Problem ansteht, in einer spielerischen Weise als Element bewußter Lebensgestaltung oder als Selbsterfahrung mit ressourcenorientiertem Vorgehen durchführen. Der Fall »Hans« (vgl. S. 217 ff.) illustriert dies.

Durchführung

1. Suchen Sie sich drei Tätigkeiten, die Sie gut können und bei deren Ausübung Sie sich wohl fühlen.
2. Stellen Sie sich selbst bei einer dieser Tätigkeiten so lange

vor, bis sie Ihnen wirklich gegenwärtig ist. Was sehen, hören, empfinden, schmecken und riechen Sie dabei? Fertigen Sie mit der nicht-dominanten Hand eine Farbskizze an, die diesen Zustand darstellt.
3. Verfahren Sie mit den anderen zwei Tätigkeiten ebenso.
4. Suchen Sie eine Fähigkeit, die Sie entwickeln oder vervollkommnen möchten.
5. Stellen Sie sich bei dieser Tätigkeit vor, so wie Sie sie im Moment auszuführen imstande – oder nicht imstande – sind. Was sehen, empfinden, hören, riechen, schmecken Sie dabei? Fertigen Sie eine Farbskizze an, sobald Ihnen dieser Zustand ganz gegenwärtig ist.
6. Nehmen Sie diese Blätter (vier Stück) in die Hand. Gehen Sie im Raum umher, und plazieren Sie sie auf dem Fußboden, genau in der Anordnung, die sie als richtig empfinden. Lassen Sie sich dabei von Ihrem Körpergefühl leiten.
7. Wählen Sie eine zusätzliche Stelle, von der aus Sie diese Darstellung überblicken können (Metaposition). Liegt alles genau richtig? Überprüfen Sie jede einzelne Position und die Beziehung der Positionen untereinander.
8. Stellen Sie sich der Reihe nach zuerst auf die Ressourcenblätter und dann auf das Problemblatt. Wie fühlen Sie sich dabei? Was sind die Gemeinsamkeiten, was die Unterschiede?
9. Gehen Sie zurück auf die Metaposition. Sehen Sie die Darstellung noch einmal von außen. Hat sich für Sie etwas verändert? Sehen Sie neue Bezüge, neue Qualitäten?
10. Gehen Sie nun zu den Ressourcenblättern, sammeln Sie sie der Reihe nach ein, indem Sie sich noch einmal kurz daraufstellen und sich den jeweiligen Zustand einprägen. Nehmen Sie alle Ressourcenblätter mit sich und bringen Sie sie zum Problemblatt.
11. Stellen Sie sich – mit den Ressourcen in der Hand – auf das Problemblatt. Wie geht es Ihnen jetzt? Was ist anders als vorher, was gleich?
12. Plazieren Sie die Ressourcen ganz in die Nähe des Problems, und gehen Sie zurück zur Metaposition. Was verändert sich?

13. Gehen Sie wieder zurück zum Problem, schieben Sie die Ressourcen darunter, und stellen Sie sich darauf. Wie fühlen Sie sich jetzt auf dieser Stelle? Was sagt Ihnen das?
14. Gehen Sie ein paar Schritte in Ihre Zukunft (wo immer das auf dem Fußboden sein mag), und bleiben Sie an der Stelle stehen, wo Sie spüren, daß die für Sie im Moment noch problematische Tätigkeit unproblematisch geworden sein wird. Nehmen Sie die Ressourcenblätter mit, legen Sie sie aufeinandergeschichtet dorthin, und stellen Sie sich darauf. Registrieren Sie wieder genau Ihre Empfindungen und Gefühle, und schauen Sie zurück zum Problemort. Welche Schritte haben Sie unternommen, um zu diesem Lösungszustand zu kommen? Was wird ganz konkret Ihr nächster Schritt auf dieses Ziel hin sein?
15. Tragen Sie die Ressourcenbilder in der nächsten Zeit bei sich, besonders, wenn Sie wissen, daß Sie die problematische Tätigkeit ausführen müssen.

(Diesen Übungen liegen die von Robert Dilts vermittelten NLP-Elemente »Time-line« und »Role Model« zugrunde. – Vgl. auch den Fall »Luise«, S. 209 ff.).

Fälle

Fall-Darstellungen in Büchern, die keine Forschungsberichte, sondern Berichte über und für die therapeutische Praxis sind, haben einerseits ihre Berechtigung, da sie der Veranschaulichung des theoretisch Erklärten dienen. Andererseits besteht die Gefahr, daß die Veröffentlichung auf das Therapieergebnis womöglich negativen Einfluß nimmt und Klienten sich benutzt fühlen. Zudem ist die Berichterstattung, wenn sie sich lediglich auf Protokolle aus Einzelsitzungen und auf Erinnerungen stützt, immer lückenhaft und enthält einen Teil Interpretation und Gestaltung. Zur Ergänzung wurden deshalb zwei Erfahrungsberichte eingefügt, in denen die Betroffenen selbst den Hergang aus ihrer Sicht beschreiben.

Die hier geschilderten Therapieverläufe sollen systemtherapeutisches Vorgehen an exemplarischen Beispielen verdeutlichen. Sie beziehen sich auf reale Fälle, die sich in meiner Praxis abgespielt haben. In meinen Berichten ist der Verlauf aus den genannten Gründen – und aus Gründen der Anonymität – in Absprache mit den Betroffenen jedoch teilweise leicht verändert.

Bei einigen der Fallberichte spielt das von mir entwickelte »Neuro-imaginative Gestalten« eine Rolle.

Erfahrungsbericht Bettina

Was ich bei meiner Familienaufstellung erlebte, und wie es wirkte.

Im Laufe meines Studiums hat sich meine Unsicherheit, mein Mangel an Zutrauen und Selbstbewußtsein immer mehr verstärkt. Als jüngstes von fünf Kindern kämpfte ich mit dem Gefühl, daß alle anderen alles viel besser machen. Ich ging der Möglichkeit aus dem Weg, mir eine eigene Meinung zu bilden und diese auch zu vertreten. So bekam ich auch Entscheidungsprobleme, weil ich immer in Frage stellte, ob das, was ich wollte, auch tatsächlich meine eigene Meinung sei oder in Wirklichkeit vielleicht die der anderen.

Ich war schon als Kind von einem zwanghaften »Helfenmüssen« meiner Mutter gegenüber befallen, die mir neben meinem Vater schwach und hilfsbedürftig erschien. Dies war zunehmend mit einem Gefühl von Wut verbunden gegenüber meinen Geschwistern, die »nicht halfen«, und gegenüber meiner Mutter, die sich nicht selber wehrte, immer für alle da war und es jedem recht machen wollte. Wut aber auch auf meinen Vater, der mir der Grund für die Hilfsbedürftigkeit meiner Mutter zu sein schien. So entschloß ich mich, an einer Gruppe mit Familienaufstellungen teilzunehmen.

In meiner ersten Gruppe, in der ich selber nicht aufstellte, erlebte ich durch die Teilnahme als Stellvertreterin, wie oft die Väter in den Familien fehlten. Und ich spürte auch bei mir, wie sehr mir ein Vater als das Männliche gegenüber der Mutter als dem Weiblichen fehlte. Ich hatte das Gefühl, daß ich keine eigene Stärke bekommen konnte und ich deshalb unter einer großen Unsicherheit und unter Schwächegefühlen litt. Besonders spürte ich in der Gruppe die Stärke und Energie, die ein jedes Familienmitglied in geordneten Familiensystemen erhält, und wieviel Energie durch in Unordnung geratene Systeme verlorengeht. So habe ich schon seit meiner Jugend das Gefühl, daß ich immer auf den Tag warte, an dem an einer Stelle in meinem Hals ein Knopf aufspringt und meine ganze Energie vom Bauch endlich hochkommen kann.

In den Wochen nach meiner ersten Begegnung mit Aufstellungen habe ich auch zum erstenmal ein starkes Verlangen nach meinem Großvater gehabt, der ein halbes Jahr vor meiner Geburt gestorben war, und es wurde mir erst jetzt wirklich bewußt, daß er, als einziger in meiner Familie, beruflich das gemacht hatte, was ich auch studierte. Ich spürte eine große gegenseitige Liebe, und dies gab mir eine gewisse Kraft.

In meiner eigenen Aufstellung, die ich ein halbes Jahr später machte, kam meine Beziehung zum Vater recht deutlich zum Ausdruck: Ich stand ziemlich weit weg von ihm, blickte in eine andere Richtung und stand der Mutter näher, aber auch ohne Blickkontakt. Meine Mutter war, nach der Aussage der Repräsentantin, stark und für alle da. Als dann die Frau hineingestellt wurde, mit der mein Vater eine langjährige Beziehung gehabt hatte – von der ich aber erst später erfuhr –, ging es meiner Mutter schlecht.

Nachdem das Lösungsbild gefunden worden war (ich, als Jüngste, am Ende der Geschwisterreihe, die Eltern gegenüber, und die Freundin meines Vaters seitlich in einiger Entfernung) und ich hineingestellt wurde, fiel es mir sehr schwer, meinem Vater in die Augen zu sehen, so direkt, da nichts mehr zwischen uns war. Ich bekam eine Wut auf ihn, er war ja nie da! Es kostete mich viel Kraft auf ihn zuzugehen und zu ihm zu sagen: »Du bist mein Vater; und ich bin deine Tochter.«

Später spürte ich, daß dies die Kraft war, die mir zum aufrechten Gegenüberstehen auch vor vielen anderen Menschen fehlte, die mir fehlte bei Entscheidungen, die mir fehlte, wenn es darum ging, meine eigene Meinung zu sagen.

Es wurde mir auch bewußt, daß ich jeder großen Auseinandersetzung mit meinem Vater aus dem Wege gegangen bin, immer die brave Tochter spielte, die »Kleine« in der Familie, und daß es mir leichter fiel, zu leiden und nicht zu mir zu stehen. Es wurde mir auch klar, daß ich die Schwäche meiner Mutter gegenüber der Beziehung meines Vaters zu der anderen Frau und die Versuche meiner Mutter, es jedem recht zu machen, verinnerlicht hatte. Dies zeigte sich für mich besonders darin, daß ich in meiner Aufstellung zum Schluß sagte, daß ich froh sei, wenn ich mich nicht mehr um sie kümmern müßte.

Fall Fritz: Familienaufstellung

Ein Mann mittleren Alters kommt zu einer Beratung, weil er spürte, daß er seine Existenz selbst gefährdet. Obwohl er mehrere Jahre beruflich erfolgreich war, hatte er vor fünf Jahren, nach der Trennung von seiner damaligen Partnerin, von heute auf morgen zu arbeiten aufgehört. Er lebte eine Zeitlang von seinen Ersparnissen, ohne sich um eine adäquate Beschäftigung zu bemühen. Dann fing er an zu jobben, indem er die minderwertigsten Arbeitsangebote annahm.

Nach seiner Ursprungsfamilie befragt, äußerte er sich verächtlich über seinen Vater, der sich, als er und seine Schwester halbwüchsig waren, von seiner Mutter getrennt hatte. In einer Aufstellung seiner Ursprungsfamilie stellte er seinen eigenen Repräsentanten ganz dicht zur Mutter, dem Vater gegenüber, und seine Schwester etwas abseits, mit dem Blick ebenfalls auf den Vater gerichtet. Alle stellvertretenden Personen äußerten Verwirrtheit und hatten verschiedene Arten von Körpersymptomen. Einige Umstellungen änderten daran nichts. Der Vater sagte, daß ein schweres Gewicht auf ihm laste und ihm das Atmen schwer mache. Er stehe hier wie ein Angeklagter; am liebsten würde er gehen.

Fritz schilderte daraufhin, daß der Vater im Zweiten Weltkrieg in Naziaktivitäten verwickelt gewesen sei, obwohl er nicht Parteigenosse war. Nach dem Krieg hätte er sich von seiner Mutter aus nichtigen Gründen getrennt. Er lebte seitdem einsam und wäre als verbitterter Mann gestorben. »Ich weiß gar nicht genau, wann das gewesen ist und wo er begraben liegt«. Vor ungefähr fünf Jahren sei auch die Schwester gestorben.

Die Therapeutin nahm den Vater aus der Familie heraus, und stellte ihn mit abgewandtem Gesicht in einige Entfernung. Dies wurde von Mutter und Sohn als Befreiung empfunden, die Schwester aber zog es unwiderstehlich zum Vater. Die Therapeutin wies sie an, sich – ebenfalls mit abgewandtem Gesicht – zum Vater zu stellen. Da ging es ihr besser. Der Stellvertreter des Sohnes jedoch wurde unruhig und äußerte emotional bewegt, daß er nun ebenfalls diesen Zug zum Vater hin verspüre. Die Therapeutin ließ nun den jungen Mann selbst seine Stelle – allein der Mutter gegenüber – einnehmen, wo ihm die Tränen kamen und er immer zu Vater und Schwester hinübersah.

Die Therapeutin schlug ihm folgenden Satz vor: »Lieber Vater, du bist gegangen. Ich bleibe, um mein Leben zu leben. Dann komme ich auch.«

Es wurde ihm klar, daß er aus Liebe zum Vater in den letzten fünf Jahren – das heißt: seit dem Tod seiner Schwester – dabei war, ebenfalls seinem Vater nachzufolgen. Er versuchte unbewußt, durch eigenes Unglück das Unglück des Vaters zu sühnen.

Fall Luise: Lebenslinie (NLP/NIG)

Eine Frau mittleren Alters kommt wegen einer schweren Depression in Therapie. Sie hat sich gerade von ihrem langjährigen Partner getrennt und sieht dies als ein Versagen ihrerseits und als den Beweis ihrer Beziehungsunfähigkeit an. Sie komme aus dem Kreis aus Selbstvorwürfen und Anklage dem Partner gegenüber nicht mehr heraus.

Von der Therapeutin befragt, ob sie eigentlich ein Ziel in ihrem Leben habe, erwidert sie nach längerer Zeit des Nachdenkens: »Nein, eigentlich nicht. Ich habe mir die Frage noch nie so gestellt.«

Die Therapeutin fordert sie nun auf, sich einen Ort in der Zukunft vorzustellen, an dem sie ihr jetziges Problem gelöst haben wird. Sie bittet Luise dann, das aufsteigende innere Bild in einer Farbskizze zu Papier zu bringen und eine zweite Skizze anzufertigen, die ihren gegenwärtigen Zustand festhält.

Danach läßt sie die Klientin auf dem Fußboden erst die Gegenwart und dann das Zukunftsbild in dem von ihr als richtig erspürten Abstand auslegen. Während die Klientin auf dem Blatt steht, das ihren jetzigen Zustand bezeichnet und sich ihre gegenwärtige Situation möglichst plastisch vorstellt, bemerkt sie, wie sie von der bleiernen Schwere befallen wird, die sie vor allem von den Morgen der letzten Monate so gut kennt. Sie hat das Gefühl, in den Boden zu versinken und keinen Schritt weiterzukönnen.

Aufgefordert, sich auf das Blatt ihres zukünftigen Zustandes zu stellen, bemerkt sie, wie sich ihr Körpergefühl sehr rasch ändert. Sie richtet sich auf und erinnert sich, daß sie als Teenager eine ähnlich schwere Zeit nach der Ablösung von ihrem ersten Freund überwinden konnte, indem sie begann, reiten zu lernen. Das aufrechte Sitzen auf dem Pferderücken im Gefühl, eins mit diesem Tier zu sein, vermittelte ihr damals ein Glücksgefühl, das sie – zu ihrem großen Erstaunen – plötzlich wieder zu spüren beginnt.

Die Therapeutin schlägt ihr vor, ihrem Unbewußten Zeit zu geben, weitere Kraftquellen aufzufinden. Es steigen noch mehrere Erinnerungen an Augenblicke in der Vergangenheit auf, in denen sie aus eigener Kraft schwere Situationen bewältigen konnte und – durch Krisen hindurch – den Weg in größere Selbständigkeit fand. Wiederum schiebt ihr die Therapeutin Block und Stifte zu, und sie fordert sie auf, für jede dieser Erinnerungen eine Farbskizze anzufertigen. Diese Blätter legt sie dann auf den Vorschlag der Therapeutin hin im Raum aus, so daß sich das Bild ihrer Lebenslinie ergibt.

Die Therapeutin fordert sie nun auf, sich noch einmal in ihre »Gegenwart« und von dort aus in ihre Vergangenheit zu begeben und sich der Reihe nach auf ihre Ressourcenblätter zu stellen, um sich diese Erinnerungen noch einmal intensiv zu vergegenwärtigen. Dann wird sie gebeten, die Ressourcenblätter der Reihe nach einzusammeln und unter das Gegenwartsblatt zu schieben. Als sie sich darauf stellt, bemerkt sie, daß die Schwere kaum mehr zu spüren ist. Sie spürt die aufeinanderliegenden Ressourcenblätter wie ein »Energiepolster« unter ihren Füßen, die warm zu werden beginnen. Sie erlebt sich, im Gegensatz zu vorher, als aufrecht in ihrer gegenwärtigen Situation. Dann wird sie aufgefordert, diese Ressourcen in ihr Zukunftsbild mitzunehmen, sich daraufzustellen und von hier aus den nächsten Schritt von der Gegenwart aus auf dieses Ziel hin zu finden. Als sie in ihrer Zukunftsvision steht und dabei wieder die Kraftquellen als Energiepolster deutlich unter sich wahrnimmt, wird ihr eine konkrete Handlung bewußt, die eigentlich längst schon anstand und die sie sich in den nächsten Tagen zu tun vornimmt.

Nach Monaten meldet Luise sich wieder bei der Therapeutin und dankt ihr für die Sitzung. »Seitdem«, sagt sie, »habe ich das Gefühl, auf dem richtigen Weg zu sein. Ich habe mir überlegt, daß es einiges gibt, wofür es sich zu leben lohnt. Mit depressiven Zuständen, die immer noch hin und wieder auftreten, komme ich viel besser zurecht als früher. Ich nehme wieder Reitstunden, und das hilft mir darüber hinweg. Die Ressourcenbilder hängen in meinem Schlafzimmer, und hin und wieder male ich ein neues dazu oder ändere eines. Dabei geschieht immer etwas. Neulich habe ich mich auf alle zusammen gestellt, als es mir nicht gutging. Danach begann ich die Dinge wieder anders zu sehen. Falls ich noch einmal Hilfe benötige, werde ich mich wieder melden.«

Fall Adrian: Reimprinting (NLP/NIG)

Ein Mann mittleren Alters, von Beruf Rechtsanwalt, kommt in Beratung, weil er mit sich selbst unzufrieden ist und in letzter Zeit zu Depressionen neigt. »Ich könnte wirklich erfolgreich sein, aber ich mache es mir selbst immer wieder selbst kaputt«, sagt er. Während seines Studiums, das er als eine glückliche Zeit schildert, hatte er längere Zeit mit politisch militanten Gruppen sympathisiert, und später hatte er für die Belange der Ausländer engagiert. Auch heute noch berät er Ausländer häufig in Rechtsfragen.

Nach einer ausführlichen Ziel- und Ressourcensuche mit der »Lebenslinie« (vgl. S. 196 ff.) beginnt er vieles, was er in seiner Vergangenheit bisher als ein Versagen empfunden hat, als wichtigen Schritt auf seinem Lebensweg zu verstehen. Danach schlägt die Therapeutin ihm vor, ein »Reimprinting« durchzuführen (vgl. S. 144).

Die Person, die ihn stark geprägt hatte, war sein Vater, der – selbst sehr erfolgreich und angesehen – mit ihm bis zur Brutalität hart und fordernd umging. »Wir mußten immer die Besten sein; und ich habe es geschafft, in allem der Schlechteste zu werden.« Im Reimprinting steht er nun an der Stelle des Vaters, der seinen kleinen, trotzigen Sohn neben sich stehen sieht. Und er erlebt die Wut, die dieser hart arbeitende, von einem zornigen Erfolgshunger besessene Mann gegen seinen eigenen Vater gehabt hatte, der ihn in einen ungeliebten Beruf gezwungen hatte. Eine Wut, die sich mit der Wut auf den widerspenstigen Sohn mischt.

In der nächsten Stunde erzählt er, wie er noch zwei Tage nach dieser Erfahrung wie nach einer Schwerarbeit völlig erschöpft gewesen sei. »Endlich verstehe ich, warum mein Vater den ganzen Tag herumschrie und seine Wut an mir ausließ. Und warum ich, aus Wut auf ihn, niemals erfolgreich sein wollte.«

Die durch das Verhalten seines Vaters entstandene Überzeugung, daß Lebenserfolg mit Brutalität und Rücksichtslosigkeit anderen und sich selbst gegenüber gekoppelt sein müsse, hat bei ihm durch die emotionale Aufladung eine besondere Kraft. Und an seiner Erschöpfung ist abzulesen, wie schwer es seinem Unbewußten fiel, diese zu verabschieden.

In der nächsten Sitzung berichtet Adrian, daß er sich einerseits die Situation des Vaters immer wieder vor Augen führe und dabei die große Lebensleistung seines Vaters immer mehr anerkennen könne. Andererseits spüre er aber genau, besonders wenn er den nun schon alten Mann, der inzwischen allein lebt, besuche, daß es einen Teil in ihm gäbe, der ihm gegenüber nur Wut und Verachtung empfände.

Die Therapeutin läßt ihn diese beiden Teile imaginieren und durch eine Farbskizze darstellen, wobei sich zeigt, daß die Figur, durch die er die wütende Seite darstellt, kindliche Züge trägt, ihn jedoch gleichzeitig an seinen Vater erinnert und einen äußerst vitalen und energiegeladenen Eindruck macht. Die die andere Seite repräsentierende Figur stellt er hoch aufgeschossen, aber schmächtig dar. Die Therapeutin läßt ihn daraufhin mit dieser Ambivalenz arbeiten, wodurch er erfährt, daß er die Lebensenergie und Durchsetzungskraft, die ihm bisher trotz aller Rückschläge immer wieder geholfen hatte, auf die Beine zu kommen, seinem Vater verdankt.

Seine berufliche Tätigkeit hat sich in der letzten Zeit so entwickelt, daß er gute Chancen hat, sich selbständig zu machen und demnächst ein eigenes Büro zu gründen.

Fall Gisela: Hypnotherapie

Eine Frau Ende 40 kommt in einem erschöpften und verwirrten Zustand in Therapie. Sie erzählt, daß sie in der letzten Zeit dazu tendiere, sich selbst zu vernachlässigen, wenig zu essen, zu wenig zu schlafen und sich in der Sorge um andere zu verausgaben. Sie habe sich – obwohl sie seit Jahrzehnten in einer stabilen Partnerschaft lebe – in einen Mann verliebt, der seinerseits eine langjährige und glückliche Beziehung habe. Dazu käme, daß ihre Tochter vor kurzem ausgezogen sei. Es wird bald klar, daß dieser Mann etwas für sie verkörpert, was sie sich selbst nicht zu geben imstande ist: »Es wäre an der Zeit, daß ich lernen würde, für mich selbst besser zu sorgen. Zum Beispiel, daß ich jeden Tag meine Atemübungen machen würde. Denn ich weiß genau, wie gut sie mir tun. Oder daß ich mir regelmäßig etwas Zeit nähme, um mich damit auseinanderzusetzen, was ich mit der mir verbleibenden Lebenszeit eigentlich anfangen will.« Sie wisse auch sehr gut, daß sie den bedrohlichen Erschöpfungszustand überwinden könne, wenn es ihr gelänge, sich etwas mehr um sich selbst zu kümmern. Sie wisse jedoch nicht, was sie davon abhalte, es zu tun.

Die Therapeutin fragt nun nach den Energiequellen und dem Beziehungszusammenhang ihres bisherigen, sehr kreativen Lebens. Es stellt sich heraus, daß sie einen stark introvertierten, ungeerdeten Teil hatte, der sich in der Welt der Phantasie und des Geistes zu Hause fühlte, sie aber in der Lebenspraxis von einer Katastrophe in die andere führte und dazu beitrug, daß sie in ihrer Studienzeit – in der dieser Teil ganz im Vordergrund stand – wiederholt mit Selbstmordgedanken gespielt hatte. Der ihr andererseits aber auch ermöglichte, das intellektuell anspruchsvolle Studium erfolgreich zu beenden. Außerdem findet sie einen anderen Teil, der sich entwickelte, als sie eine feste Beziehung einging und ein Kind bekam. Sie wurde damals in der Frauenarbeit aktiv und erfuhr, was es bedeutet, für andere dazusein.

Nachdem diese beiden Teile als wichtige Kraftquellen identifiziert wurden, bietet die Therapeutin ihr eine Hypnosesitzung an, in dem diese Teile über unwillkürliche Handbewegungen in Kommunikation miteinander treten können. Am Ende der Sitzung ist Gisela vom Aussehen her sehr verändert, klar und ruhig.

In der nächsten Stunde erzählt sie, daß diese Sitzung auf eine ihr nicht verständliche Weise in ihr nachwirke. Sie stelle fest, daß sie sich seitdem viel eher Zeit nähme, etwas für sich zu tun. Und sobald sie das täte, ginge es ihr besser. Sie schaffe es öfter, etwas für sich zu kochen, selbst wenn ihr Mann nicht da sei. Andererseits sei die Beziehung zu ihm wieder lebendiger und diejenige zu dem Freund mehr zu einer Bereicherung als zu einem Faktor der Beunruhigung in ihrem Leben geworden. Der Schmerz, den ihr der Auszug der Tochter zugefügt habe, sei fast überwunden.

Wie das Ergebnis zeigt, war es für sie wichtig, ihrem introvertierten Teil wieder mehr Platz einzuräumen und die Fürsorge, die sie anderen zuteil werden ließ, auch sich selbst angedeihen zu lassen. Die Fähigkeit zu intensiver Zuwendung, die sie damals aus ihrer Lebensfremdheit und Verwirrung herausgeführt hatte, war heute zum Problem geworden, während das Problem von damals – die Fähigkeit, sich nach innen zu wenden – sich als Ressource von heute erwies.

Fall Ursula: Kurzzeittherapie nach DeShazer

Eine junge Frau kommt wegen ihres bulimischen Verhaltens in Therapie. Ihre Anfälle sind so stark und häufig, daß sie fürchtet, in einer beruflich entscheidenden Prüfung zu versagen.

Die Therapeutin arbeitet anfänglich mit einer körperorientiert-abreaktiven Methode, also trauma- und nicht lösungsorientiert. Der Zustand, in dem Ursula in die Sitzungen kommt, mutet zeitweise beängstigend an, und die Therapeutin sieht, daß ihre Angebote aus der Körper- und Kunsttherapie in diesem Fall eher destruktiv wirken. So entschließt sie sich, dem Ansatz DeShazers zu folgen, mit dem sie in einer Fortbildung und durch die Lektüre des Buches *Der Dreh* bekannt geworden war. Sie beginnt also nach den Umständen zu fragen, unter denen das bulimische Verhalten weniger oder gar nicht auftritt, und was Ursula selbst dazu beiträgt, daß diese Umstände eintreffen oder nicht. Sehr bald stellt sich heraus, daß sie selbst viel mehr dazu tun kann, als sie selbst angenommen hat, und daß es Tage gibt, an denen sie vom Zwang, übermäßig zu essen, ganz frei ist.

Nun lenkt die Therapeutin Ursulas Aufmerksamkeit auf den Unterschied zwischen ihrem Verhalten an symptomfreien Tagen und an den Tagen, an denen ein oder mehrere Anfälle auftreten. Ursula bekommt als Hausaufgabe, die leichteste der Tätigkeiten, die mit einem verbesserten Zustand gekoppelt ist, gerade dann auszuüben, wenn sie den Drang zu essen spürt. Außerdem solle sie jeweils am Abend Voraussagen machen, wie der nächste Tag bezüglich der Eßanfälle verlaufen würde. Dies führt dazu, daß es Ursula immer klarer wird, unter welchen Umständen ihre Sucht auftritt, und was sie selbst dazu beiträgt. Immer häufiger kann sie nun über Tage berichten, die von der Störung frei sind.

Dann findet sie auch heraus, was es bedeutet, wenn sie wieder »alles mögliche in sich hineinfrißt«. Dies geschieht nämlich immer dann, wenn sie sich wieder zuviel hat aufhalsen lassen. Sie erinnert sich, daß diese Anfälle begannen, als sie in ihrer Pubertät bei ihrem Vater kein Verständnis für ihre Verselbständigungsversuche fand. Sie mußte ihre ganze Freizeit damit verbringen, ihm bei der Arbeit zu helfen, und ihm damit den Sohn ersetzen, der sich weigerte, die Nachfolge in seinem Betrieb anzutreten. Ähnliches spielt sich nun ihrem Freund gegenüber ab: Sie ist jedes Wochenende unterwegs, um für ihn Arbeiten zu erledigen, die er liegenläßt, weil er trinkt. Von Eßanfällen völlig frei war sie, als sie ihre erste Liebe zu einem jugoslawischen Gastarbeiter durchlebte und mit ihm für einige Zeit in seine Heimat reiste.

Bald danach hat sie ihre jetzige Beziehung gelöst und einige Monate später ihre Prüfung absolviert. Das Essensproblem hat sich wesentlich gebessert. Wenn es wieder auftritt, weiß sie, daß sie auch auf der Beziehungsebene wieder einmal zuviel »schluckte« und etwas dagegen unternehmen kann.

Fall Friederike: Reimprinting (NLP/NIG)

Friederike ist eine Künstlerin mittleren Alters, die aus einer sehr unglücklichen Ehe stammt; der Sonnenschein und Stolz ihres Vaters, von ihrer Mutter jedoch gehaßt, wie sie sagt. Sie hat zwei Brüder, die beide lebensuntüchtig sind. Sie selbst ist mit ihrer künstlerischen Tätigkeit, die sie sich ohne reguläre Ausbildung selbst aufgebaut hat, erfolgreich.

Sie kommt in Therapie, weil sie vor zwei Jahren wegen eines Tumors operiert wurde und sich beunruhigt fühlt. Sie wirkt depressiv und hat große Schwierigkeiten, überhaupt von sich zu sprechen. Sie erinnert sich an eine Zeit in ihrer Pubertät, in der sie über mehrere Monate kaum ein Wort von sich gegeben hatte. Sie weiß jedoch nichts mehr über den Grund dieses Verhaltens. Die Thematik ihrer künstlerischen Arbeiten und vieles, was sie über ihre Beziehung zu Vater und Mutter berichtet, legt den Verdacht auf Inzest nahe. Konkrete Erinnerung besitzt sie jedoch nicht. Eines ihrer Probleme ist, in der Öffentlichkeit nicht sprechen zu können, obwohl sie das beruflich dringend können müßte und auch wollte.

In einer Therapiesitzung fordert die Therapeutin sie auf, ihren gegenwärtigen Zustand auf einem Blatt zu skizzieren. Sie stellt darauf ihre Sprachlosigkeit durch ein Gesicht mit erschreckt aufgerissenen Augen und ohne Mund als das im Moment im Vordergrund stehende Problem dar. Das Lösungsbild zeigt eine Person, die vor einer größeren Menschenmenge spricht.

Die Therapeutin fordert sie auf, das Gegenwartsbild an einen stimmigen Ort auf dem Fußboden zu legen und das Lösungsbild in der richtigen Entfernung zu plazieren. Im Gegenwartsbild stehend berichtet Friederike über ein Gefühl von Panik, das sie überkommt, wenn sie den Fuß auf den Teil des Bildes setzt, auf dem das sprachlose Gesicht dargestellt ist. Die Therapeutin bittet sie nun, mit diesem Gefühl in ihre Vergangenheit zurückzugehen, bis in die Zeit, in der diese Sprachlosigkeit ihrer Erinnerung nach zum erstenmal auftrat. Sie findet diese Erinnerung in beträchtlicher Entfernung von der Gegenwart und sagt, daß es hier gewesen sei: Hier sieht sie sich als ungefähr Vierzehnjährige in der Schulbank sitzen, gelähmt und unfähig, eine Frage der Lehrerin zu beantworten.

Nun bat die Therapeutin sie, aus einer größeren Anzahl farbiger Kartons einen auszuwählen, der sie als die Vierzehnjährige in dieser Situation repräsentieren könnte. Sie wählt ein leuchtendes Gelb und legt ihn an die Stelle, an der sie steht. Von der

Therapeutin befragt, wer in dieser Situation das für sie bestimmende Familienmitglied gewesen sei, sagt sie sehr bestimmt: »Die Mutter«, und wählt dabei einen schwarzen Karton, der diese repräsentieren soll. Als sie nun auf dem gelben Karton stehend entscheiden soll, wo die Mutter in Beziehung zu ihr ihren Platz habe, legt sie den schwarzen Karton so, daß er den gelben fast völlig verdeckt. Nur noch ein kleiner Rand ist von ihm zu sehen.

Sie ist unruhig und kann der Aufforderung, sich auf die Blätter zu stellen, kaum Folge leisten. Auch dem Vorschlag der Therapeutin, den gelben Karton so weit unter dem schwarzen hervorzuziehen, daß sie sich auf jeden gesondert stellen könne, wie es im Reimprinting üblich ist, kann sie anfänglich nicht folgen. Der Versuch, es zu tun, löst eine ähnliche Panik bei ihr aus, wie sie ihn damals in der Schulbank sitzend empfunden hat. Es gelingt ihr erst nach einer längeren Zeit des Zögerns.

Abwechselnd auf dem einen und dem anderen Blatt stehend ist sie unfähig, ihre Empfindungen und Gefühle zu beschreiben, und die Therapeutin schlägt ihr vor, zwischen den beiden Blättern hin- und herzugehen, so oft es ihr möglich ist, und dann auf die Außenposition zurückzukehren.

Als sie soweit ist, geht sie spontan zur Balkontür, öffnet sie, um die frische Luft und das Sonnenlicht hereinzulassen. Sie hält sich eine längere Zeit draußen auf und sagt zur Therapeutin, die ihr nachgekommen ist: »Ich versteh' das nicht. Aber es ist, wie wenn etwas von mir abgefallen wäre.«

Nach einem Vierteljahr kommt sie noch einmal in eine Sitzung und berichtet von einer Preisverleihung, auf der sie als Preisträgerin frei über ihre Arbeit sprechen konnte.

Fall Hans: Fähigkeiten entwickeln (NLP/NIG)
Erfahrungsbericht aus einer Fortbildung

Das Problem

Mein Bild, auf dem ich das Problem darstellte, bestand aus schwarz gemalten Fußabdrücken in Tanzformation sowie aus

Blicken der übrigen Personen – als Pfeile dargestellt –, die sich im Tanzsaal aufhalten. Ein für mich wichtiger Termin rückte immer näher: ein Abend, an dem auch getanzt werden sollte. Mein Auftreten und meine dabei wachsende Unsicherheit stellten sich immer mehr in den Vordergrund. Eigentlich habe ich früher sehr gern getanzt, es aber lange Zeit nicht mehr getan, und meine Angst, es nicht mehr richtig zu können, wuchs.

In dem Seminar stellte ich das Problem bildlich dar; ich malte es, wie oben geschildert, auf. Dann wurde ich aufgefordert, drei weitere Bilder zu malen, auf denen meine Kraftquellen [hier Tätigkeiten, die beherrscht und gern ausgeübt werden] – egal woher – dargestellt sein sollten.

In der Übung wurden wir dann aufgefordert, die Ressourcenbilder unter das Problembild zu legen und sich mit dem Körper, das heißt, mit den Füßen daraufzustellen. Dabei sollte man sich vorstellen, wie die Situation aussähe, wenn sie sich jetzt im Moment abspielen würde, und bei auftretender Unsicherheit sollten wir einfach aus den unter uns liegenden Bildern Kraft und Sicherheit nehmen.

Diese Vorstellung, mir von anderen, mir sicheren Anteilen (der Persönlichkeit) einfach etwas herausnehmen zu können und mich dadurch selbst zu stärken, festigte meinen Entschluß, dem Tanzen an diesem Abend in keinem Fall auszuweichen.

Die Lösung

An dem Abend, an dem getanzt wurde, fühlte ich mich während der ersten Tanzrunden völlig blockiert. Ich nahm jedoch gedanklich die Ressourcenbilder in mich auf, die während des Seminars aufgetaucht waren; und ich fing an, mich wieder dem Problem zu stellen, über die Füße zu arbeiten. Es war gar nicht so schwer. Ich konnte mich ja noch einigermaßen gut bewegen; es fing an, mir Spaß zu machen. Ich tanzte, mit einer Essenspause, den ganzen Abend durch. Es hatte sich gelöst. Ich schwitzte, nicht weil es so anstrengend war, sondern wegen der Hitze im Saal. Dieses Sich-bewegen-Können hatte mich gestärkt. Ich fühlte mich auch nicht in unangenehmer Weise beobachtet, sondern akzeptiert.

Heute, ein Jahr danach, habe ich regelrecht Lust am Tanzen bekommen. Mir ist es mittlerweile egal, wie viele Leute sich auf der Tanzfläche bewegen. Ich tanze, ob ich's jetzt technisch perfekt beherrsche oder nicht. Im September dieses Jahres werde ich einen Tanzkurs besuchen. Lediglich der südamerikanische Tanz ist mir noch fremd. Den will ich lernen, besonders den Tango.

Diese Arbeit war sehr erfolgreich und zeigte mir auch, was allein die Vorstellungskraft und die Anwendung in der Praxis auslösen können.

»*Wenn es aussieht, als werde sich etwas wandeln: woher kann man wissen, ob es nicht in der Tat sich nicht wandelt; wenn es aussieht, als wolle sich etwas nicht wandeln: wie kann man wissen, ob es in der Tat nicht schon in Wandlung begriffen ist?*«

(Dschuang Dsi)

Schluß

Die zentralen Thesen dieses Buches

Die zentralen Thesen dieses Buches lauteten:
— Was in verschiedenen Kulturen psychotherapeutisch wirksam ist, steht in engem Zusammenhang mit geistesgeschichtlichen Entwicklungen.
— Systemische Kurztherapie ist eine adäquate Antwort auf die Situation der Menschen in der heutigen Zeit.
— Systemische Kurztherapie ist nicht nur therapeutisch wirksam, einige ihrer Elemente können auch als Lebenshilfe für die Praxis des Alltags dienen.
— Die systemische Sicht ist eine ökologische Sicht, die in vielen Bereichen unseres Lebens not tut.

Dieses Schlußkapitel beleuchtet die Thesen zusammenfassend noch einmal und stellt sie als systemisch-ökologische Sicht in einen größeren Zusammenhang.

Systemische Therapie als Antwort auf die heutige gesellschaftliche Situation

Überzeugungen, die in der Kindheit entstanden und damals stimmig oder gar lebensrettend gewesen sind, können im späteren Leben zu Problemen führen, wenn sie den veränderten Umständen nicht mehr angemessen sind und ihnen nicht angepaßt werden.

Ähnliches kann geschehen, wenn ein bestimmtes Erfahrungswissen und die daraus entwickelten therapeutischen Vorgehensweisen sich als Methode etablieren und als Lehre weitergegeben werden. Denn dies verhindert häufig die notwendige Anpassung an veränderte Lebensumstände.

Im Kapitel »Von Freud zu Erickson« wurde gezeigt, wie die von Sigmund Freud entwickelte Methode der Psychoanalyse um die Jahrhundertwende und den darauffolgenden Jahrzehnten für viele Menschen befreiend und heilend wirkte. Offenbar war es an der Zeit, die von naturgegebenen und unbewußten Trieben gesteuerte Seite des Menschen zu erkennen, anzuerkennen und gegenüber dem von der Vernunft gesteuerten Teil zu legitimieren. Ein Bericht von Lou Andreas Salomé über ihre Erfahrungen im Kreis um Freud vermittelt zum Beispiel einen Eindruck von der Begeisterung, die die Erkenntnisse der Psychoanalyse bei einer Zeitgenossin, die auch eine Zeitlang mit Friedrich Nietzsche in Beziehung stand, auszulösen vermochten.[1]

Die Psychoanalyse war einer der kulturellen Faktoren, die bewirkt haben, daß diese Legitimierung stattfand. Sie war zu dieser Zeit eine der Auswirkungen oder auch Ursachen einer geistesgeschichtlichen Entwicklung, in deren Verlauf der Glaube an die Vernunft erschüttert wurde. Dieser Glaube hatte die Aufklärung bestimmt, und den Einfluß der Philosophie im 19. Jahrhundert begründet.

Neben dem geschilderten befreienden Effekt sind heutzutage die negativen Seiten dieser Legitimierung stark in den Vordergrund gerückt: Es gibt zwar eine freiere Sexualität, aber auch unverbindlichere und chaotischere Beziehungen. Es gibt weniger Konvention und Erstarrung, dafür mehr Haltlosigkeit und ungehemmte, durch Werbung und Medien ermutigte Gier und Rastlosigkeit. Es gibt einen »Naturschutz«, aber auch eine immer bedrohlicher werdende Naturzerstörung. Denn Legitimierung des Triebes bedeutet einerseits die Einbeziehung und Anerkennung des Natürlichen, andererseits birgt sie die Gefahr, daß ein Sex- und Machtchaos entsteht, indem sie vorhandene Ordnungen untergräbt oder beseitigt. Aus der »Bedürfnisbefriedigung« scheint sich nicht immer eine »Selbstregulation« zu ergeben. Die Grenze zwischen Stillung und Erzeugung von Bedürfnissen ist offensichtlich schwer zu finden, sowohl für die Einzelperson als auch für die ganze Gesellschaft.

Die Situation am Ende des 20. Jahrhunderts ist also eine wesentlich andere als zu dessen Beginn: Aus erstarrten Beziehungszusammenhängen und überlebten Konventionen hat sich die Vereinzelung in einer anonymen Masse entwickelt. Selbstverwirklichung wird vielfach als rücksichtsloses Streben nach Erfolg, und Bedürfnisbefriedigung vielfach als unverantwortliches Ausleben von Trieben verstanden. Bestehende Beziehungen werden häufig der Möglichkeit größerer sexueller Befriedigung geopfert. Das Gefühl für Bezogenheit und Bindung und die Einsicht in eine stimmige Ordnung ist weitgehend verlorengegangen.

Von der Es- über die Ich- zur Wir-Psychologie

Die Schwerpunkte der therapeutischen Methoden seit Anfang des Jahrhunderts spiegelt diese Entwicklung wieder. Denn Therapie wirkt gesellschaftlichen Tendenzen entgegen, da der einzelne häufig an dem krankt, was gesellschaftlich überbetont ist oder fehlt.

So gesehen ergibt sich eine Entwicklung von der »Es-Psychologie« (Freud) über eine »Ich- (oder Selbst-)Psychologie« (Jung, Adler, Kohut, Maslow) zu einer »Wir-Psychologie« (Erickson, Bateson, Hellinger) in folgenden Stufen:

Freud: Triebsublimation, Libido
Jung: Individuation, Archetypus
Kohut: Selbst-Psychologie
Maslow: Wachstum (growth), Selbstverwirklichung
Erickson, Bateson: Beziehung, Kommunikation, Konstruktion von Wirklichkeit
Hellinger: Lebendige Ordnung, Primärliebe, Gewissen

Diese Reihenfolge gibt in thematischer Hinsicht nur die allergröbsten Umrisse wieder und ist auch in zeitlicher Hinsicht – wegen vielfacher Überschneidungen – nur in groben Zügen korrekt. Ganz außer acht bleibt hier die verhaltenstherapeutische Richtung, die meist im Gegensatz zur Psychoanalyse gesehen wird, gleichwohl jedoch auf einer ähnlichen Grundeinsicht beruht, die letztlich auf Darwin zurückgeht: daß Menschen und Tiere nicht nur anatomisch, sondern auch psychologisch in wesentlichen Teilen ähnlich beschaffen sind.

C. Loyd Morgans entscheidendes Werk *Animal Behaviour* erschien 1990, und damit interessanterweise zur gleichen Zeit wie Freuds *Traumanalyse*. Morgan erkannte die Konditionierung durch »trial and error« (»Versuch und Irrtum«) und die Möglichkeit der »Umkonditionierung« als wesentlichen Steuerungsfaktor tierischen Verhaltens. Diese Einsicht wurde in die Humanpsychologie übertragen und genutzt.

Es wäre Thema einer längeren Untersuchung, zu zeigen, wie der Vorgang der Konditionierung und Umkonditionierung sowohl von den analytischen (ursachenorientierten) als auch von den systemischen (lösungsorientierten) Therapien gesehen und genutzt wird. Hier mag der Hinweis genügen, daß beispielsweise die Projektion der Analyse, aber auch die Überzeugung (belief) des NLP mit Konditionierung, und der Vorgang der Umdeutung oder Änderung der Sicht mit Umkonditionierung zu tun hat. Unterschiedlich ist im wesentlichen der Weg, der gewählt wird, um Veränderungen herbeizuführen: Verstärkung oder Umkonditionierung in der Verhaltenstherapie, Deutung und Bewußtwerdung in der analytischen, Umdeutung und Dialog mit dem Unbewußten in der systemischen Therapie.

Unabhängig von der obendargestellten Entwicklung sind selbstverständlich auch in der heutigen Situation Freudsche oder Jungsche Analysen, humanistische Methoden und Verhaltenstherapie wirksam, denn ein Teil ihrer Prämissen ist unverändert gültig. Außerdem wurden diese Methoden teilweise den andersartigen Lebensumständen gemäß weiterentwickelt. Der Psychoanalytiker Kohut zum Beispiel spricht dem Streben nach Selbstwert wesentliche Motivationskraft für die menschliche Entwicklung zu. Er betont das interpersonelle Element beim Aufbau einer Selbststruktur, indem er die Interaktion zwischen Mutter und Kind als entscheidend für diesen Prozeß darstellt. Darüber hinaus überlappen sich alle angeführten Therapien in vielen Aspekten.

Abgesehen davon gibt es immer noch sehr viel mehr analytisch, humanistisch oder verhaltenstherapeutisch als systemisch arbeitende Therapeuten. Dies hat sicherlich damit zu tun, daß systemische Therapien bisher nicht kassenfähig sind. Und es ist in keiner Weise abzusehen, wie die Dinge sich in Anbetracht der Schwerfälligkeit alteingesessener Institutionen weiterentwickeln. Im eigenen Interesse wäre es sinnvoll, daß sich die Kassen der Überzeugungskraft solider katamnestischer Untersuchungen systemischer Kurztherapien öffnen, die in den vergangenen Jahrzehnten vor allem von der Heidelberger Schule geliefert wurden.

Zudem stehen alle diese Therapieformen vor der Herausforderung durch die Möglichkeit der chemischen Behandlung psychischer Störungen, die in Amerika immer weiter um sich greift, da sie der heutigen Mentalität entspricht. Und es ist weitgehend offen, wie die Behandlung psychischer und psychosomatischer Probleme in 20 oder 30 Jahren aussehen wird. Allerdings ist kaum anzunehmen, daß der »Psychopharmaka-Boom«, der den »Psycho-Boom« abzulösen scheint, dazu führt, daß die Psychotherapie als Ganzes verschwindet.

Wer sich mit der obigen Analyse der gesellschaftlichen Situation einverstanden erklären kann, für den ist es offensichtlich, daß die systemischen Therapien den amerikanischen und europäischen Lebensbedingungen des zu Ende gehenden Jahrhunderts in besonderem Maße entsprechen – ähnlich wie die Psychoanalyse den kulturellen Gegebenheiten des beginnenden 20. Jahrhunderts, und die humanistische Psychologie den Bedingungen der 60er und 70er Jahre entsprach. Daher bleibt zu hoffen, daß sich der »Bewußtseinsscheinwerfer« der therapeutischen Gemeinschaft aus dem Bereich des Individuums, das sich als getrennt von seinem Beziehungszusammenhang erlebt, in den Bereich verschiebt, in dem sich menschliche Wirklichkeit im »Zwischen« abspielt.

Systemische Therapie als Lebenshilfe

Schon im Kapitel »Neuro-imaginatives Gestalten« wurde darauf hingewiesen, daß systemische Kurztherapien nicht nur bei psychischen und psychosomatischen Störungen wirksam sind. Vor allem sind es drei Elemente, die auch Lebenshilfen zur Bewältigung und Gestaltung des Alltags sein können.

Die Wirk-lichkeit der Bilder

Vorstellungs-Denken, also der bewußte Umgang mit Vorstellungen, ist eine wesentliche Hilfe für die Alltagspraxis. Der Teil »Neuro-imaginatives Gestalten« liefert zwei Beispiele, wie man sich durch Vorstellungsdenken und systemisches Vorgehen in Fragen der persönlichen Lebensgestaltung und Zielsetzung, bei der Entwicklung von Lösungen, beim Erwerb von Fähigkeiten oder bei der Wiederherstellung und Erhaltung der körperlichen Gesundheit helfen kann.

Im Streß und der Hektik unseres Lebens wird die Förderung der Fähigkeit zur meditativen Selbstbesinnung immer notwendiger. Der bewußte Umgang mit der wirklichkeitsgestaltenden Kraft innerer Bilder ist verbunden mit der Fähigkeit zu entspannter Konzentration, das heißt mit Tiefenentspannung oder Trance.

Die Ericksonsche Hypnotherapie vermittelt eine »Kultur der Trance«, die zwar im therapeutischen Bereich entwickelt wurde, über diesen Bereich aber hinaus auch im Bereich der Lebensgestaltung oder auch der Spiritualität hilfreich sein kann.

Das existentielle Paradox

Auch ein Wissen um die Möglichkeiten des Umgangs mit den von Bateson und Watzlawick herausgearbeiteten »Double-bind-Situationen« und der dahinterstehenden »pragmatischen Paradoxie«[2] kann eine wesentliche Hilfe bei der Lösung ganz alltäglicher Schwierigkeiten – wie etwa in der Eltern-Kind-Beziehung – und in Fragen der Lebensgestaltung darstellen.

Lebendige Ordnung

Der familientherapeutische Ansatz vertieft das Verständnis familiärer Zusammenhänge, vermittelt ein Bewußtsein des Eingebundenseins in einen größeren Zusammenhang und schafft ein Gegengewicht zu den Erfahrungen von Vereinzelung oder Vermassung, die den heutigen Alltag prägen.

Die systemische Sicht und die »Ökologie des Geistes«

Der von Bateson und Watzlawick in den Vordergrund gerückte Begriff der »Zirkularität« (als Wechselwirkung zwischen mehreren Elementen) ist ein Denkmodell, das auch heutzutage an Aktualität nichts eingebüßt hat. »Das elementare kybernetische System mit seinen Nachrichten in Kreisläufen ist in der Tat die einfachste Einheit des Geistes«, sagte Bateson in einer Vorlesung.[3] »Geist« ist also nicht etwas, was ein Mensch »hat«, sondern ein wechselwirkender Prozeß, der zwischen Menschen stattfindet und über den einzelnen hinausgeht. Dadurch ist »der individuelle Nexus von [Nerven-]Bahnen, die ich als ›Ich‹ bezeichne ... nicht mehr so kostbar, weil dieser Nexus nur ein Teil des größeren Geistes ist«[4].

Die andere geniale Umwendung oder Sichänderung, die Bateson formulierte, ist die von der Überlebenseinheit »Mensch *in seiner* Umwelt« zur Überlebenseinheit »Mensch *und* Umwelt«. Damit ersetzt Bateson den Darwinschen Begriff der Anpassung des lebendigen Organismus an seine Umwelt durch den der Wechselwirkung von lebendigen Organismen mit ihrer Umwelt. Das Pferd, das sich mit der Gestalt seiner Hufe und seinen Lebensgewohnheiten an die Steppe anpaßt, paßt gleichzeitig die Steppe an die Gestalt seiner Hufe und an seine Lebensgewohnheiten und Bedürfnisse an. Beim Menschen ist dieser Vorgang noch viel offensichtlicher: Er paßt sich an die Umwelt, aber in hohem Maße auch die Umwelt an sich an.

Wir machen uns im allgemeinen nicht klar, wie sehr die uns umgebende Natur von uns verändert und geprägt wurde, wie wenig »natürliche Landschaft« es heute noch gibt. Und wir können nur ahnen, wie dies in einigen Jahrzehnten sein wird, wenn die Gentechnologie neue Arten von Tieren und Pflanzen und womöglich auch Menschen hervorgebracht hat. Und es bleibt nur abzuwarten, wie sich das ökologische System »Mensch-Erde« weiterentwickelt und ob es überlebensfähig bleibt. Denn ähnlich wie der menschliche Körper ist die Erde und ihre Biosphäre ein »Partner mit unverhandelbaren Bedingungen«[5]. Man kann sich zwar vorstellen, daß die Biosphäre die menschliche Rasse in irgendeiner Form überlebt. Der Mensch ist jedoch in seiner Existenz auf die Biosphäre angewiesen, selbst wenn er sie seinen Bedürfnissen bis zu einem gewissen Grad anpassen kann, ähnlich wie sich der Körper an die Lebensgewohnheiten eines Menschen bis zu einem gewissen Grad anpaßt. Es gibt jedoch eine Grenze, außerhalb derer der Körper – und die Erde – die Bedingungen stellt. Andererseits kann der Körper wichtige Hinweise und Signale liefern: Die »Weisheit des Körpers« kann – wenn sie rechtzeitig verstanden und aufgenommen wird – zu einer Weiterentwicklung des Systems Mensch-Körper führen. Die Frage bleibt offen, ob wir lernen werden, die »Weisheit der Biosphäre« zu hören und entsprechend zu handeln, ehe es zu spät ist. Denn wir wissen nicht, ob das Ökosystem Mensch-Biosphäre sich an die vom Menschen – paradoxerweise zur Vermehrung seiner Überlebenschancen – geschaffenen Veränderungen wird anpassen können.

Auch innerhalb des gesellschaftlichen Lebens zeigen sich immer mehr Widersprüche dieser existentiellen Art, zum Beispiel der zwischen dem Überleben eines bestimmten Wirtschaftszweiges, der vielen Menschen ein Einkommen und damit ihr Überleben sichert, und der Notwendigkeit, diesem Wirtschaftszweig Umweltschutzmaßnahmen aufzuerlegen, die dessen Bestand oder die Weiterentwicklung gefährden. Das Überleben des ganzen Systems ist auf zum Teil sehr schmerzliche oder gar das einzelne Leben gefährdende Veränderungen in den Teilsystemen angewiesen. Der Double-bind und der eng damit zusammenhängende Begriff der pragmatischen Paradoxie ist nicht mehr der Individualpsychologie vorbehalten; er ist »zu einem umfassend gesellschaftlich-ökologischen Problem geworden, das sich mit der Überlebensfrage verbindet«[6]. – Nach Batesons Meinung hat »unser ... Zwang, individuelles Leben zu retten, die Möglichkeit einer weltweiten Hungersnot in der unmittelbaren Zukunft heraufbeschworen«[7].

Die ökologische Sicht: Sehen durch die Augen des anderen

Systemtherapeutisches Vorgehen zielt darauf, den Klienten die Situation oder den Zustand durch die Augen eines anderen erleben zu lassen, da sich erfahrungsgemäß auf diese Weise Probleme häufig lösen. Dies sind systemische Erfahrungen, derer wir auf den verschiedensten Ebenen dringend bedürfen, nicht nur um psychische und psychosomatische Probleme zu überwinden, sondern auch um ökologische Probleme kreativ und mit der nötigen Konsequenz anzugehen.

Gerade dadurch können andererseits aber auch Double-bind-Situationen entstehen, die über lange Zeit ausweglos erscheinen – wie zum Beispiel die obengeschilderte wirtschaftliche Situation: Beide Forderungen – die der Arbeitsplatzerhaltung und die des Umweltschutzes – haben gleiches Gewicht, und es erscheint unmöglich, die »richtige« Entscheidung zu finden.

Entscheidungen und Handlungen, die aus einer derartigen Double-bind-Situation entstehen, verstärken entweder das Symptom, oder sie führen zu einer vorher nicht zugänglichen Kreativität und zu Handlungsalternativen, die bisher nicht zugänglich waren.

Die systemische Sicht und das »selbstlose Selbst«

Die Tatsache, daß die moderne Kognitionsforschung keine zentrale Steuerungsinstanz im Gehirn finden kann, führt Francisco Varela zum Konzept des einheitslosen oder »selbstlosen Selbst«. Dieses Selbst baut sich in einem ständig ablaufenden, zirkulären Prozeß aus einer Vielzahl immer wieder neu entstehender interner Strukturen auf und ab, die in Wechselwirkung mit einer noch sehr viel größeren Zahl von außen kommenden Sinnesdaten stehen. So erschafft es sich seine »Befindens- und Handlungswelt« ständig neu. Die Welt, in der wir leben und Entschlüsse fassen, ist eine »Art kreativer Sinnvollzug, der auf der Grundlage ... [einer] verleiblichten Geschichte erfolgt.«[8] Das Ich wird zu einem letztlich durch die Fähigkeit zur Sprache ermöglichten »virtuellen Phänomen", Andererseits gibt es einen »tief verwurzelten, aktiven Trieb zur Identitätsbildung«[9], der von Varela jedoch gleichzeitig als

»zentralistische Illusion«[10] bezeichnet wird. Denn der Zugang zum Ort der Entstehung von »autonomen« Handlungen bleibt uns – nach Varelas Ansicht – für immer verschlossen, da dieser »kreative Sinnvollzug« unbewußt abläuft.[11]

Dies bestätigt einerseits die Freudsche Erkenntnis, daß wir von einem »Unbewußten« gesteuert sind und das Bewußtsein sozusagen nur »die Spitze des Eisbergs« darstellt. Andererseits legt uns Varela nahe, die Struktur dieses »Unbewußten« als nicht erkennbar – und damit »einheitslos« – anzuerkennen: Letztlich wissen wir nicht, was uns steuert, und wir können es auch nicht wissen.

So kommt Varela über die Kognitionsforschung zu ganz ähnlichen Schlüssen wie Bateson über die Handlungsforschung. Für all diejenigen, die diese beiden Forscher ernst nehmen, erübrigt sich die Frage, ob es der Geist ist, der sich den Körper baut, oder ob das Bewußtsein ein Nebenprodukt des neuronalen Zusammenwirkens ist. Sie kann unentschieden bleiben, weil eben dies der Wirklichkeit entspricht.

Die Konstruktion von Welt und das selbstlose Selbst

Im Widerspruch zu diesem Konzept des »selbstlosen Selbst« scheint das Konzept der »Konstruktion von Welt« zu stehen. Es verführt dazu, das Gegenteil eines selbstlosen, nämlich ein allmächtiges, solipsistisch-egozentrisches Selbst anzunehmen. Und die Möglichkeiten der Gen- und Neurotechnologie, die ja erst in den Anfängen stehen, scheinen zu bestätigen, daß wir letztlich alles erreichen können, daß alles »machbar« ist.

Dieser Widerspruch löst sich, wenn die Unbewußtheit der »Konstruktion« klar gesehen wird. Denn – wie im Kapitel »Konstruktivismus als Neurophilosophie« dargestellt – wir können unsere Wirklichkeit nur sehr bedingt verändern, weil sowohl die neurologischen als auch die psychologischen Voraussetzungen dieser »Konstruktion« unserer bewußten Einwirkung nur zu einem ganz kleinen Teil zugänglich sind, zumal es sich um eine »Ko-Konstruktion« handelt: Unsere Wirklichkeit entwickelt sich stets im Beziehungszusammenhang.

Was die Menschheit als Ganzes antreibt, ihre Wirklichkeit so oder so zu »konstruieren«, ist also ebensowenig rational zu verstehen wie das, was zum Beispiel Forscher dazu treibt, in bestimmten Bereichen zu forschen und andere zu vernachlässigen. Interessanterweise pochen Wissenschaftler auf die Freiheit der Forschung, weil sie wissen, daß sie nur kreativ sind, wenn sie der Faszination ihres Interesses nachgehen können. Andererseits sind sie aber von Forschungsmitteln abhängig. Diese wiederum werden nur zu einem ganz kleinen Teil nach rationalen, sondern vielmehr meist nach machtpolitischen, also nach weitgehend triebgesteuerten Gesichtspunkten vergeben.

Bei solchen Erfahrungen und Überlegungen drängt sich – neben der Metapher des »Unbewußten« – immer wieder die Metapher des »Zwischen-Bewußten« auf. Einige Kognitionsforscher vermuten sogar eine »Interaktion der Gehirne«, betonen aber gleichzeitig, daß sie noch weit von der wissenschaftlichen Fundierung entfernt seien.

Diese Überlegungen dienen nicht einer einseitigen Aufwertung des Irrationalen und einer Abwertung der Rationalität. Sie sollen einerseits auf die Grenzen des logischen Denkens hinweisen, die in einer Zeit der einseitigen Hochentwicklung des Intellekts häufig nicht mehr gesehen werden. Andererseits sollen sie auf das Potential eines souveränen Umgangs mit dem Unbewußten oder Zwischen-Bewußten verweisen, der ein wichtiger Teil des analogen Denkens – oder Vorstellungs-Denkens – ist. Lebenskunst oder Lebensgestaltung besteht zu einem beachtlichen Teil in der Verbindung der logisch-abstrahierenden mit der analog-imaginativen Fähigkeit.

Gefahren der systemischen Sicht

Wie alles Wirksame, so hat auch die systemische Sicht ihre Gefahren. Erstens ist es die schon mehrfach angesprochene Tendenz, Konstruktivismus mit der Allmacht des Ich oder Selbst zu verwechseln und eine Beliebigkeit von Werten und Zielen anzunehmen. Dabei wird einem unverantwortlichen Egoismus das Wort geredet.

Zweitens kann die systemische Sicht fälschlicherweise so ausgelegt werden, daß damit Verantwortung abgewälzt wird, nach dem Motto:»Ich kann nichts dafür, mein System zwingt mich, so zu handeln.« Dabei wird vergessen, daß der Handelnde die Konsequenz seiner Handlungen trägt, unabhängig von seinen Motiven. Die dritte Gefahr ist, daß die obenbesprochene »Selbstlosigkeit« des Selbst dazu verleiten könnte, diese Metapher nicht als Hinweis auf einen größeren Sinn-Zusammenhang zu verstehen, sondern sie mit Sinnlosigkeit zu verwechseln. Tatsächlich sieht man sich mit diesem Konzept vor einen Koan gestellt: Man ist zu dem Entschluß aufgefordert, die Illusion der eigenen Identität anzuerkennen und damit etwas zu tun, was gleichzeitig unmöglich scheint. Denn die Metapher des selbstlosen Selbst bedeutet, daß ich nicht Herr meiner Entschlüsse bin: Eine neue Form der »pragmatischen Paradoxie« scheint hier auf.

Systemische Sicht und Buddhismus

An dieser Stelle angekommen, muß man eingestehen, daß es schwer möglich ist, über Psychotherapie in einem umfassenderen Sinn zu sprechen, ohne den spirituellen Bereich zu berühren. Und während sich Varela explizit auf buddhistisches Gedankengut und auf Meditationspraxis bezieht, um die Ergebnisse der Kognitionsforschung einzuordnen, gibt es auch bei Bateson nicht überhörbare Anklänge an diese Erfahrungs- und Gedankenwelt. – Es sei nur kurz darauf hingewiesen, daß der Zen-Buddhismus auf das intellektuelle Amerika der 60er und 70er Jahre durch Persönlichkeiten wie Suzuki großen Einfluß hatte. Zum Beispiel hat er John Cage stark geprägt. Es ist mir nicht bekannt, ob auch Bateson direkt mit Suzuki oder anderen zen-buddhistischen Lehrern in direkte Berührung kam. Was Bateson jedoch selbst erwähnt, sind Musikerlebnisse unter LSD, bei denen sich für ihn »der Wahrnehmende und das Wahrgenommene in ungewöhnlicher Weise zu einem einzigen Wesen vereinigt«[12] hätten.
Man kann sicherlich sagen, daß die buddhistische Philosophie

– deren eigentlicher Sinn ja nicht in der gedanklichen Abstraktion, sondern in der Handlungsanweisung für die meditative Praxis liegt – einiges anzubieten hat, wonach manche Menschen heute suchen. Und tatsächlich ist es verblüffend, welche Parallelen sich ergeben zwischen den modernen Forschungsergebnissen und der buddhistischen Weltsicht.[13]

Auch andere spirituelle Methoden, wie zum Beispiel der Sufismus, haben sich in den letzten Jahrzehnten zunehmend mit der therapeutischen Praxis vermischt, was sich nicht immer vorteilhaft auf die Seriosität von Therapie auswirkte. Zwar sind der therapeutische und der spirituelle Bereich letztlich nicht völlig zu trennen, und manche erleben eine erfolgreich abgeschlossene Therapie als Voraussetzung oder Erleichterung für ihre meditative Praxis, dies trifft aber nicht für jeden zu. Das Beispiel schulenbildender Psychotherapeuten wie zum Beispiel Freud, Jung und Erickson scheint mir hier sinnvoll: Sie haben sich als Wissenschafter verstanden und ihre Spiritualität als ihren persönlichen Bereich betrachtet, den sie im Hintergrund hielten.

Insgesamt gesehen sollten beide Bereiche meiner Ansicht nach soweit wie möglich getrennt gehalten werden. Meditative Praxis geht über die therapeutische hinaus, selbst wenn ähnliche Elemente darin auftauchen. Sie hat Umwandlung zum Ziel, während Psychotherapie der Wiederherstellung von Lebensfähigkeit dient, unabhängig davon, welches Lebensziel der einzelne verfolgt. Andererseits gibt es auch immer wieder einzelne Therapeutenpersönlichkeiten, die ihren spirituellen Hintergrund überzeugend in ihrer Arbeit weitergeben. Und es gibt nicht wenige Menschen, für die sich durch eine seelische oder körperliche Krise ein Weg in den spirituellen Bereich ergibt. Psychotherapie sollte dafür offen sein.

Den tatsächlich auffallenden Parallelen zwischen systemischer Sicht und buddhistischer Lehre genauer nachzugehen, ist nicht Thema dieses Buches. An dieser Stelle soll ein kurzer Hinweis genügen auf eine gewisse Parallelität nicht nur zwischen systemischem Denken und buddhistisch-hinduistischer, sondern auch sufistischer und christlicher Weltsicht: Die systemische Psychotherapie Bert Hellingers ist ein Beispiel, wie ein christlicher Hintergrund sich mit systemischer Erfahrung und Praxis mischt, wobei sich völlig neue Gesichtspunkte hinsichtlich der Wirkung bestimmter christlicher Dogmen ergeben. Hellingers Beobachtungen bezüglich der Wirkung des Dogmas der Nachfolge Christi auf die archaische Schicht, in der sich Nachfolge innerhalb von Familien abspielt, sind ein Beispiel dafür. Andererseits stimmt sein Ausspruch »Die Kinder sind ihre Eltern«[14] unmittelbar mit der buddhistischen Sicht überein, aus der wir die unmittelbare Folge unserer Vorfahren und keine getrennten Individuen seien.

Ganz vereinfacht lautet die gemeinsame Botschaft dieser Religionen: »Alles steht mit allem in Zusammenhang. Alle deine Gedanken und Handlungen wirken auf dich zurück. Denke und verhalte dich entsprechend«[15]. Die Erkenntnis eines umfassenden Zusammenhanges bringt Liebe und Altruismus ins Spiel. Mit egoistischen Handlungen schadet man sich selbst. Ein »kluger Egoismus« (Soghyal Rinpoche) bezieht das Umfeld mit ein.

Wir sitzen mit allen Lebewesen in einem Boot. Auch der Ozean gehört mit zur »Überlebenseinheit«. Offensichtlich gibt es kein festes Land, auf das wir uns retten könnten. Wir sind auf das Boot und den Ozean angewiesen und einem Zwischen-Bewußten ausgeliefert. Andererseits tragen wir die Konsequenzen unserer Handlungen selbst. So sind wir hin- und hergeworfen zwischen Selbstverantwortung und Hingabe. Was wir denken und tun, wirkt auf uns zurück, genauso wie das Denken und Tun der anderen auf uns einwirkt. Beides ist Teil der Wirklichkeit, die zwischen uns entsteht und durch uns hindurchgeht.

Rückblick und Ausblick

In diesem Buch wurde der systemtherapeutische Ansatz als folgerichtige Weiterentwicklung des von Sigmund Freud initiierten analytischen Ansatzes vorgestellt: Individuums- und systemorientierte Verfahren ergänzen sich heute und befruchten sich wechselseitig.

Es wird sich zeigen, ob sich meine These bewahrheitet, daß

die systemische Kurztherapie der heutigen Situation der Menschen im euro-amerikanischen Kulturraum in besonderem Maße entspricht. Sie wird sich vermehrt durchsetzen oder aber von anderen Entwicklungen überholt werden. Aus Amerika hört man die Sorge systemischer Therapeuten über den allgemeinen und rapiden Rückgang der an Psychotherapie Interessierten; und auch bei uns stehen die psychotherapeutischen Verfahren insgesamt – einschließlich der Verhaltenstherapie – neuerdings immer stärker unter der Herausforderung durch die Pharmako-Psychotherapie, ganz zu schweigen von den Verfahren, die eine bisher noch mit großen Zweifeln bedachte Neurotechnologie gemeinsam etwa mit der Gentechnologie entwickeln könnten.

So könnte man ein Zukunftsszenario ausmalen, in dem nur noch pharmakologische und neuro-technische Psychotherapien von der öffentlichen Gesundheitsversorgung anerkannt und getragen werden. Das, was wir heute Psychotherapie nennen, könnte etwa als »Praxis der Philosophie« in den universitären Rahmen Eingang gefunden haben, oder aber als »alternative Psychotherapie« nur Selbstzahlern zur Verfügung stehen, ähnlich wie die »alternative Medizin«, oder auch ganz außer Gebrauch geraten. Sicherlich gibt es noch mehr denkbare Entwicklungen, und niemand weiß, welche sich verwirklichen wird.

Es kommt jedoch auch nicht so sehr darauf an, dies zu wissen. Denn systemische Wahrnehmungen, Vorstellungen und Handlungen sind nicht auf den Bereich der Psychotherapie beschränkt. Von diesen Fähigkeiten hängt nicht nur das Wohl von Familien und ihren Mitgliedern, sondern auch das Weiterleben der »Familie Mensch« ab. Deshalb kommt es darauf an, selbst wenn die Gefahr besteht, daß man dabei in die Irre gelangt oder hinter eigenen und fremden Erwartungen zurückbleibt, systemische Wahrnehmung und systemisches Denken in vielen Bereichen zu pflegen, weiterzuentwickeln und danach zu handeln.

Anmerkungen

Geschichte

1 Hans J. Gamm: *Standhalten im Dasein. Friedrich Nietzsches Botschaft für die Gegenwart*, München: List 1993, S. 179.
2 Milton H. Erickson, Ernest L. und Sheila L. Rossi: *Hypnose. Induktion – Therapeutische Anwendung – Beispiele*, München: Pfeiffer, 4. Aufl. 1994, S. 15.
3 Jeffrey K. Zeig: *A teaching Seminar with Milton Erickson*, Hove: Brunner/Mazel 1980, S. XX.
4 Hervorzuheben ist hier sein grundlegendes Werk *Menschliche Kommunikation*, in dem er systemwissenschaftliche Erkenntnisse auf den zwischenmenschlichen Bereich übertrug.
5 Jeffrey K. Zeig (Hrsg.), a.a.O., S. XIX.
6 »Das Denken in Bildern ist ein nur sehr unvollkommenes Bewußtwerden. Es steht auch irgendwie den unbewußten Vorgängen näher als das Denken in Worten und ist zweifellos onto- und phylogenetisch älter als dieses.« Vgl. dazu: Sigmund Freud: *Gesammelte Werke in Einzelbänden. Bd. 13*, Frankfurt: S. Fischer, 6. Aufl. 1969, S. 248.
7 Diese Bezeichnung benutzte Erickson für das Unbewußte.
8 Sigmund Freud, a.a.O., S. 286: Das Ich »ist nicht nur der Helfer des Es, sondern auch sein unterwürfiger Knecht, der um die Liebe seines Herrn wirbt.«
9 »Pacing and leading« heißt: Der Therapeut muß folgen, um führen zu können. In der Praxis findet häufig ein unbemerkter Übergang zwischen dem einen und dem anderen statt. So treten Zustände ein, in denen nicht mehr klar zu definieren ist, wer führt und wer folgt. Meist ist dies die Zone höchster therapeutischer Effektivität.
10 Sigmund Freud, a.a.O., S. 253.
11 Ebd., S. 286.
12 Hans J. Gamm, a.a.O., S. 92.
13 Ebd., S. 103.
14 Hier: Quelle aller Triebe.
15 Zur sog. »Objektbeziehungstheorie« vgl. Otto F. Kernberg: »Psychoanalytische Objektbeziehungstheorien«, in: Wolfgang Mertens (Hrsg.): *Schlüsselbegriffe der Psychoanalyse*, Stuttgart: Verlag Internationale Psychoanalyse (Cottasche Buchhandlung) 1993
16 Deren Gründerpersönlichkeiten sind Eysenk, Shapiro, Wolpe, Lazarus, Rachmann, Skinner und Badura.
17 Das heißt, man weiß nicht, was »innen« geschieht. Man kennt nur den Input und den Output.
18 Ein genaues Äquivalent zu diesem Wort gibt es im Deutschen nicht. Umschreibend könnte man es mit »Zustand einer nicht von Gedanken gestörten Wahrnehmung« übersetzen.

Systemisches Denken

1. Heinz von Foerster: »Erkenntnistheorie und Selbstorganisation«, in: Siegfried J. Schmidt (Hrsg.): *Der Diskurs des Radikalen Konstruktivismus*, Frankfurt: Suhrkamp 1986, S. 140.
2. Humberto R. Maturana: *Erkennen: Die Organisation und Verkörperung von Wirklichkeit. Ausgewählte Arbeiten zur biologischen Epistemologie*, hrsg. von Siegfried J. Schmidt und Peter Finke, Wiesbaden, 2., durchges. Aufl. 1985.
3. Steve DeShazer ist ein bekannter Systemtherapeut und der Begründer des Brief Family Therapy Center (BFTC) in Milwaukee, der sich mit seinem radikal lösungsorientierten Ansatz einen Namen gemacht hat. Das Textzitat ist eine mündliche Mitteilung von ihm.
4. Otto Apel: »Das Leibapriori der Erkenntnis«, in: Hilarion Petzold (Hrsg.): *Leiblichkeit*, Paderborn: Junfermann, 2. Aufl. 1995 (= Reihe Humanwissenschaft, Bd. 25)
5. George Spencer Brown: *Laws of Form*, London: George Allen and Unwin o.J.
6. Carl Friedrich von Weizsäcker: *Die Einheit der Natur*, München: Hanser, 3. Aufl. 1992, S. 92.
7. Siehe Unterkapitel »NLP« im Kapitel »Schulen«, Seite 135 ff.
8. Zum Begriff der strukturellen Kopplung vgl Niklas Luhmann: *Vorlesungen zur Einführung in die Systemtheorie*, Bd. 6, Heidelberg: Carl-Auer-Systeme.
9. Die von dem Biologen Ludwig von Bertalanffy im Jahr 1932 entworfene »Allgemeine Systemtheorie« ist ein wissenschaftstheoretisches Konzept, das in vielen Disziplinen Anwendung fand.
10. Siehe das Kapitel über die systemische Psychotherapie nach Bert Hellinger.
11. Francisco J. Varela: *Ethisches Können*, Frankfurt/New York: Campus 1994.
12. Ludwig Wittgenstein: Tractatus logico-philosophicus 4.112.
13. Ebd., 4.4121.
14. George Spencer Brown, a.a.O., S. 77.
15. Ludwig Wittgenstein: *Philosophische Untersuchungen*, Werkausgabe, Bd. 1, Frankfurt: Suhrkamp, 9. Aufl. 1993, S. 277, § 66.
16. John C. Eccles: *Wie das Selbst sein Gehirn steuert*, München: Piper 1994.
17. Ebd., S. 28 f.
18. Francisco J. Varela, a.a.O. und Francisco J. Varela, Evan Thompson und Eleanor Rosch: *Der mittlere Weg der Erkenntnis. Der Brückenschlag zwischen Ich und Welt in der Kognitionswissenschaft*, Bern/München: Scherz 1992.
19. Francisco J. Varela, Evan Thompson und Eleanor Rosch, a.a.O., S. 20.
20. Vgl. das Kapitel »NLP«, S. 135 ff.
21. Paul Watzlawick u.a.: *Menschliche Kommunikation*, Bern: Hans Huber 1969.

22 Siehe dazu den gleichnamigen Abschnitt im Kapitel »Grundannahmen und Werkzeuge« (S. 72).
23 R. Douglas Hofstadter: *Goedel, Escher, Bach,* Stuttgart: Klett-Cotta, 5. Aufl. 1985, S. 54.
24 C.G. Jung spricht vom »Aushalten einer Polarität«, Fritz Pearls vom »Hineingehen in die Impasse« (ausweglose Situation).
25 Zum Beispiel Norbert Bischof: »Ordnung und Organisation«, in: Heinrich Meier (Hrsg.): *Die Herausforderung der Evolutionsbiologie,* München: Piper 1988.
26 Vgl. gleichnamigen Abschnitt im »Glossar der Grundannahmen und Werkzeuge«, S. 116 f.
27 Als »konzentrative Körpermethoden« verstehe ich alle, bei denen Konzentration verbunden mit Tiefenentspannung (wie zum Beispiel Feldenkrais, Atemtherapie usw.) angestrebt wird, und nicht Abreaktion (wie zum Beispiel bei Bioenergetik, Rebirthing usw.).

Glossar der Grundannahmen und Werkzeuge

1 Fritz B. Simon und Helm Stierlin: *Die Sprache der Familientherapie,* Stuttgart: Klett-Cotta 1984.
2 Vgl. Kapitel »Kurztherapie nach Steve DeShazer«, S. 149 ff.
3 Siehe Fritz B. Simon und Helm Stierlin, a.a.O., S. 78.
4 Vgl. S. 134.
5 Vgl. in Kapitel »Die systemische Psychotherapie Bert Hellingers« den Abschnitt »Gefühle«.
6 Gregory Bateson: *Ökologie des Geistes,* Frankfurt: Suhrkamp, 3. Aufl. 1990, S. 428.
7 Vgl. die Abschnitte »System« und »Zeit« unmittelbar vor und nach diesem Abschnitt.
8 Vgl. den Abschnitt »Die Landkartenmetapher«, S. 137.
9 Gregory Bateson, a.a.O., S. 581.
10 Vgl. das Kapitel »Neurolinguistisches Programmieren«.
11 Vgl. die Abschnitte »Zirkuläres Fragen«, S. 75 und 163.
12 Statt der im systemischen Sprachgebrauch üblichen »Kontextabhängigkeit« gebrauche ich den Begriff »Zwischen-Subjektivität«, da er meiner Ansicht nach den Tatbestand direkter bezeichnet.
13 Mara Selvini Pallazoli u.a.: *Magersucht,* Stuttgart: Klett-Cotta 1982.
14 Der »primal pool« entspricht einem »Meer frühkindlicher Schmerzen«. Diese zentrale Vorstellung der Primärtherapie versucht, dieses »Meer« durch Wiedererleben frühkindlicher Traumen (vor allem des Geburtstraumas) und stimmlichen Ausdruck der damals unterdrückten Gefühle zum Austrocknen zu bringen.
15 Jay Haley: *Gemeinsamer Nenner Interaktion. Strategien der Psychotherapie,* München: Pfeiffer 1987.
16 Steve DeShazer: *Muster familientherapeutischer Kurzzeittherapie,* Paderborn: Junfermann 1992, S. 45.

17 Weiteres dazu vor allem im Kapitel »Systemische Grundprinzipien in der therapeutischen Praxis«, S. 54 ff.
18 Siehe das Kapitel »Die systemische Psychotherapie Bert Hellingers«, S. 171 ff.
19 Vgl. Carl Simonton: *Wieder gesund werden,* Reinbek: Rowohlt 1988.
20 Vgl. Abschnitt über Gerhard Roth, S. 45 ff.
21 Carol Tavris: »Der Streit um die Erinnerung«, in: *Psychologie Heute,* Heft 6/1994.
22 Bert Hellinger: *Ordnungen der Liebe,* Heidelberg: Carl-Auer-Systeme 1994, S. 349.
23 Vgl. das Kapitel »Die Heidelberger Schule«.
24 Gunthard Weber (Hrsg.): *Zweierlei Glück. Die systemische Psychotherapie Bert Hellingers,* Heidelberg: Carl Auer-Systeme 1993, S. 42.
25 Vgl. Abschnitte »Reframe«, S. 73 und »Warum kurz?«, S. 125.
26 Siehe Klaus Grawe in: *Psychologische Rundschau,* Heft 3/1992, S. 132.
27 Kai Buchheister und Daniel Steuer: *Ludwig Wittgenstein,* Stuttgart: Metzler 1992, S. 171.
28 Ebd., S. 172.
29 Francis Galton: *Enquiries into Human Faculty and its Development,* London 1883.
30 Sigmund Freud in: *Massenpsychologie und Ich-Analyse. Gesammelte Werke,* S. 79. Freud referiert hier den Standpunkt von Le Bon.
31 Ernest L. Rossi legt neuerdings Wert darauf, daß in der Hypnotherapie die der Situation gemäßen Emotionen die Arbeit begleiten. Dabei geht er von einem »state-dependent memory« (zustandsabhängigen Gedächtnis) aus. Das heißt, daß bestimmte Erinnerungen nur in dem entsprechenden endokrinen und emotionalen Zustand zugänglich sind.
32 Diese Metapher stammt von Gunther Schmidt, der sie in seinen Fortbildungen immer wieder benutzt.
33 Vgl. z.B.: »A Study of an Experimental Neurosis Hypnotically Induced in Case of Ejaculation Praecox« (1935) in: Milton H. Erickson: *Advanced Techniques of Hypnosis and Therapy. Selected Papers,* New York: Grune and Stratton 1967.
34 Mündliche Mitteilung von Gunther Schmidt, Mitglied des Heidelberger Teams.
35 Vgl. Kapitel »Neuro-imaginatives Gestalten«, S. 196 ff.
36 Vgl. Eva Madelung: »Botschaften an das Unbewußte«, in: *Träume. Werkstatt der Seele,* Weinheim: Psychologie Heute 1988.
37 Sigmund Freud: *Gesammelte Werke,* S. 247 f.
38 In diesem Fall das positive oder negative Gefühl, das der Patient seinem Therapeuten gegenüber hat.
39 Zum Beispiel durch Werbespots, die so kurz in einen Film eingestreut sind, daß man sich nicht bewußt wahrnehmen kann. Dies ist eine sehr wirksame Werbemethode, die aber verboten wurde.
40 Steve DeShazer: *Das Spiel mit Unterschieden. Wie therapeutische Lösungen lösen,* Heidelberg: Carl Auer-Systeme 1992, S. 71.
41 Ebd., S. 64.

42 Richard Bandler und John Grinder: *Metasprache und Psychotherapie. Die Struktur der Magie*, Paderborn: Junfermann 1984, S. 44.
43 Ein von Wittgenstein benutzter Begriff, der darauf hinweist, daß Wirklichkeitskonstruktion eng mit dem Gebrauch von Sprache verbunden ist.
44 Gunthard Weber (Hrsg.), a.a.O., S. 183.
45 Steve DeShazer: *Das Spiel,* a.a.O., S. 93.
46 Vgl. den gleichnamigen Abschnitt auf S. 70.
47 Gregory Bateson, a.a.O., S. 244 f. und S. 256: »Übrigens ist es interessant, festzustellen, daß Russels Regel nicht aufgestellt werden kann, ohne daß sie verletzt wird.«
48 Paul Watzlawick, a.a.O., S. 201.
49 Siehe Kapitel »Kurztherapie nach Steve DeShazer«, Abschnitt »Kooperation und Primärliebe«, S. 156.
50 Ludwig Wittgenstein: *Philosophische Untersuchungen,* § 412.
51 Ebd.
52 Eva Madelung: *Trotz. Zwischen Selbstzerstörung und Kreativität: Menschliches Verhalten im Widerspruch,* München: Kösel 1986.

Schulen

1 Gregory Bateson, a.a.O., S. 353 ff.
2 Richard Bandler und John Grinder, a.a.O., S. 13 f.
3 Ebd.
4 Dazu mehr im Abschnitt über Watzlawick.
5 Vgl. hierzu Fritz B. Simon und Helm Stierlin: *Die Sprache der Familientherapie,* Stuttgart: Klett-Cotta 1984.
6 Gregory Bateson, a.a.O., S. 393.
7 Ebd., S. 437.
8 Paul Watzlawick, a.a.O., S. 212.
9 C.G. Jung: »Die transzendente Funktion«, zit. nach Watzlawick, a.a.O., S. 215.
10 Paul Watzlawick, a.a.O., S. 240.
11 Vgl. das Kapitel »Philosophie als Erkenntnistheorie oder als Handlungsanweisung?«, S. 39 ff.
12 Vgl. den Abschnitt »Indirekte Suggestion«, S. 70.
13 Dies ist die erste Phase des Prozesses, die nur dazu dient, einen mehr oder weniger tiefenentspannten Zustand des Klienten aufzubauen.
14 Trance spielt in allen therapeutischen Verfahren in irgendeiner Weise eine Rolle. Sie kann sich auf verschiedenste Weise einstellen.
15 Freud machte die Erfahrung, daß Erfolge mit der bei Charcot in Paris erlernten hypnotischen Behandlung nicht dauerhaft von einem positiven Verhältnis zum Therapeuten abhängig sind. Er hat statt dessen die Deutung von Träumen, Assoziationen und der Übertragungssituation zum Inhalt seines Verfahrens gemacht.
16 Ein Zustand, in dem ein vermehrter Zugang zur Imaginationsfähigkeit unbewußter Inhalte, aber auch eine erhöhte Suggestibilität besteht.

17 Dies bedeutet, den Inhalt der Sitzung zu vergessen.
18 Wie minutiös er manchmal seine Interventionen vorausplante, und damit erfolgreich war, zeigt zum Beispiel »A Study of an Experimental Neurosis Hypnotically Induced in Case of Ejaculation Praecox«, in: Milton H. Erickson (ed. Jay Haley): *Advanced Techniques of Hypnosis and Therapy. Selected Papers,* New York: Grune and Stratton 1967.
19 SDMLB = State-dependent memory, learning nad behaviour.
20 Rhythmus der endokrinen Ausschüttungen bei Tag und bei Nacht.
21 Vgl. sein Buch: *Psychobiology of Mind-Body Healing,* New York: W.W. Norton 1986.
22 Rossi benutzt statt »unconscious mind« (Unbewußtes) häufig den Begriff »mind-body«, um den Geist-Körper-Zusammenhang zu betonen.
23 Im Ericksonschen Verständnis des hypnotischen Zustands kann Trance auch mit einer verschärften Wahrnehmung der Außenwelt verbunden sein.
24 Ausschreibungstext eines Workshops.
25 Noam Chomsky: *Strukturen der Syntax,* Den Haag: Mouton 1957.
26 Alfred Korzybsky: *Science and Sanity,* New York: Science Press 1941.
27 Richard Bandler und John Grinder, a.a.O., S. 27.
28 Ebd., S. 28.
29 Besser: sozial bedingte Einschränkungen (Anmerkung der Verfasserin).
30 Richard Bandler und John Grinder, a.a.O., S. 44.
31 Vgl. »Änderung der Sicht durch Reimprinting«, S. 144.
32 Robert Dilts: *Identität, Glaubenssystem und Gesundheit,* Paderborn: Junfermann 1991; Joseph O'Connor und John Seymour: *Neurolinguistisches Programmieren, gelungene Kommunikation und persönliche Entfaltung,* Freiburg: Verlag für angewandte Kinesiologie 1992.
33 Übersetzt heißt dies: »eine andere Bedeutung geben«.
34 Ein von Milton Erickson übernommenes Vorgehen, das ebenso in der Hypnotherapie (siehe auch dort) angewandt wird.
35 Zitiert nach einer Fortbildungsunterlage des NLP-Health Certification Training von Robert Dilts (19.-23. Oktober 1993, Copyright: Western States Training Associates).
36 In Robert Dilts' Buch *Identität, Glaubenssystem und Gesundheit,* Paderborn: Junfermann 1991, ist dieser Zusammenhang ausführlich beschrieben.
37 Informationen darüber bei der Verfasserin (Post über den Kösel-Verlag).
38 Mündliche Mitteilung DeShazers.
39 Steve DeShazer: *Das Spiel mit Unterschieden,* a.a.O., S. 65.
40 Ebd., S. 150.
41 Steve DeShazer: *Muster familientherapeutischer Kurzzeittherapie,* a.a.O., S. 51 f.
42 Vgl. die Abschnitte »Positive Absicht« im Kapitel »NLP«, S. 139, und »Liebe statt Anmaßung« im Kapitel »Die systemische Psychotherapie Bert Hellingers, S. 177.
43 Steve DeShazer: *Das Spiel mit Unterschieden,* S. 173.
44 Ebd., S. 174

45 Mündliche Mitteilung. Vgl. auch: Steve DeShazer: *Das Spiel mit Unterschieden,* S. 12: »Man muß das Problem nicht unbedingt kennen, um es zu lösen.«
46 Übersetzt: Mit einem anderen Rahmen versehen.
47 Steve DeShazer: *Muster familientherapeutischer Kurzzeittherapie,* a.a.O., S. 97 f.
48 Vgl. Thomas Weiss: *Familientnerapie ohne Familie. Kurztherapie mit Einzelpatienten,* München: Kösel, 4. Aufl. 1992.
49 Vgl. den Abschnitt »Zirkuläres Fragen«, S. 163.
50 In der Therapie bedeutet die Beachtung der Kybernetik zweiter Ordnung, daß der Therapeut nicht nur die Wechselwirkung (Feedbackschleifen) der Familienmitglieder untereinander, sondern auch die Wechselwirkung zwischen sich und der Familien beachtet.
51 Arnold Retzer u.a.: *Eine Katamnese manisch-depressiver und schizzo-affektiver Psychosen nach systemischer Familientherapie* (= Familiendynamik 14), Stuttgart: Klett-Cotta 1989, S. 214-235.
52 Gunthard Weber: »Die Aufweichung von Krankheitskonzepten«, Vortrag auf Audiokasette, Heidelberg: Carl Auer-Systeme, und persönliche Mitteilung.
53 Karl Tomm: *Die Fragen des Beobachters,* Heidelberg: Carl Auer-Systeme, 1994, S. 130. Dieser Fall wird zwar von einem anderen Autor geschildert, entspricht jedoch der Heidelberger Praxis.
54 Darüber zum Beispiel Fritz B. Simon und Gunthard Weber: *Das Ding an sich. Wie man »Krankheit« erweicht, verflüssigt, entdinglicht* (= Familiendynamik 13), Stuttgart: Klett-Cotta 1988.
55 Helm Stierlin und Gunthard Weber: *In Liebe entzweit,* Reinbek: Rowohlt 1989.
56 Ebd., S. 101.
57 Gunthard Weber (Hrsg.), a.a.O., S. 182.
58 Ebd.
59 Vgl. zum Beispiel Ludwig Wittgenstein: *Philosophische Untersuchungen,* a.a.O., § 66 und 112.
60 Gunthard Weber (Hrsg.), a.a.O., S. 182.
61 Ebd., S. 110
62 Helm Stierlin im Vorwort zu Steve DeShazer: *Das Spiel mit Unterschieden,* S. 8.
63 Bert Hellinger, persönliche Mitteilung.
64 Gunthard Weber (Hrsg.), a.a.O., S. 51.
65 Bert Hellinger: *Ordnungen der Liebe,* a.a.O., S. 510.
66 Ebd., S. 501.
67 Bert Hellinger: *Finden, was wirkt,* München: Kösel 1993, S. 49.
68 Mündliche Mitteilung.
69 Gunthard Weber (Hrsg.), a.a.O., S. 148.
70 Ebd., S. 151.
71 Ebd., S. 49.
72 Sigmund Freud, a.a.O., S. 267.
73 Ebd., S. 265.

74 Ebd., S. 286.
75 Bert Hellinger: *Ordnungen der Liebe*, a.a.O., S. 30.
76 Gunthard Weber (Hrsg.), a.a.O., S. 49.
77 In Hellingers *Ordnungen der Liebe* findet sich auf S. 539 ein Überblick über entsprechende Beispiele.
78 Mündliche Mitteilung.
79 Mündliche Mitteilung.
80 Bert Hellinger: *Ordnungen der Liebe*, a.a.O., S. 382.
81 Gunthard Weber (Hrsg.), a.a.O., S. 250.
82 Bert Hellinger: *Finden, was wirkt*, a.a.O., S. 152.
83 Jürg Willi: *Ko-Evolution*, Reinbek: Rowohlt 1989, S. 96.

Neuro-imaginatives Gestalten (NIG)

1 Diese Schreibweise wurde in Anlehnung an Gertraud Schottenloher und Hans Schnell (Hrsg.) gewählt (vgl. Literaturverzeichnis).
2 Vgl. Ludwig Wittgenstein: *Tractatus*, 4.1212.
3 Lucia Capacchione: *Die Kraft der anderen Hand, Ein Schlüssel zu Intuition und Kreativität*, München: Droemer-Knaur 1990.
4 Vgl. Abschnitt »Anker« im Kapitel »Glossar der Grundannahmen und Werkzeuge«, S. 69.

Schluß

1 Linde Salber: *Lou Andreas-Salomé*, Reinbek, 2. Aufl. 1996 (= rororo-Monographie Nr. 463)
2 Vgl. S. 118 ff.
3 »Form, Substanz und Differenz« in Gregory Bateson, a.a.O., S. 589.
4 Ebd., S. 597.
5 Vgl. Exkurs »Körper«, S. 98.
6 Gregory Bateson, a.a.O., S. 437.
7 Ebd., S. 625.
8 Francisco Varela: *Ethisches Können*, a.a.O, S. 54.
9 Ebd., S. 67.
10 Ebd., S. 65.
11 Ebd., S. 55.
12 Gregory Bateson, a.a.O., S. 594.
13 Vgl. beide schon mehrfach genannten Bücher von Francisco Varela.
14 Mündliche Mitteilung Bert Hellingers.
15 Vgl. Kapitel »Systemisches Denken«, S. 29 ff.

Ausbildungsinstitute, die auch über Therapeuten und Therapeutinnen Auskunft geben können, die mit den genannten Methoden arbeiten:

Hypnotherapie: Zu erfragen bei der Milton-Erickson-Gesellschaft (MEG), Konradstr. 16, 80801 München, Tel./Fax 089-33 62 56

NLP, Hypnotherapie: Milton-Erickson-Gesellschaft (MEG), Warthburgstr. 17, 10825 Berlin, Tel./Fax 030-781 77 95

NLP: Übersicht in Zeitschrift »MultiMind«, Junfermannsche Verlagsbuchhandlung, Postfach 1840, 33048 Paderborn

Kurztherapie nach DeShazer: Norddeutsches Institut für Kurzzeittherapie, Außer der Schleifmühle 67, 28203 Bremen, Tel. 0421-335 58 10

Heidelberger Schule: Internationale Gesellschaft für systemische Therapie (IGST), Kussmaulstr. 10, 69120 Heidelberg, Tel. 06221-406 40

Familienrekonstruktion nach Virginia Satir: Familienkolleg, Geschäftsstelle, Egenburg, Mühlstr. 6, 85235 Pfaffenhofen/Glonn, Tel. 08134-363

Systemische Psychotherapie nach Bert Hellinger: Workshops mit Bert Hellinger oder mit nach seiner Methode arbeitenden Therapeuten zu erfragen bei Carl-Auer-Systeme Verlag, Weberstr. 2, 69120 Heidelberg, Tel. 06621-64 38 0, Fax 06221-64 38 22

Neuro-imaginatives Gestalten (NIG): ZIST-Penzberg, Zist 3, 82377 Penzberg, Tel. 08856-831 80

Literatur

Bandler, Richard u. Grinder, John: *Metasprache und Psychotherapie. Die Struktur der Magie I*, Paderborn: Junfermann, 2. Aufl. 1984

Bateson, Gregory: *Ökologie des Geistes,* Frankfurt: Suhrkamp, 3. Aufl. 1990

Bertalanffy, Ludwig von: *General Systems Theory: Foundation, Development, Application*, New York: George Braziller 1968

Bischof, Norbert:»Ordnung und Organisation«, in: Meier, Heinrich (Hrsg.): *Die Herausforderung der Evolutionsbiologie,* München: Piper 1988

Boszormenyi-Nagy, Ivan: *Unsichtbare Bindungen. Die Dynamik familiärer Systeme*, Stuttgart: Klett-Cotta 1981

Buchheister, Kai u. Steuer, Daniel: *Ludwig Wittgenstein.* Stuttgart: Metzler 1991

Capacchione, Lucia: *Die Kraft der anderen Hand. Ein Schlüssel zu Intention und Kreativität,* München: Droemer-Knaur 1990

Chomsky, Noam: *Strukturen der Syntax,* Den Haag: Mouton 1973

DeShazer, Steve: *Der Dreh. Überraschende Wendungen und Lösungen in der Kurzzeittherapie*, Heidelberg: Carl-Auer-Systeme 1989

Ders.: *Muster familientherapeutischer Kurzzeittherapie,* Paderborn: Junfermann 1992

Ders.: *Das Spiel mit Unterschieden. Wie therapeutische Lösungen lösen,* Heidelberg: Carl-Auer-Systeme 1992

Ders.: *Wege der erfolgreichen Kurzzeittherapie,* Stuttgart: Klett-Cotta 1991

Dilts, Robert: *Identität, Glaubenssysteme und Gesundheit. Höhere Ebenen der NLP-Veränderungsarbeit*, Paderborn: Junfermann 1990

Dilts, Robert u.a.: *Strukturen subjektiver Erfahrung. Ihre Erforschung und Veränderung durch NLP*, Paderborn: Junfermann 1984

Dschuang Dsi: *Das wahre Buch vom südlichen Blütenland,* Köln: Diederichs 1987

Eccles, John C.: *Wie das Selbst sein Gehirn steuert*, München: Piper 1994

Erickson, Milton H.: *Advanced Techniques of Hypnosis and Therapy. Selected Papers*, New York: Grune and Stratton 1967

Ders.: *Gesammelte Schriften*, hrsg. von Ernest L. Rossi, Heidelberg: Carl-Auer-Systeme 1995

Essen, Siegfried: »Spirituelle Aspekte in der systemischen Therapie«. In: *Transpersonale Psychologie und Psychotherapie*, Heft 2, 1995
Farrelly, Frank: *Provokative Therapie*, Hamburg: Springer 1986
Fischer, Hans Rudi: *Sprache und Lebensform. Wittgenstein über Freud und die Geisteskrankheit*, Heidelberg: Carl-Auer-Systeme 1991
Foerster, Heinz von: *Sicht und Einsicht. Versuche zu einer operativen Erkenntnistheorie*, Braunschweig, Wiesbaden: Vieweg 1985
Freud, Sigmund: *Gesammelte Werke in Einzelbänden. Bd. 13*, Frankfurt: S. Fischer, 6. Aufl. 1969
Gilligan, Stephen: *Therapeutische Trance. Das Prinzip Kooperation in der Ericksonschen Hypnotherapie*, Heidelberg: Carl-Auer-Systeme 1991
Haley, Jay: *Gemeinsamer Nenner Interaktion. Strategien der Psychotherapie*, München: Pfeiffer 1987
Hellinger, Bert: *Finden, was wirkt. Therapeutische Briefe*, München: Kösel, 5. erw. Aufl. 1995
Ders.: *Ordnungen der Liebe. Ein Kursbuch*, Heidelberg: Carl-Auer-Systeme 1994
Hofstadter, Douglas R.: *Gödel, Escher, Bach. Ein Endloses Geflochtenes Band*, Stuttgart: Klett-Cotta, 5. Aufl. 1985
James, Todd u. Woodsmall, Wyatt: *Time Line. NLP-Konzepte zur Grundstruktur der Persönlichkeit*, Paderborn: Junfermann 1991
Korzybsky, Alfred: *Science and Sanity*, New York: Science Press 1941
Ludewig, Kurt: *Systemische Therapie. Grundlagen klinischer Theorie und Praxis*, Stuttgart: Klett-Cotta 1992
Madelung, Eva: »Botschaften an das Unbewußte«. In: *Träume. Werkstatt der Seele*, Weinheim: Psychologie Heute 1988
Dies.: *Trotz. Zwischen Selbstzerstörung und Kreativität: Menschliches Verhalten im Widerspruch*, München: Kösel 1986
Dies.: »Vorstellungen als Bausteine unserer Wirklichkeit«. In: Fauser, Peter u. Madelung, Eva (Hrsg.): *Vorstellungen bilden*, Weinheim: Beltz 1996
Maturana, Humberto R. u. Varela, Francisco: *Der Baum der Erkenntnis. Die biologischen Wurzeln des menschlichen Erkennens*, Bern: Scherz, 2. Aufl. 1987
Peter, Burkhard (Hrsg.): *Hypnose und Hypnotherapie nach Milton H. Erickson. Grundlagen und Anwendungsfelder*, München: Pfeiffer 1985 (= Leben lernen 58)

Retzer, Arnold: *Familie und Psychose,* Stuttgart, Jena, New York: Gustav Fischer 1994

Retzer, Arnold u.a.: *Eine Katamnese manisch-depressiver und schizo-affektiver Psychosen nach systemischer Familientherapie,* Stuttgart: Klett-Cotta 1989 (= Familiendynamik 14)

Rossi, Ernest, L. (Hrsg.): *Gesammelte Schriften von Milton H. Erickson,* Heidelberg: Carl-Auer-Systeme 1996

Ders.: *Psychobiology of Mind-Body Healing,* New York: W.W. Norton 1986

Roth, Gerhard: »Erkenntnis und Realität: Das reale Gehirn und seine Wirklichkeit«, in: Schmidt, Sigfried J. (Hrsg.): *Der Diskurs des Radikalen Konstruktivismus,* Frankfurt: Suhrkamp 1992

Ders.: *Das Gehirn und seine Wirklichkeit. Kognitive Neurobiologie und ihre philosophischen Konsequenzen,* Frankfurt: Suhrkamp 1994

Russel, Bertram u. W. Whitehead Alfred N.: *Principia Mathematica,* Bde. 1-3, Cambridge, Mass.: University Press 1910-1913

Salber, Linde: *Lou Andreas Salomé,* Reinbek: Rowohlt, 2. Aufl. 1996 (= rororo Monographie 463)

Satir, Virginia: *Selbstwert und Kommunikation. Familientherapie für Berater und zur Selbsthilfe,* München: Pfeiffer, 12. Aufl. 1996 (= Leben lernen 18)

Schmidt, Siegfried J. (Hrsg.): *Der Diskurs des Radikalen Konstruktivismus,* Frankfurt: Suhrkamp 1992

Schottenloher, Gertraud u. Schnell, Hans (Hrsg.): *Wenn Worte fehlen, sprechen Bilder. Bildnerisches Gestalten und Therapie,* München: Kösel 1994

Schulte, Joachim: *Wittgenstein,* Stuttgart: Reclam 1992

Selvini Palazzoli, Mara: *Magersucht. Von der Behandlung einzelner zur Familientherapie,* Stuttgart: Klett-Cotta 1982

Simon, Fritz B. u. Stierlin, Helm: *Die Sprache der Familientherapie. Ein Vokabular,* Stuttgart: Klett-Cotta 1984

Simon, Fritz B. u. Weber, Gunthard: *Das Ding an sich. Wie man »Krankheit« erweicht, verflüssigt, entdinglicht,* Stuttgart: Klett-Cotta 1988 (= Familiendynamik 13)

Simonton, Carl u.a.: *Wieder gesund werden. Eine Anleitung zur Aktivierung der Selbstheilungskräfte für Krebspatienten und ihre Angehörigen,* Reinbek: Rowohlt 1988

Sogyal (Rinpoche): *Das tibetanische Buch vom Leben und Sterben,* München: O.W. Barth, 3. Aufl. 1993

Spencer Brown, George: *Laws of Form,* London: George Allen and Unwin o.J.

Ders.: *Only Two can Play this Game,* New York: Julian Press 1972
Stapp, Henry P.: *Mind, Matter and Quantum Mechanics,* Berlin: Springer 1993
Stierlin, Helm u. Weber, Gunthard: *In Liebe entzweit. Die Heidelberger Familientherapie der Magersucht,* Reinbek: Rowohlt 1989
Tomm, Karl: *Die Fragen des Beobachters. Schritte zu einer Kybernetik zweiter Ordnung in der systemischen Therapie,* Heidelberg: Carl-Auer-Systeme 1994
Varela, Francisco J.: *Ethisches Können,* Frankfurt, New York: Campus 1994
Varela, Francisco J. u.a.: *Der mittlere Weg der Erkenntnis. Der Brückenschlag zwischen Ich und Welt in der Kognitionswissenschaft,* Bern/München: Scherz 1992
Watzlawick, Paul u.a.: *Menschliche Kommunikation. Formen, Störungen, Paradoxien,* Bern: Hans Huber 1969
Weber, Gunthard (Hrsg.): *Zweierlei Glück. Die systemische Psychotherapie Bert Hellingers,* Heidelberg: Carl-Auer-Systeme, 2. veränd. Aufl. 1993
Weiss, Thomas: *Familientherapie ohne Familie. Kurztherapie mit Einzelpatienten,* München: Kösel, 4. Aufl. 1992
Weizsäcker, Carl Friedrich von: *Die Einheit der Natur,* München: Hanser, 3. Aufl. 1987
Weizsäcker, Viktor von: *Gesammelte Schriften. Bd. 4,* Frankfurt: Suhrkamp 1986
Werth, Rupprecht: *NLP und Imagination,* Paderborn: Junfermann 1992
Willi, Jürg: *Ko-Evolution. Die Kunst gemeinsamen Wachsens,* Reinbek: Rowohlt 1989
Wittgenstein, Ludwig: *Werkausgabe. Bd. 2. Philosophische Bemerkungen,* Frankfurt: Suhrkamp, 9. Aufl. 1993
Ders.: *Werkausgabe. Bd. 1.* Tractatus logico-philosophicus, Tagebücher 1914-1916. *Philosophische Untersuchungen,* Frankfurt: Suhrkamp, 9. Aufl. 1993
Zeig, Jeff u. Gilligan, Steven: *Brief Therapy: Myths, Methods and Metaphors,* New York: Brunner and Mazel 1990

BERT HELLINGER IM KÖSEL-VERLAG

Bert Hellinger / Gabriele ten Hövel
Anerkennen, was ist
Gespräche über Verstrickung und Lösung
Kösel

In Gesprächen mit der Journalistin Gabriele ten Hövel gibt Bert Hellinger Einblick in die Hintergründe seines Denkens und Handelns.

198 Seiten. Gebunden mit SU
ISBN 3-466-30400-8

Bert Hellinger
Finden, was wirkt
Therapeutische Briefe
Erweiterte Neuauflage
Kösel

Die 290 therapeutischen Briefe geben Antwort auf bedrängende Fragen von Menschen in Not.

191 Seiten. Gebunden mit SU
ISBN 3-466-30389-3